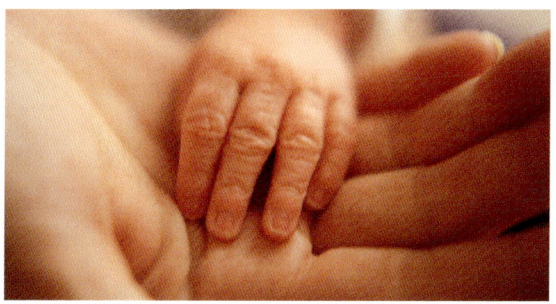

Wir haben dich gewollt und auf dich gewartet,
wir haben dich uns vorgestellt und von dir geträumt,
doch nun, da du da bist,
da kann kein Traum dir gerecht werden.

Fergal Keane, *Brief an Daniel*

Glückliche Kinder

Der Erziehungsratgeber für die ersten sechs Jahre

STEVE & SHAARON BIDDULPH

DORLING KINDERSLEY

DORLING KINDERSLEY
London, New York, München, Melbourne und Delhi

Neuausgabe
BILDREDAKTION Peggy Sadler
UMSCHLAGGESTALTUNG Neal Cobourne
CHEFLEKTORAT Penny Warren
CHEFBILDLEKTORAT Marianne Markham
DTP-DESIGN Sonia Charbonnier
HERSTELLUNG Freya Pugsley

Erstausgabe
PROGRAMMLEITUNG Corinne Roberts
LEITUNG BILDLEKTORAT Lynne Brown
LEKTORAT Dawn Bates
BILDBETREUUNG Mercedes Morgan
GESTALTUNG Glenda Fisher, Dawn Young
DTP-DESIGN Rajan Shah
HERSTELLUNG Maryann Rogers

Für die deutsche Ausgabe
PROGRAMMLEITUNG Monika Schlitzer
PROJEKTBETREUUNG Kerstin Uhl
HERSTELLUNGSLEITUNG Dorothee Whittaker
HERSTELLUNG UND COVERGESTALTUNG Mareike Hutsky

Bibliografische Information Der Deutschen Bibliothek
Die Deutsche Bibliothek verzeichnet diese Publikation in der Deutschen Nationalbibliografie;
detaillierte bibliografische Daten sind im Internet über http://dnb.ddb.de abrufbar.

Titel der englischen Originalausgabe:
Raising a happy child

ÜBERSETZUNG Claudia Magiera für GAIA-Text
REDAKTION Stefanie Menzel und Trudie Trox/via-Redaktion für GAIA Text
SATZ Gerhard Stoppe für GAIA-Text

ISBN 978-3-8310-1138-4

Colour reproduction by Colourscan
Printed and bound in China by Hung Hing

Besuchen Sie uns im Internet
www.dk.com

Inhalt

1   Eltern sein – warum es wichtig ist   10 – 41

2   Schwangerschaft und Geburt – die innere Phase 42 – 65

3   Der Säugling   66 – 115

4   Das Krabbelkind   116 – 135

5   Kleinkinder!!   136 – 161

6   Die besondere Aufgabe des Vaters   162 – 189

7   Das Vorschuljahr   190 – 231

Nützliche Adressen   232 – 233

Register   234 – 238

Danksagung   239 – 240

GELEITWORT DER AUTOREN

Die Autoren sind der Auffassung, dass die Eltern – in Rücksprache mit anderen Eltern und geeigneten Personen – am besten entscheiden können, welche Fürsorge und Erziehung Kindern zukommen soll, und dass sie es sind, die dafür die Verantwortung tragen. Bei den in diesem Buch vorgestellten Ansichten und Methoden handelt es sich um Vorschläge und Möglichkeiten, die auf den Erfahrungen anderer Eltern beruhen, nicht um Ideen, die einer speziellen Sachkenntnis und Befugnis der Autoren zuzuschreiben wären. Es ist dem gesunden Urteilsvermögen der Leserinnen und Leser überlassen zu entscheiden, welche Anregungen sie aufgreifen und in ihrer Familie umsetzen möchten.

Ein Willkommen von Mutter zu Mutter von Shaaron ...

Auf der Leserbriefseite einer bei uns sehr beliebten Frauenzeitschrift können Frauen ihre Probleme schildern und anderen Leserinnen Lösungen vorschlagen. Ein Brief sprang mir ins Auge, weil er so vielen Frauen aus der Seele spricht: Sie habe verlernt, sich zu freuen, schrieb Clara, junge Mutter dreier Kinder. Sie fühle sich einsam und unzulänglich, sei leicht erregbar und beginne ihre Mutterrolle zu hassen. Weil sie aus Erzählungen wusste, dass es »auch anders geht«, bat sie um Hilfe.

Mütter aus dem ganzen Land antworteten. Sie verstanden Clara nur zu gut. Eine Mutter von ebenfalls drei Kindern glaubte Clara gefangen in einem Teufelskreis von Wutanfällen, Selbsthass und Schuldbewusstsein, der entsteht, wenn man einem unerreichbaren Ideal nachstrebt. Die Schreiberin hatte diesen Teufelskreis gesprengt, indem sie ihre Einstellung änderte. Sie hatte gelernt, liebevoller und nachsichtiger mit sich umzugehen – und überrascht festgestellt, dass sich dies auf die Kinder übertrug. Vielleicht, meinte sie, könnte ihre Erfahrung Clara eine Hilfe sein.

Andere Frauen empfahlen Clara, sich mehr Zeit für den Spaß mit ihren Kindern zu nehmen, Erwartungen zurückzuschrauben und sich die notwendigen Verschnaufpausen zu gönnen. Manche schlugen Vitamin B, Sport und anderes vor, um Stress abzubauen. Es waren praktische, bewährte Tipps, aufmunternd, verständnis- und respektvoll unterbreitet – ganz so, als hätten sich mitfühlende, mit beiden Füßen fest auf dem Boden stehende Mütter um Clara geschart, um sie aufzubauen. Ob Arzt, Journalist oder Pädagogikprofessor, kein Experte vermag diese Art von Beistand zu leisten. Diese Frauen hatten durchgemacht, worüber sie sprachen. Der Schluss liegt nahe: Damit uns Müttern gelingt, was wir uns vorgenommen haben, brauchen wir die Unterstützung anderer Mütter (so wie die Väter jene anderer Väter).

Genau hier will dieses Buch einspringen: Es will nicht fachsimpeln, sondern mit Hilfe und Rat von Eltern zu Eltern dienen. Es schöpft einzig und allein aus der Erfahrung von Eltern unserer Zeit und früherer Generationen. Es will Ihnen das Gefühl vermitteln, von Freunden und Freundinnen umgeben zu sein, die Ihre Urteilskraft schätzen und Ihnen zugleich gern mit einem reichen Erfahrungsschatz und nützlichen Hinweisen zur Seite stehen.

Aharon B.

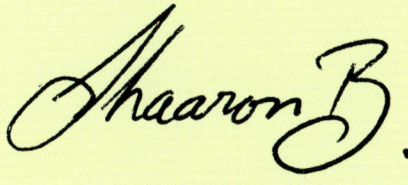

Ein Gruß von Vater zu Vater von Steve ...

Es gibt da ein Gefühl, von dem muss ich Ihnen erzählen. Es befällt Sie in der Sekunde, in der Sie erfahren, dass Sie Vater werden, und es lässt Sie nie wieder ganz los. Es ist überwiegend ein Glücksgefühl, obwohl alles andere als frei von Angst. Wie sich dieses Gefühl nennt? Lebendig sein! Vor einigen Jahrhunderten waren neun bis zehn Kinder pro Familie nichts Außergewöhnliches. Heute nimmt ein Drittel der Eltern mit dem eigenen erstmals ein Baby in die Arme! Die Erkenntnis, Vater geworden zu sein, trifft manch einen Mann mit solch ungeahnter Wucht, dass er vor Schreck am liebsten einen Rückzieher machen würde.

Sie haben die Wahl, von Anbeginn: Sie können sich zurückziehen. Sie können Ihr Kind Ihrer Partnerin anvertrauen und rackern, damit die Kasse stimmt. Oder aber Sie werden ein Vater zum Anfassen, einer, der die Ärmel aufkrempelt, sich einlässt und entdeckt, dass er kann, was er sich vorgenommen hat. Je mehr Sie sich mit Babys und Kindern befassen, desto mehr wird das Vatersein Sie faszinieren. Es gibt nichts Besseres, was den Spaß angeht, den Stolz und die Heidenangst: Erstmals Vater sein, das ist das emotionale Pendant zum Bungeejumping.

Und noch etwas gibt es – ein Geheimnis, dem am Ende alle Eltern auf die Schliche kommen: Wir haben die Kinder uns zuliebe. Indem wir für sie unser Bestes tun, tun wir das Beste für uns. Vater sein macht aus Ihnen einen besseren Menschen. Ja, man kann fast sagen, dass erst die Vaterschaft einen Mann aus Ihnen macht. Sie versetzt Sie in die Lage, das Große und Ganze zu sehen und die Bedürfnisse anderer über die eigenen zu stellen. Die meisten Väter sagen, sie würden für ihre Kinder ohne Zögern ihr Leben hingeben. Wäre ein Löwe drauf und dran, Ihr Kind zu fressen, würden Sie sich ihm entgegenwerfen. Wäre die Beute Ihre Partnerin, würden Sie vermutlich eine Münze werfen …

Was auch immer Sie tun, vergessen Sie nie, dass:

★ Ihr Kind Sie braucht, mag Ihre Partnerin auch eine noch so gute Mutter sein

★ Sie erfolgreicher Nachkomme von Abertausenden erfolgreichen Vätern sind (andernfalls gäbe es Sie nicht)

★ Sie den Weg finden, indem Sie sich viele Male verirren

★ Ihr Kind beim Überqueren der Straße Ihre Hand braucht und Babys Fläschchen nie zu heiß sein darf!

In diesem Sinne die allerbesten Wünsche

Kapitel 1

Eltern sein – warum es wichtig ist

Die kostbaren Jahre

LIEBEN, LACHEN UND ERZIEHEN ist ein Buch über die ersten sechs Lebensjahre. Wir nennen diese die „kostbaren Jahre", weil in ihnen das Fundament für das kindliche Vertrauen gelegt wird, auf dem das weitere Leben des Kindes aufbaut. Nie braucht Ihr Kind Sie mehr als in dieser Zeit der Zärtlichkeit und Abhängigkeit.

Diese Jahre sind auch für Sie kostbar. Keine Phase Ihres Lebens wird Sie mehr verändern, wird mehr dazu beitragen, dass aus Ihnen ein besserer Mensch wird. Die Betreuung eines kleinen Kindes verwandelt Ihren noch jugendlichen (weil vorwiegend selbstbezogenen) Blickwinkel in den eines reifen Erwachsenen, der für andere Sorge zu tragen weiß. Das Kindern eigene unverstellte, rührende Zutrauen wird Ihr Glücksempfinden sprunghaft steigern. Es sind Jahre, an die Sie immer zurückdenken werden.

Aber wir wollen nicht bloß Süßholz raspeln und verschweigen, dass diese Jahre zugleich die – körperlich – anstrengendsten im Lebenszyklus einer Familie sind. Sie sind ein Fitnessmarathon: Sie finden viel zu wenig Schlaf, kommen kaum zu sich selbst und müssen Ihr Leben den unnachgiebigen Forderungen eines Säuglings, Klein- und Vorschulkinds anpassen.

So wie wir Eltern heutzutage oft leben, nämlich mit wenig Familien- und Freundeskontakten, brauchen wir drei Hilfestützen. Wir brauchen praktischen Rat und konkrete Verhaltenstipps. Wir brauchen die Motivation, etwas Wert- und Sinnvolles zu tun. Wir brauchen das Gefühl der Verbundenheit mit anderen Eltern, ihren Freuden und Sorgen.

Daher haben wir versucht, dieses Buch nicht nur mit Sachinformationen zu füllen, sondern auch mit Geschichten aus dem wahren Leben, mit Elternweisheiten und dem schrägen Humor, der Mütter und Väter bei der Stange hält.

Dieses Buch enthält:

★ Hilfestellungen für die Kommunikation mit Ihrem Kind und die Erziehung in den *fünf Phasen der frühen Kindheit:*

Pränatale Phase

Säugling

Krabbelkind

Kleinkind

Vorschulkind

Es bereitet darauf vor, was Sie wann erwartet, was zu tun ist und wie sich jede dieser Phasen genießen lässt.

★ Über 30 *Kästen mit praktischen Vorschlägen* für Spiele, Unternehmungen und andere Dinge, die dem Alter des Kindes entsprechen.

★ *Wahre Begebenheiten* und Beispiele dafür, wie Eltern mit Herausforderungen fertig geworden sind, vor die ihre Kinder sie gestellt haben.

★ *Die besten Elternwitze der Welt,* denn manchmal können Sie nicht anders als lachen.

★ Auszug aus dem *Tagebuch eines Vaters:* Amüsant zu lesen sind die Geschichten aus dem Tagebuch des australischen Sportreporters Martin Flanagan, der darin seine Vatererlebnisse festgehalten hat.

Eines wollen wir von Anfang an klarstellen: Dieses Buch handelt von realen Kindern und realen Eltern – Menschen also, die schwierig sind, faltig und fehlbar, aber auch voll von Liebe, schön und auf jeden Fall etwas ganz Besonderes. „Jeder kann alles haben", wenn diese Botschaft der Hochglanzmagazine Ihr Selbstbewusstsein angekratzt hat, dann dürfen Sie jetzt aufatmen. Dieses Buch zeigt, wie Eltern sein wirklich ist.
Blättern Sie nun um:

Das Bilderbuch Baby

sieht aus wie ein Engelchen ....

duftet nach Veilchen ....

schläft 10 Stunden pro Nacht ....

beweist, dass Sie perfekte Eltern sind ....

und gewinnt den Babywettbewerb ....

Ihr Baby

.... ist hässlich wie die Nacht
.... *stinkt zum Himmel*
.... **schläft 10 Minuten pro Nacht**
.... *beweist, dass seine Eltern komplette Idioten sind*
.... und gewinnt Ihr Herz für immer und ewig!

Von wegen ideale Familie

Noch schädlicher als der Mythos vom perfekten Baby wirkt der Mythos von der perfekten Familie!

Einige Versionen sind uns noch gut in Erinnerung: In den 1950er Jahren setzte sich – vielleicht als Reaktion auf die Schrecken des Zweiten Weltkriegs und durch das aufkommende Familienauto – das Ideal vom Leben in einem Häuschen am

Stadtrand durch. Dazu zwei adrette Kinder, eine Mami mit Schürze und ein Papi mit Aktentasche. Doch das Idyll hatte seinen Preis: Verwandte waren fern, Mutter fiel die Decke auf den Kopf und Vater arbeitete ohne Ende.

Dann kamen die 80er und 90er Jahre. Die Frauen brachen aus den alten Rollenmustern aus und mussten ihre Brötchen jetzt selbst verdienen, gut aussehen, Karriere machen *und* glückliche Kinder und ein perfektes Zuhause haben. Die Männer waren irgendwie verunsichert, hatten ein schlechtes Gewissen, arbeiteten noch länger – oder waren arbeitslos. Wir hatten die totale Langeweile eingetauscht gegen den totalen Stress.

Selbstverständlich gab es auch damals Menschen, die ein glückliches Leben führten. Es gelang ihnen, weil sie sich dem Zeitgeist widersetzten, der Werbung, der Arbeitswut, dem Konsumzwang – und sich somit selbst treu blieben.

Heute, zu Beginn des 21. Jahrhunderts, kennen und schätzen wir die unterschiedlichsten Arten von Familienleben. Kinder brauchen engagierte Erwachsene. Aber statt einsame kleine Überlebenseinheiten zu bilden, besinnen wir uns darauf, dass

Glück sich aus Menschen speist. Ob Sie Ihr Kind allein erziehen,
verheiratet sind, homosexuell, behindert, ohne Arbeit oder kinder-
los: Jeder kann Teil eines sozialen Netzwerks sein, in dem er sich
aufgehoben und anerkannt fühlt.

Wir sind dabei, neue Wege zu finden, die uns erlauben, die
Kinderfreuden gemeinsam zu erleben und ein unbeschwerteres,
geselligeres Leben zu führen. Dabei entdecken wir, was unsere Vor-
fahren immer schon wussten: Eine gesunde Familie ist eine sozial
eingebundene Familie.

Sind wir bereit für ein Baby?

Wann immer Sie Sex haben, ist die Möglichkeit einer Schwangerschaft gegeben. Ein Paar kann im Lauf seines (erschöpfenden!) Lebens durchaus zehn bis zwanzig Kinder bekommen. Dass so wenige Menschen solch große Familien gründen, beweist, wie viele dies zu verhüten wissen …

Vielleicht besteht genau darin unsere erste elterliche Verantwortung: uns gut zu überlegen, wann wir Kinder in die Welt setzen wollen. Im Leben jedes Menschen gibt es Zeiten, die gegen eine Schwangerschaft sprechen. Das mag zum Beispiel der Fall sein, wenn Sie schwer krank sind, in einer ernsthaften Beziehungskrise stecken, bereits drei Kinder unter fünf Jahren haben oder die Bank Ihr Heim zwangsversteigern will. Andererseits hat sich oft genug alles eingerenkt, obwohl niemand es in der Schwangerschaft zu hoffen wagte.

Auf den rechten Zeitpunkt zu warten, die richtige Beziehung, eine gewisse materielle Sicherheit und ein geeignetes Heim, dies mag ausschlaggebend dafür sein, ob Sie und Ihre Kinder es leichter haben oder mehr kämpfen müssen. Warten Sie allerdings, bis jedes Detail perfekt stimmt, dann können Sie beide darüber achtzig werden! Es ist eine wirklich schwierige Entscheidung, und daher wollen wir Ihnen beim Abwägen des Für und Wider helfen. Von Eltern hört man die unterschiedlichsten Gründe:

★ „Ich wollte Kinder bekommen, solange ich noch jung und energiegeladen bin."
★ „Ich wollte warten, bis ich Geld verdiene."
★ „Alle meine Freunde hatten bereits ein Kind."
★ „Ich wollte etwas mehr vom Leben sehen, ehe ich mich fest einrichtete."
★ „Ich wollte erst ein Heim mit Garten finden, damit mein Kind an der Luft spielen konnte."

Die Entscheidung für oder gegen ein Kind ist eine sehr persönliche. Sie stellt die Weichen für den Rest Ihres Lebens. Daher müssen Sie die Stimmen Ihrer Vernunft und Ihres Herzens genau kennen. Vieles kommt ins Spiel, darunter Ihre Beziehung, Ihre finanzielle Lage, Ihr Gesundheitszustand, Karriere und andere Lebensziele, Wohnsituation und soziales Netzwerk. Das Leben steckt voller Überraschungen, doch wenn viele Faktoren günstig stehen, wird ein schwerwiegendes Problem Sie nicht gleich aus der Bahn werfen.

99 *Wir steckten unsere gesamte Ersparnisse in ein Geschäft und machten Pleite. Wir hatten eine Hypothek abzustottern und zwei kleine Kinder durchzubringen. Hätten wir nicht in einem Städtchen gewohnt, in dem Familie und Freunde uns nach Kräften halfen, wären wir nie über die Runden gekommen.* 66

Jill, 41 und John, 46

Sprechen Sie mit Ihrem Partner

Sind Sie sich Ihres Kinderwunsches nicht sicher? Dann hilft Ihnen vielleicht der unten beschriebene Test. Erklären Sie Ihrem Partner, was Sie tun, um ihn nicht völlig zu verstören. Betonen Sie nach Möglichkeit auch, dass Ihre Gefühlslage nur eine momentane ist, zum Beispiel: „*Heute* wäre ich am liebsten Mutter von fünf Kindern", „*Jetzt* bin ich heilfroh, dass wir nur zu zweit sind." Hundertprozentige Gewissheit werden Sie kaum je erzielen. Viele Erstgebärende stöhnen im Schmerz der Wehen spontan: „Warum bloß wollten wir ein Kind? Hätten wir doch noch ein oder zwei Jahre gewartet!" Es ist wichtig, Bedenken und Stimmungsschwankungen auszusprechen. Denn nur so können wir uns von ihnen frei machen. Sagen wir uns aber: „Das darf ich nicht denken!", dann verstricken wir uns nur zu leicht in einem Knäuel unterdrückter Gefühle.

Zur Nach-ahmung empfohlen

Test: Was will ich?

Würden Sie manchmal alles dafür geben, ein Baby zu haben? Und sind am nächsten Tag überglücklich, ungebunden zu sein, ins Kino, essen gehen und die Nacht zum Tag machen zu können, ohne an ein Kind denken zu müssen? Tags darauf sehen Sie eine Mutter mit einem goldigen Baby oder putzigen Kleinkind und seufzen neidisch? Um sich angesichts eines ausgerasteten kleinen Trotzkopfs zu sagen: „Ein Glück, dass mir das erspart bleibt."

Sind Sie so wankelmütig? Dann verschafft diese Übung Ihnen vielleicht Klarheit. Werfen Sie nicht einfach eine Münze und wählen Sie nicht blind eine von zwei Alternativen, wenn Sie sich in einer wichtigen Angelegenheit nicht entscheiden können. Gemischte Gefühle darf man nie ignorieren. Denn oft zeigen sie an, dass man sich im Übergangsstadium zu einer anderen Lebensphase befindet. Es ist wichtig, diesen Prozess zu respektieren und mit Bedacht vorzugehen.

Übergangsstadien überwindet man am besten, indem man kleine Schritte unternimmt und jeden Aspekt des Dilemmas beleuchtet. An einem Tag also, an dem Sie sich sehnlichst ein Baby wünschen, sollten Sie – ganz so, als wären Sie bereits schwanger – ein paar kleine, aber symbolische Dinge tun, zum Beispiel:

* ★ *in einem Babygeschäft stöbern*
* ★ *Namen auflisten, die Ihnen gefallen*
* ★ *ein Paar Babyschühchen kaufen*
* ★ *sich überlegen, wo Sie im Schlafzimmer eine Wiege aufstellen könnten*

Selbst wenn Sie sich Ihres Kinderwunsches ganz sicher sind, sollten Sie viel mit Ihrem Partner darüber sprechen, um Ihrer beider Vorstellungen abzuklären. Gestehen Sie ihm Ihre Träume (und Ängste), um herauszufinden, welche davon Sie teilen. Erzählen Sie von Ihren Hoffnungen – von den Reizen, die Ihr Kind besitzen wird, von der Freude, einen kleinen Menschen um sich zu haben und zum Krabbel- und Schulkind, Jugendlichen und Erwachsenen heranreifen zu sehen.

Womöglich wünschen Sie beide sich aus unterschiedlichen Gründen ein Kind. Oder jeder von Ihnen freut sich auf eine andere Altersstufe: Nicht selten blicken Männer gemeinsamen Unternehmungen entgegen, während Frauen sich nach einem schmusigen, abhängigen Baby sehnen. Solche Differenzen können sich blendend ergänzen, wenn man sie offen zu besprechen vermag.

★ *beginnen, regelmäßig Gymnastik zu treiben*
★ *Ihren Arzt fragen, wie Sie sich am besten auf eine Schwangerschaft vorbereiten*
★ *Babys von Freunden hüten*
★ *das Rauchen und andere Laster aufgeben, die dem Kind schaden könnten.*

An einem Tag wiederum, an dem Sie sich sagen: „Es ist wohl besser, erst später ein Kind zu bekommen", können Sie tun, als würden Sie gewiss nicht schwanger werden wollen, indem Sie:

★ *Ihre Karriere planen*
★ *eine Testfahrt im Traumauto unternehmen*
★ *Urlaubsprospekte beschaffen*
★ *mit Freunden sprechen, die sich gegen Kinder entschieden haben*
★ *allein eine Wanderung unternehmen*
★ *sich schick machen, ein Café besuchen*
★ *am Morgen ein ausgiebiges Bad nehmen.*

Wenn Sie jede Fassette Ihrer Ambivalenz ausleben, werden Sie zu einer Entscheidung gelangen. Nach einigen Wochen schält sich heraus, ob Sie an weit mehr Tagen ein Baby möchten oder Ihr kinderloses Leben genießen.

Dieses Vorgehen empfiehlt sich in allen wichtigen Entscheidungssituationen. Denn es bringt unsere verborgenen Gefühle aktiv zum Vorschein, bis wir mit Kopf und Bauch wissen, was für uns das Richtige ist.

Mein Entschluss steht fest: Ich nehm den Job in Ulan Bato ... Oh, ist das BABY SÜÜSS!

Sind Sie sich Ihres Kinderwunsches nicht sicher, können Sie bei Freunden babysitten.

Wenn Ängste Sie zurückhalten

Sprechen Sie mit Ihrem Partner auch über die negativen Seiten: Was tun, wenn das Baby ständig schreit, nicht schläft, Ess-Störungen oder ernsthaftere Beschwerden hat? Gleich wie trivial, kleinkrämerisch, lächerlich oder absurd Ihre Ängste sein mögen – einmal in Ihrem Kopf, müssen sie ausgesprochen werden.

Will nur einer von Ihnen ein Kind, sollten Sie in Ruhe die Ursachen erkunden. Manche Partner sind gegen ein Kind, um einer Einmischung der angeheirateten Verwandtschaft vorzubeugen. Oder vielleicht möchten Sie beide sich einem Kind ganz widmen können, sehen sich dazu aber außer Stande, weil Sie auf zwei Einkommen angewiesen sind oder Ihre Arbeit nicht aufgeben wollen. Manchmal lassen solche Bedenken sich durch Gespräche ausräumen. Andere Male braucht es intensive Nachforschung und Gewissensprüfung.

Auch über die Angst vor einer schwierigen Geburt, vor einer Behinderung, schweren Erkrankung oder gar dem Tod des Babys und ihre Auswirkungen sollten Sie tunlichst miteinander reden. Derlei Befürchtungen können Fruchtbarkeitsstörungen verursachen; kaum sind sie abgebaut, bekommen nicht wenige Paare auf völlig natürliche Weise endlich ein Kind. Ebenfalls hilfreich sind fundierte Informationen, etwa über mögliche genetisch und altersbedingte Risiken einer Schwangerschaft. Kontakt mit Eltern von Kindern, die sehr viel Zuwendung benötigen, wird Ihnen die Kostbarkeit des Lebens in all seinen Fassetten vor Augen führen und helfen, sich besser auf die Gefahren und Freuden des Elterndaseins einzustellen.

Verantwortung übernehmen

Beide Partner müssen sie tragen wollen, die Verantwortung dafür, ein Kind zu bekommen und aufzuziehen. Bedenken Sie unbedingt: Ihr Partner kann sterben oder sich von Ihnen trennen. Daher müssen Sie sich für ein Kind entscheiden im vollen Bewusstsein, es womöglich allein großziehen zu müssen.

Ferner tapsen sehr viele Paare in die Fallgrube: „Na schön, wenn der/die andere ein Kind und die meiste Arbeit übernehmen will, dann habe ich nichts dagegen." Doch leider funktioniert die Sache so nicht. Stellen Sie sich vor, Ihr Kind ist ein Teenager und gibt eine Party, dass die Wände wackeln. Mit den Nerven am Ende, zischen Sie Ihrem Ehepartner zu: „Du wolltest unbedingt ein Kind, nicht ich!"

Indem Sie sich Ihrer beider Gefühle klar werden, erfahren Sie eine Menge übereinander. Entscheiden Sie sich dann für ein Kind, so werden Sie es im Bewusstsein tun, richtig zu handeln. Sie werden in den Anfangsjahren Ihres Familiendaseins seltener Ihren Entschluss bereuen und mit Ihrem Partner streiten, weil Sie sich der notwendigen seelischen Vorbereitung unterzogen haben. Freilich wird es harte Zeiten geben und gute wie böse Überraschungen, doch werden Sie sich tief im Innern sagen: „Das ist es, was wir beide wollen!" Und Sie werden Ruhe und Kraft aus der Gewissheit schöpfen: „Wir haben uns gemeinsam dafür entschieden."

Noch etwas Wichtiges wollen wir Ihnen ans Herz legen: Nach Jahren der Arbeit mit hunderten von Familien sind wir davon überzeugt, dass Kinder wissen, ob sie gewollt sind oder nicht. Sie spüren dieses tief verankerte Gefühl – das von einer ganz anderen Art ist als der gelegentlich heiße Wunsch aller Eltern, ihren Nachwuchs auf der Stelle zum Mond zu schießen.

Sind Sie sich nicht vollkommen sicher, sollten Sie besser keine Kinder in die Welt setzen. Und wenn Sie bereits Kinder haben, dann sollten Sie alles daran setzen, dass sie sich willkommen fühlen. Erwünscht und willkommen zu sein ist Geburtsrecht eines jeden Kindes.

Kinder spüren sehr genau, wie sehr sie erwünscht sind und geliebt werden.

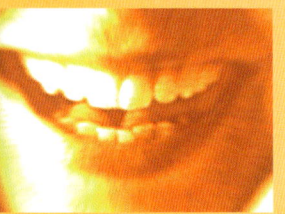

Der Baby-Bereitschaftstest

Seien Sie ehrlich: Lieben Sie sie etwa nicht, diese Fragebögen, die Ihnen bei lebenswichtigen Entscheidungen binnen zwei Minuten Klarheit verschaffen? Nun, dieser spielerische Test ermittelt anhand der diversen Kriterien Ihren Schwangerschafts-Reifegrad. Streichen Sie jeweils die Aussage an, die am besten auf Sie zutrifft, und addieren Sie die Sternchen.

	Hier An-streichen	Bewer-tung

1 Ihre Rollen und Erwartungen

Mein/e Partner/in und ich wollen uns die Arbeit teilen. Er/sie kann mit Kindern umgehen und wünscht sie sich so sehr wie ich .... ● ★★★
Sein/ihr Kinderwunsch steht weniger fest als meiner .... ● ★★
Er/sie meint: „Klar können wir Kinder haben – solange du dich um sie kümmerst und sie die Hi-Fi-Anlage nicht antastest" .... ● ★
Er/sie ist sich nicht sicher und schon auf den Wellensittich eifersüchtig ● ★

2 Ihre Finanzen

Wir können uns ohne große Probleme ein Kind leisten .... ● ★★★
Wir würden sehr viel besser über die Runden kommen, wenn wir noch ein paar Jahre warten .... ● ★
Was soll's? Wir sind ohnehin notorisch blank .... ● ★

3 Ihre Ausbildung und Karriere

In puncto Ausbildung/Karriere ist der Zeitpunkt für ein Baby gut ...... ● ★★★
Der Zeitpunkt ist in dieser Hinsicht nicht gerade schlecht .... ● ★★
Zurzeit würde ein Kind meiner Ausbildung/Karriere echt schaden ..... ● ★
Ausbildung? Karriere? Wer? Ich? .... ● ★

4 Ihr Alter

Ich bin jetzt in genau dem Alter, in dem ich gern ein Kind hätte .... ● ★★★★
Ich bin schon älter und will ein Baby, ehe die Uhr abgelaufen ist .... ● ★★★
Ich bin jung und mir nicht sicher, ob ich die nötige Reife mitbringe .. ● ★★
Ich bin jung und habe noch einiges vor .... ● ★

Summe der Sternchen

5 Ihre Beziehung

Ich befinde mich in einer starken und stabilen Beziehung .... ★★★★

Wir haben uns lange genug als Paar bewährt und wollen jetzt beide
ein Kind .... ★★★★

In unserer Beziehung kriselt es gelegentlich. Vielleicht sollten wir mit
der Familiengründung noch ein bisschen warten .... ★★

Unsere Beziehung ist wackelig. Kinder bringen uns näher .... ★

Beziehung? Wozu das? Ich finde schon einen Samenspender .... ★

6 Ihre Gesundheit

Ich entgifte bereits meinen Körper: Ich rauche nicht mehr, nehme
keine Drogen mehr und trinke sehr wenig Alkohol. Ich verhüte zwar
noch, aber seit sechs Monaten nicht mehr mit der Pille, um Neben-
wirkungen auszuschalten. Ich ernähre mich ausschließlich von
Biokost. Ich halte negative Gedanken von mir fern .... ★★★★

Mein Partner lebt ebenso gesundheitsbewusst und meidet nach
Kräften Schadstoffbelastung am Arbeitsplatz, landwirtschaftliche
Chemikalien, petrochemische Fabriken und Computerbildschirme ..... ★★★★

Der eine oder andere der genannten Punkte trifft zu .... ★★★

Ich fange morgen damit an .... ★

7 Ihre Fitness

Ich war immer schon recht fit und absolviere ein leichtes Gymnas-
tikprogramm, das ich in der Schwangerschaft beibehalten kann .... ★★★★

Wenn's nicht regnet, fange ich morgen an .... ★

Ich freu mich darauf, zu Hause bleiben zu dürfen, vor der Glotze
abzuhängen, mich bedienen zu lassen und zu essen, was mir schmeckt ★

Zählen Sie die Sternchen neben Ihren Kreuzen zusammen.
20 und mehr Sternchen? Wahrscheinlich sind Sie schon schwanger!
Bei 15 bis 20 Sternchen sind Ihre Aussichten ziemlich gut.
Bei 7 bis 15 Sternchen sollten Sie sich besser einen Hund zulegen!

Summe
der
Sternchen

Humor
... der beste Freund von Eltern!

Wie wird es sein, ein Kind zu haben?

Stellen Sie sich vor, Sie hielten Ihr neugeborenes Baby zum ersten Mal im Arm, ganz behutsam und zärtlich, und blickten hinab auf sein winziges Gesicht. Schlägt Ihnen das Herz fast bis zum Halse? Wahrscheinlich empfinden Sie ein unsägliches Glücksgefühl und zugleich die Schwere der Verantwortung. Und fragen sich: „Werde ich eine gute Mutter, ein guter Vater sein? Werde ich meine Aufgabe richtig machen?"

Sobald Sie wissen, dass Sie ein Kind erwarten, wollen Entscheidungen getroffen werden: „Soll ich zu Hause entbinden oder im Krankenhaus?", „Wann soll ich aufhören zu arbeiten?" Ist das Baby geboren, geht es weiter: „Soll ich es nachts schreien lassen oder zu mir ins Bett nehmen?" Beim Kleinkind dann: „Wie bringe ich ihm Gehorsam bei?", „Wann kann ich in den Beruf zurückkehren?" Sie stehen ununterbrochen vor der Qual der Wahl. Vielleicht entdeckt eines Tages ein Archäologe in einer finsteren Gruft den Stein der Weisen – eine verstaubte Papyrusrolle, die auf alle Fragen von Eltern die unter Garantie richtigen Antworten gibt. Aber das ist zu schön, um wahr zu werden, denn den richtigen Weg gibt es nicht. Es gibt nur Ihren richtigen Weg, jetzt und mit diesem Kind.

Sie und Ihr Kind sind eine einzigartige Konstellation, und Sie müssen herausfinden, was für Sie das Beste ist. Überdies ist jedes Ihrer Kinder anders. Indem Sie Ihren Weg suchen und finden, steigt Ihr Selbstvertrauen. Früher, als zehn Kinder pro Familie keine Seltenheit waren, konnten Eltern sich mit jedem Kind ihrer Sache sicherer werden. Absolute Gewissheit jedoch wird kein Mensch je gewinnen: Sie werden Ihr Gewissen selbst dann noch befragen, wenn Ihre Kinder längst erwachsen sind.

Zum Glück gibt es eine gute Nachricht: Die erforderliche Weisheit finden Sie um sich herum und in sich selbst. Zahllose Generationen haben mit Erfolg Kinder aufgezogen, und das unter widrigsten Umständen. Dieser Erfahrungsschatz ist nicht verloren. Er verteilt sich auf alle Eltern, und es hilft, anderen zuzuhören und von ihnen zu lernen. Der beste Wegweiser aber ist stets die Stimme Ihres Herzens.

Sie lernen aus Erfahrung

Die Erfahrung ist der beste Lehrer und das Elterndasein hat beachtliche Erfahrungen zu bieten. Sie werden erfahren, wie es ist, still im Bett zu liegen, Ihr Baby zu betrachten und überzuquellen von einer Liebe, die sich nicht in Worte fassen lässt. Sie werden aber auch erfahren, was es heißt:

★ 6800 Windeln zu wechseln
★ 15 000 Mahlzeiten zuzubereiten und ihre Spuren zu tilgen
★ tausende von Malen Rotznasen, kleine Hände und Gesichter zu säubern
★ kleine Füße in 7800 Paar Schuhe zu stecken
★ hunderte von Kilometern zu Fuß zurückzulegen
★ fünfeinhalb Monate Ihres Lebens in Wartezimmern von Ärzten abzusitzen und
★ trotzdem irgendwie an all dem Freude zu finden und es zu vermissen, wenn die Zeit vorüber ist.

Das Gefühl, Mutter bzw. Vater zu sein, kann Ihnen niemand genau beschreiben. Zwischen Hören und Erleben besteht ein himmelweiter Unterschied – ungefähr so wie der zwischen Aufklärungsunterricht und Sex haben.

Sicherheit in der Elternrolle gewinnt man, indem man sie spielt. Ihre inneren Stimmen werden Ihnen kontinuierlich sagen, was zu tun ist. Dieses integrierte Lotsensystem ist alles andere als mysteriös. Es empfängt seine Orientierungszeichen aus zwei Richtungen: durch sorgfältiges Horchen auf Ihre Gefühle einerseits und auf die Signale Ihres Kindes andererseits.

Sie werden staunen, welch ungeahnte Fähigkeiten Sie entwickeln, während Sie sich in Ihre Elternrolle einleben. Die Liebe zu Ihrem Kind macht Ihre Sinne hellwach und hoch empfänglich. Sie beginnen zu wissen, ohne zu wissen,

woher Sie es wissen. Oft tun wir instinktiv das Richtige bzw. wollen es tun. Beim Anblick eines Frühchens im Brutkasten etwa überkommt wohl jeden das Verlangen, dieses winzige Wesen zu liebkosen. Studien belegen, dass dieser Impuls genau richtig ist: Frühchen, die mehrmals täglich Hautkontakt und sanfte Massagen erfahren, wachsen schneller und können früher aus dem Krankenhaus entlassen werden.

Häufig ahnen Eltern auf scheinbar unerklärliche Weise, was ihr Kind braucht.

„ *Die ersten drei Jahre schlief ich mit meiner Tochter in einem Bett, denn ihre schwere Atmung machte mir Sorgen. Die Ärzte sagten, mein Kind wäre kerngesund. Ich wusste bloß, dass ich sie nicht allein lassen durfte und etwas nicht stimmte. Meine Tochter war sechs Jahre alt, da diagnostizierte man Wucherungen der Rachenmandel. Sie wurde behandelt, und sofort schlief sie besser, nahm zu und wurde kräftiger.* „* * Jeni, 34*

Tun Sie, was Sie für richtig halten

Mitunter ist es goldrichtig, sich über Tipps und Ratschläge der anderen hinwegzusetzen und seiner Eingebung zu folgen:

*Meine ersten vier Kinder erzog ich so, wie es sich nach
Ansicht meines Mannes – er war Arzt – gehörte: Ich ließ
sie im eigenen Bettchen schlafen, ließ sie weinen und geizte
mit Streicheleinheiten, um sie nicht zu ,verziehen'. Beim
fünften Kind aber sagte ich zu meinem Mann: ,Das ist
mein Junge, und ich werde ihn hätscheln!' Ich fütterte den
Kleinen in meinem Bett, sah nach, wenn er weinte,
schmuste mit ihm und ließ ihn als Kleinkind auf meinem
Schoß sitzen. All das verstieß gegen die geltenden Gebote
einer guten Kinderstube – mit dem Ergebnis, dass aus dem
Jungen das ausgeglichenste unserer Kinder geworden ist.*

Pat, 81

Lernen Sie von anderen

Die wenigsten von uns fühlen sich ihrer neuen Elternrolle
gewachsen. Wie das Radfahren ist das Elternsein eine Fertigkeit, und es gibt Tipps und Techniken, die es uns
leichter machen. Äußerst nützlich ist es, die Gesellschaft
von Eltern zu suchen, die wir bewundern und denen wir
einiges abschauen können.

Andere Eltern können ein sprudelnder Informationsquell
sein (oder Beispiele dafür, wie man sich *nicht* verhalten
sollte!). Beschränken Sie Ihre Aufmerksamkeit nicht auf die
Gegenwart. Denn seit Ihrer Geburt sind Sie von – guten wie
schlechten – Rollenvorbildern umgeben. Sind Sie in einem
liebevollen Elternhaus aufgewachsen, dann haben Sie
großes Glück und es vermutlich leichter. Beschränken Sie
sich ferner nicht auf gleichgeschlechtliche Vorbilder. War es
Ihr Vater, der Lebensfreude, Kreativität oder andere Ihrer
Fähigkeiten gefördert hat, dann können Sie ihm als Mutter
darin nacheifern. Und als Vater möchten Sie vielleicht
Ihrem Kind dieselbe Fürsorglichkeit zukommen lassen, die
Sie von Ihrer Mutter erfahren haben. Schauen Sie über die
Grenzen Ihrer Kernfamilie hinaus: Hat eine Großmutter
oder Tante, ein Nachbar oder Lehrer Ihnen als Kind besonders gut getan, vermag die Erinnerung Ihnen Anregungen
für die Erziehung Ihrer Kinder zu liefern.

Auch in manchen Filmen und Büchern finden sich nachahmenswerte Vorbilder. Elternkurse vermitteln gute Ideen und durch den Kontakt mit anderen Eltern das Gefühl, durchaus normal und der Sache gewachsen zu sein. Und das Internet offeriert Hilfe und Informationen auf vielen Websites, dazu die Gelegenheit zum Chatten mit Eltern in aller Welt.

Neue Seiten an sich selbst entdecken

Das Elterndasein fordert Sie dazu auf, ja zwingt Sie, sich auf Weisen zu entwickeln, die Sie für unmöglich gehalten hätten. Angenommen, Sie sind ein Mensch, der auf seine Unabhängigkeit stolz ist. Als Mutter oder Vater werden Sie leichter Freundschaften schließen – weil Sie dringend auf sie angewiesen sind. Wenn Sie andere Eltern einladen und im Park mit ihnen plaudern, hat Ihr Kind mehr Gelegenheit, andere Kinder zu treffen und sich in der Kunst der Freundschaft zu üben.

Ich hatte jede Menge Probleme mit Max. Er war ein eigensinniges Kleinkind. Eine unserer Freundinnen aber brachte ihn stets mühelos zur Räson. Anfangs machte es mich verlegen, doch dann beobachtete ich sie: Sie trat mit Bestimmtheit auf, war freundlich, aber unnachgiebig, bis Max mitmachte. Und ich bemerkte, dass Max diese Freundin liebend gern besuchte.

Ich begann, mit Max zu sprechen und umzugehen, wie unsere Freundin es mir unbeabsichtigt vorgeführt hatte. Und siehe da, es funktionierte!

Gavin, 24

Die Elternrolle kann in Ihnen Seiten zum Vorschein bringen, die Ihnen völlig neu sind.

Das erleichtert ihm den Einstieg in eine Spielgruppe und in den Kindergarten enorm.

„ *Wir wanderten aus Schottland ein. Hier in Australien hatten wir keine Verwandten, und mir fiel daheim die Decke auf den Kopf. Aber ich war seit je recht schüchtern. Wenn ich auf andere Mütter stieß, wusste ich nicht, wie ich mit ihnen Kontakt knüpfen sollte. Schließlich fasste ich mir ein Herz, ging auf Menschen zu und sagte: ‚Hallo, mein Name ist Sue und Ihrer?‘ Und schon kamen wir ins Gespräch. Ich habe eine Spielgruppe gegründet und tolle Freundschaften geschlossen. Das Beste aber ist: Mein Sohn hat von mir gelernt. Wie sein Lehrer sagt, ist er der kontaktfreudigste und umgänglichste Junge der Klasse und wirklich beliebt.* “

Sue, 32

Lassen Sie der Natur ihren Lauf

Nicht jeder Rat hilft allen Eltern. Hören Sie anderen gut zu und informieren Sie sich bestmöglich, doch bilden Sie sich Ihre eigene Meinung. Sind Sie im Zweifel, probieren Sie ruhig etwas aus – aber stellen Sie es ein, sobald Sie ein schlechtes Gefühl haben. Die Signale, die Ihr Kind und Ihre Gefühle aussenden, werden Ihnen sagen, was Sie als Nächstes tun sollten.

Der richtige Weg ist oft der, der sich leicht und unverkrampft einschlagen lässt. Eines der besten Beispiele ist das Eltern wie Experten hinlänglich bekannte Problem: Wie kommt das Kind aus den Windeln?

Eine Mutter hat uns erzählt, wie ihr das ohne großes Aufheben auf lockere Weise gelungen ist:

Ich hatte Hunde stubenrein erzogen, aber wie's bei meinem Jungen funktionieren sollte, das war mir schleierhaft. Also ließ ich ihn einfach mitkommen, wenn ich auf die Toilette musste, und kaufte ein Töpfchen, das hoffnungsfroh im Badezimmer wartete. Eines Tages watschelte der Kleine mit drängender, aber freudig erregter Miene auf mich zu, in der Hand das Töpfchen. Ich befreite ihn von der Windel, und prompt setzte er sich aufs Töpfchen, um sein Geschäft zu verrichten. Und das tut er seither. Vielleicht war's reines Glück oder ich war tatsächlich klug genug, die Zeichen zu erkennen. Beneidet wurde ich jedenfalls von allen Seiten.

Mara, 30

Allein erziehende Mütter

Hier einige spezielle Informationen für diejenigen unserer Leserinnen, die keinen Partner an ihrer Seite haben. Diese Hinweise verdanken wir der Erfahrung von zahlreichen uns bekannten allein erziehenden Müttern. (Vieles davon gilt auch für allein erziehende Väter, denen im Kapitel über die Vaterrolle ein Abschnitt gewidmet ist; siehe S. 162 ff.)

★ Alle Eltern haben mehr oder minder dieselben Probleme, doch wiegen diese schwerer, wenn ein Elternteil sie allein meistern muss. Manche Paare besprechen wochenlang, welcher Kinderwagen und welche Schule geeignet ist. Sie überlegen gemeinsam, ob sie einen Arzt konsultieren müssen. Ein Single hat all diese Entscheidungen allein zu verantworten, und das kann einem Angst machen.

★ Single sein hat aber auch seine guten Seiten: Sie müssen nicht über jeden Schritt diskutieren oder gar streiten. Sie können Ihre eigenen Regeln aufstellen und aus Ihrer Unabhängigkeit Selbstsicherheit beziehen, Ihre Kinder können heranwachsen zu anpassungsfähigen und einfallsreichen Menschen mit Erfahrungen, die anderen Kindern fehlen.

★ Eine wichtige Rolle spielt die Einstellung der Umwelt. Heute noch blicken manche Leute auf ledige Mütter herab. Sehr wenige Frauen erziehen ihr Kind allein, weil sie es von Anfang an so gewollt haben. Niemand außer Ihnen weiß um die Schwierigkeit Ihrer Entscheidung und die Kämpfe, die Sie womöglich durchgemacht haben. Kinder aufzuziehen ist eine gewaltige Aufgabe und sie allein zu bewältigen eine Leistung, auf die Sie mit Recht stolz sein dürfen.

★ Hinzu kommt der gesellschaftliche und finanzielle Druck, schnellstmöglich wieder arbeiten zu gehen und „produktiv" zu sein – wohingegen Sie möglicherweise meinen, dass Ihre Kinder, vor allem wenn sie noch sehr klein sind, Sie *mehr* brauchen, gerade weil sie mit nur einem Elternteil aufwachsen. Stattdessen haben sie womöglich noch weniger von Ihnen.

★ Kinder brauchen es, dass wir Anteil an ihrem Leben nehmen – aber nicht so sehr, dass wir das eigene darüber aufgeben. Bei allein erziehenden Müttern besteht erhöhte Gefahr, dass das Kind in ungesundem Maß im Mittelpunkt steht. Oder sie sind dermaßen mit der Alltagsbewältigung beschäftigt, dass sie dem Kind unerreichbar erscheinen und es sich scheut, sie mit seinen Sorgen und Gefühlen zu belästigen. Daher brauchen Sie erwachsene Freunde, die Ihnen helfen, eine gesunde Balance zu halten.

★ Sie müssen auf Ihre Gesundheit, Ernährung und Fitness achten und entspannen lernen. Nehmen Sie sich jeden Tag zumindest ein bisschen Zeit für sich selbst. Es ist verführerisch, sich zur Märtyrerin zu machen und als Stressbündel umherzuhecheln. Aber damit schaffen Sie bloß weitere und noch schwerer auszuräumende Probleme (vom Verlust der Hausschlüssel ganz zu schweigen).

★ Beziehen Sie nach Kräften den Vater in das Leben Ihres Kindes ein. Seien Sie so kreativ und kooperativ wie irgend möglich. Bemühen Sie sich um ein machbares Arrangement. Ihr Kind muss in der Lage sein, Sie beide zu lieben. Bringen Sie es in Kontakt mit vertrauenswürdigen guten Männern (Großvater, Onkel, Cousin, Lehrer, Trainer usw.).

★ Alle Eltern brauchen soziale Einbettung. Sorgen Sie für ein Umfeld mit vielen Kontakten. In einer kinderreichen Nachbarschaft können Eltern sich austauschen und gemeinsam kümmern. Engagieren Sie sich in Schule, Kirche oder Vereinen; das bringt Ihnen mehr Lebensfreude und Geborgenheit und Ihren Kindern positive Rollenvorbilder. In Kursen für Eltern und Selbsthilfegruppen von Eltern finden Sie Gesprächspartner und Beistand.

Kinder erziehen ist gut für Sie

Eltern sein ist Schwerstarbeit, von der einzig die Kinder profitieren und bei der es nur eine Seite gibt – wer dies meint, macht es sich zu einfach. Denn beide Seiten, Kinder wie Eltern, lernen und entwickeln sich in stetem Austausch. Die ständige Präsenz eines Kindes gibt Ihnen ziemlich bald das Gefühl, demontiert und runderneuert zu werden. Genau das geschieht mit Ihnen. Die gelegentliche Heftigkeit Ihrer emotionalen Reaktionen, die Intensität Ihrer Empfindungen, die Momente der Verwirrung und Aufregung, all dies zeigt an, dass Sie eine Veränderung durchmachen – und einen seelischen Genesungsprozess.

Das funktioniert ganz simpel. Mit jedem Entwicklungsstadium Ihres Kindes durchleben Sie nochmals diese Phase mitsamt ihren Nöten und Problemen. Ob Mutter oder Vater, Sie tun es unwillkürlich. Während Sie zum Beispiel mit Ihrem Baby schmusen und es umhegen, spüren Sie, wie es ist, ein Baby zu sein, umfangen, geliebt, gewärmt, gesättigt und getröstet zu werden. Viele haben dieses Gefühl tiefster Zufriedenheit, wenn sie ein Baby umsorgen. Indem Sie Ihr Kind päppeln, päppeln Sie unbewusst sich selbst. Hat es Ihnen als Baby an Zuwendung gemangelt, tut es Ihnen vielleicht besonders gut, Ihrem Baby zu geben, was Sie selbst gern bekommen hätten.

Diese Reise durch die eigene Kindheit kann selbstverständlich auch Schmerzen bereiten. In solchen Augenblicken der Selbstzweifel oder Gedrücktheit müssen Sie Ihre Wunden zu heilen versuchen; nur so können Sie Ihrem Kind geben, was es braucht. Folgender Bericht einer Mutter veranschaulicht dies deutlich:

,, *Ich liebte meine beiden Kinder von ganzem Herzen, doch es fiel mir schwer, ihnen meine Liebe zu zeigen. Es machte mich verlegen, wenn andere Mütter mit ihren Babys und Kleinkindern kuschelten, denn ich konnte das mit meinen Kindern nicht. Eines Tages, auf dem Heimweg von einem Gespräch mit einer guten Freundin, fiel der Groschen: Ich konnte mich nicht erinnern, dass*

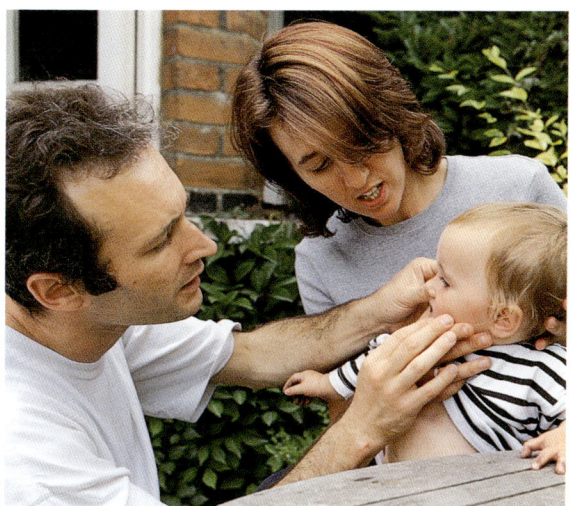

*meine Mutter mich jemals umarmt oder getröstet hätte.
Mir schossen die Tränen in die Augen. Nachdem mir
bewusst war, wie einsam ich mich als Kind gefühlt hatte,
fiel es mir leichter, meinen Kindern und meinem Mann
Zuneigung zu zeigen. Es gelang mir nicht über Nacht
und kostete mich einige Überwindung, meine harte
Schale aufzuweichen, um zu dem einsamen Kern in mir
vorzustoßen. Aber langsam konnte ich immer mehr Nähe
zulassen, und ich war glücklicher denn je. Die Kinder
schienen ebenfalls glücklicher und führten sich besser
auf. Und auch meine Ehe wurde stabiler.* ❝

Margaret, 52

Männern, die ihren Vater nicht kennen oder ihm nie sehr
nahe standen, wird es Freude bereiten, aus diesem Muster
auszubrechen und ein inniges, vertrauensvolles Verhältnis
zu ihren Kindern aufzubauen. So hilft die Elternschaft
endlich Wunden zu heilen, die Menschen einander seit
Generationen zugefügt haben.

Ihr Einfühlungsvermögen wird Ihnen in vielen Fragen der
Erziehung, auch beim Thema Disziplin, sagen, was zu tun
ist. Wenn Sie die Porzellanscherben auf dem Küchenboden
entdecken und daraufhin Ihrem kleinen Kind in die Augen

blicken, sollten Sie sich in Erinnerung rufen, wie beschämend es war, klein und ungeschickt zu sein und dafür getadelt zu werden. Das bewahrt Sie vielleicht vor Überreaktionen.

Haben Ihre Eltern ihren Zorn nicht beherrschen können und Sie als Kind geschlagen, werden Sie Ihre Angst nicht vergessen haben. Dies vor Augen, sollten Sie sich fest vornehmen, im Ärger nie die Kontrolle über sich zu verlieren. Dann werden sich Ihre Kinder bei Ihnen stets sicher und geborgen fühlen – ein großartiger Lohn dafür, dass Sie mitfühlen und sich an Ihre Kindheit erinnern.

Kinder aufziehen, lohnt das?

Kennen Sie einen Menschen, von dem Sie aufrichtig sagen können, er sei wundervoll? Solche Menschen haben harte Zeiten erlebt, sind gütig, stark, humorvoll und sprühen vor Leben. Wenn Sie es ernst nehmen und den nötigen Beistand erhalten, dann kann das Elternsein aus Ihnen einen derartigen Menschen machen.

Zwischen allen Eltern und Kindern besteht eine spezielle, starke Beziehung. Jede Ihrer Aufmerksamkeiten, ob groß oder klein, trägt zu Ihrem und dem Wohlbefinden Ihres Kindes bei.

Die „besonderen Momente", die Sie mit Ihrem Kind erleben, sind großartig – aber genauso wichtig sind die alltäglichen Dinge, die Verhaltenskorrekturen, Ihre Unterstützung, Anleitung, Erklärungen und Ihr Trost. All dies hilft Ihrem Kind, zu einer liebenswerten, lebendigen und lebenstüchtigen Persönlichkeit heranzuwachsen.

Die Elternrolle verlangt Ihnen vieles ab, praktische Fertigkeiten, Verständnis und Einfallsgeist. Sie sind die Schlüsselperson. Ihre Kinder lernen schwerlich zu lieben, wenn *Sie* mit Liebe geizen. Sie werden womöglich nicht konfliktfähig, wenn Sie Ihnen nicht helfen, klar zu denken und ihre Gefühle zu verstehen. Sie haben die Chance, sie gesund hinaus in die Welt zu schicken, indem Sie in ihnen die Freude an gutem Essen und Bewegung wecken.

Liebesfähige, aufgeweckte und gesunde Kinder fallen nicht vom Himmel. Kinder lieben es zu lieben, zu entdecken, zu lernen, zu essen, sich zu bewegen, kreativ zu sein. Wie kleine Pflänzchen wollen sie gehegt und gepflegt werden. Zum Glück sind Sie dafür nicht allein verantwortlich. Sie und Ihr Kind sind zwei Seelen, die im Duo ihre Saiten zum Klingen bringen. Ihr Kind bringt seine einzigartige Veranlagung ein, Sie Ihre Lebenserfahrung. (Ihr Part-

Die „besonderen Momente" sind großartig, aber genauso wichtig ist der Alltag.

ner, Ihre anderen Kinder, Ihre Freunde, Familie und weiteres soziales Umfeld, sie alle haben mit diesem Erfahrungsschatz zu tun.) So wie unser Körper sich aus der Nahrung Vitamine zuführt, so holt sich ein Kind von den Menschen seiner Umgebung, was es braucht. Selbst von Leuten, die es nicht mag, lernt es Lektionen fürs Leben.

Wir wollen Sie nicht verschrecken, aber Kinder aufzuziehen ist ein ganz großes Ding. Kaum etwas, was ein Mensch unternimmt, vermag das Leben anderer stärker zu beeinflussen. Ihre Erziehung wird sich auf alle Beziehungen Ihres Kindes auswirken. Die Qualitäten und Mängel Ihres Kindes werden alle seine Kontaktpersonen berühren, speziell die Menschen, die es liebt, die Kinder, die es in die Welt setzt, deren Kinder und so fort.

Dieser Weitblick mag Ihnen helfen, wenn Sie einmal vor Bäumen den Wald nicht mehr sehen (oder vor Windeln nicht mehr Ihr Baby). Von den plus/minus 80 Jahren Ihres Lebens verbringen Sie ein paar damit, einem Kind auf den Weg zu helfen. In einem Punkt gehen wir jede Wette ein: Wenn Sie alt sind, werden diese „kostbaren Jahre" Ihre schönste Erinnerung sein.

> *Liebesfähige, aufgeweckte und gesunde Kinder fallen nicht vom Himmel. Wie kleine Pflänzchen wollen sie gehegt und gepflegt werden.*

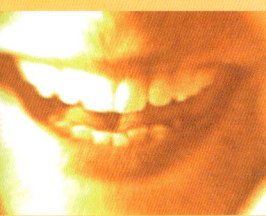

Eltern sein ... Nehmen Sie's mit Humor

Eltern haben einen ganz speziellen Humor: Er ist deftig, eher schwarz und leicht hysterisch. Hier einige beliebte Internet-Tipps zur „Vorbereitung auf das Elterndasein".

Für Anfänger

Gehen Sie in Ihre Apotheke, kippen Sie an der Kasse den Inhalt Ihrer Brieftasche aus und sagen Sie dem Inhaber/der Inhaberin, er/sie solle sich bedienen.

Gehen Sie danach zum Supermarkt. Teilen Sie der Filialleitung mit, dass Ihr Gehalt fortan direkt auf das Konto der Zentrale überwiesen wird. Kehren Sie dann heim. Kaufen Sie unterwegs eine Zeitung und lesen Sie sie zum letzten Mal. Ziehen Sie nun einen Bademantel über und befestigen Sie in Bauchhöhe einen Sack voll Bohnen. Lassen Sie den Sack neun Monate an Ort und Stelle. Nehmen Sie nach neun Monaten zehn Prozent der Bohnen heraus.

Autofahren

Tauschen Sie Ihren Flitzer gegen einen geräumigen Kleintransporter.

Kaufen Sie Schokoladeneis und legen Sie es ins Handschuhfach. Lassen Sie es dort eine Weile liegen.

Stopfen Sie eine Münze in den Kassettenrekorder und zerbröseln Sie ein Jumbopack Schokokekse auf der Rückbank.

Ratschen Sie mit einem Rechen über die Längsseiten des Wagens.

Adieu, ihr guten Nächte

Trotten Sie von 17 bis 22 Uhr mit einem 5,5 Kilo schweren nassen Sack im Arm durch Ihr Wohnzimmer. Legen Sie um 22 Uhr den Sack ab, stellen Sie den Wecker auf Mitternacht und gehen Sie schlafen. Stehen Sie um 24 Uhr auf und wandeln Sie mit dem Sack bis 1 Uhr umher. Stellen Sie den Wecker auf 3 Uhr. Stehen Sie, weil Sie nicht einschlafen können, um 2 Uhr auf. Legen Sie sich um 2.45 Uhr wieder hin. Stehen Sie auf, wenn um 3 Uhr der Wecker klingelt. Singen Sie im Dunkeln bis 4 Uhr. Stellen Sie den Wecker auf 5 Uhr. Stehen Sie dann auf, machen Sie das Frühstück und ein fröhliches Gesicht.

Tischmanieren

Höhlen Sie eine Melone aus und ritzen Sie in die Seite ein kleines Loch. Hängen Sie die Melone an einem Band an die Decke und geben Sie ihr einen Stups. Stopfen Sie Grießbrei mit einem Löffel in die schaukelnde Melone. Machen Sie dabei Geräusche wie ein Flugzeug, bis die Schale halb geleert ist. Kippen Sie den restlichen Brei auf Ihren Schoß. Vergessen Sie nicht Ihre Beine und den Boden.

Pünktlich losgehen

Machen Sie sich ausgehfertig. Warten Sie eine halbe Stunde vor der Toilettentür. Gehen Sie aus dem Haus. Kehren Sie um. Gehen Sie wieder hinaus. Wandern Sie ein Stück auf dem Gehweg. Machen Sie kehrt. Gehen Sie den Weg nochmals ab, gaaanz langsam: Sie haben fünf Minuten Zeit. Besichtigen Sie in Ruhe jede Zigarettenkippe, jedes ausgespuckte Kaugummi, gebrauchte Taschentuch und tote Insekt. Marschieren Sie dann zurück. Schreien Sie, dass Sie das Warten satt haben. Hören Sie erst auf, wenn alle Nachbarn die Fenster aufreißen. Jetzt ungefähr dürfte Ihr kleines Kind zum Ausgehen bereit sein.

Auf alles eine Antwort haben

Knöpfen Sie sich ein Elternpaar vor und kritisieren Sie es nach Strich und Faden: seine Erziehungsmethoden, Ungeduld und Intoleranz. Kein Wunder, dass seine Kinder nicht folgen!

Sagen Sie den beiden, wie sie ihre Kinder dazu bringen können, ohne Quengeln ins Bett zu gehen, sich ordentlich zu waschen, bei Tisch und überhaupt gut zu benehmen. Weiden Sie sich in Ihrer Allwissenheit – es ist das letzte Mal, dass Sie auf alles eine Antwort haben.

Einkaufsbummel

Gehen Sie in Ihrem Supermarkt einkaufen. Nehmen Sie etwas mit, was einem Vorschulkind am nächsten kommt – eine ausgewachsene Ziege wäre perfekt. Wünschen Sie sich mehr als ein Kind, dann nehmen Sie mehr als eine Ziege mit. Erledigen Sie Ihren Wocheneinkauf, ohne die Ziegen aus den Augen zu lassen. Zahlen Sie für alles, was die Ziegen gefressen und verwüstet haben.

Sauberkeit

Schmieren Sie Honig auf das Sofa und Marmelade auf die Vorhänge. Verstecken Sie hinter der Hi-Fi-Anlage ein frisches Fischstäbchen und lassen Sie es den Sommer über dort vergammeln. Buddeln Sie im Blumenbeet und wischen Sie Ihre schwarzen Finger an der frisch getünchten Hauswand ab. Übermalen Sie die Flecken großflächig mit Kreide.

Kleine Kinder anziehen

Kaufen Sie eine lebende Krake und, falls nicht vorrätig, ein Einkaufsnetz. Versuchen Sie die Krake so im Netz zu verstauen, dass keiner ihrer Arme herauslugt. Nehmen Sie sich dafür einen ganzen Vormittag Zeit.

Humor

... der beste Freund der Eltern!

Kapitel 2

Schwangerschaft und Geburt – die innere Phase

Ihre Gefühle während der Schwangerschaft

Schwanger sein, das ist ein bisschen so, als würden Sie beim Surfen eine Welle erwischen. Von der ersten Sekunde der Empfängnis an setzt Ihr Körper einen mächtigen Schwall von Hormonen frei, damit Sie den Wellenritt heil überstehen. Obwohl Sie lenken, reißt ein berauschendes Staunen Sie mit beim Reiten auf dieser Woge der Veränderungen, die Ihren Leib und Ihre Seele durchspült.

Die Veränderung beginnt bereits mit der Entscheidung, ein Kind zu bekommen. Viele Frauen genießen nun den Sex auf eine neuartige Weise; es ist ein starkes Gefühl, gemischt aus Stimmigkeit, Entschlossenheit, Freude und Erregung. Für die Partnerschaft ist es eine Zeit verstärkter Offenheit und Nähe.

Empfängnis

Manche Frauen wissen exakt, wann sie schwanger geworden sind. Viele andere „wissen" es schon vor dem Test. Woher sie es wissen? Anscheinend sind es Intuition und hochsensible Antennen für körperliche Veränderungen, dank derer eine Frau bereits die frühesten Regungen neuen Lebens in ihrem Leib wahrzunehmen vermag. Ferner kann heute eine Frau mithilfe eines Tests, den es in jeder Apotheke gibt, binnen Minuten feststellen, ob sie schwanger ist.

Ob Sie es ersehnt oder befürchtet, geplant haben oder nicht, ob es schnell oder erst nach langem „geklappt" hat – die Bestätigung der Schwangerschaft verdient es, gefeiert zu werden, zum Beispiel in einem schönen Restaurant bei Mineralwasser … Unser Glückwunsch!

Hier steht, dass Elternschaft sich auf das Liebesleben auswirken kann …

Überwinden Sie den Schock!

Auch bei günstigen Voraussetzungen löst die Gewissheit, schwanger zu sein, erst einmal eines aus: einen Schock! Viele denken unwillkürlich: „Ein Kind? Das ist noch zu früh", während (und vielleicht weil) sie wissen, dass sie den Schritt nicht rückgängig machen können. Selbst wenn die Schwangerschaft innigster Herzenswunsch war, seufzen Eltern innerlich überwältigt: „Du lieber Himmel!"

In dieser Zeit stellen wir uns einer Erkenntnis, vor der wir sonst meist die Augen verschließen: Die Natur, Gott oder irgendeine universelle, transzendente Macht bestimmt über unser Leben. Wir haben es nie vollständig in der Gewalt. Wir sitzen in einer Achterbahn und jetzt beginnt der Trip! Wann immer im Leben wir eine einschneidende Wende durchmachen, sollten wir uns vor Augen halten: Wir können uns etwas noch so heiß wünschen und es noch so sorgsam planen, das letzte Wort hat die Natur. Haben Sie also keine Angst! Atmen Sie tiefer und langsamer, machen Sie Ihren Kopf frei und spüren Sie dem Gefühl nach – es ist nicht Angst, sondern Ehrfurcht: Sie machen mit beim Schöpfungsprozess von Leben.

Eltern werden und sein heißt: das Rohmaterial liefern, Körper, Herz und Geist einsatzbereit machen und darauf warten, dass Leben den geschaffenen Raum ausfüllt, wann und wie es will. Dies ist die vielleicht wichtigste Lehre für Eltern, und sie bestätigt sich in der Schwangerschaft, bei der Geburt, wenn Ihr Kind klein ist, heranreift und erwachsen wird, ja bis ans Ende Ihres Lebens.

Wir können lediglich unser Bestes tun. Es ist hart, aber sehr hilfreich zu wissen, dass wir das Leben nicht steuern, sondern nur mit ihm tanzen können. Kinder können sterben oder behindert sein, wir oder unser Partner Verletzungen davontragen. Nichts im Leben ist sicher. Wir, und ebenso unsere Freunde und Verwandten, besitzen innere Ressourcen, die wir nie genutzt haben. Wir können uns in Vorsicht üben, doch wir müssen auch lernen, uns nicht zu fürchten und uns selbst sowie den Kräften des Lebens zu vertrauen, die uns vorwärts tragen.

> *„Selbst wenn das Baby innigster Herzenswunsch war, seufzen Eltern oft innerlich überwältigt: ‚Du lieber Himmel!'"*

Schwangerschaftstagebuch

Zur Nach-ahmung empfohlen

Was halten Sie von einem Tagebuch, wo Sie täglich kurz festhalten, was Sie während der Schwangerschaft erleben und unternehmen? Sich Notizen praktischer wie nachdenklicher Natur zu machen, dies wird Ihnen helfen, einen klaren Kopf zu bekommen und zu behalten. Hier einige Anregungen:

★ *Berichten Sie von Besuchen beim Arzt oder der Hebamme:* von Fragen, Auskünften, Reaktionen und den Fragen, die Sie beim nächsten Besuch stellen wollen.

★ *Erzählen Sie von wichtigen Momenten:* vom Schwangerschaftstest, den ersten hörbaren Herzschlägen Ihres Babys, seinen ersten Fußtritten und so weiter. Derlei Notizen werden zu kostbaren Erinnerungen an die nebulöse Zeit der Schwangerschaft, zu aufschlussreichem Lesestoff für Ihr

Kind, aber auch für Sie selbst, nicht zuletzt wenn Sie abermals schwanger werden. Das Tagebuchführen hilft Ihnen, sich auf das Wesentliche zu konzentrieren, sich Ihrer persönlichen Entwicklung bewusst zu werden und die Fortschritte abzumessen, während der Geburtstermin näher rückt.

★ *Als Vater könnten Sie Ihrem ungeborenen Kind einen Brief schreiben:* ihm von Ihrer Kindheit und Ihren Eltern erzählen, vom Leben, das Sie nun in Erwartung der Geburt führen, von Ihren Gefühlen und Hoffnungen. Indem Sie so Ihre Gedanken schriftlich fixieren, werden Sie ihre eigenen Veränderungen bewusster und positiver wahrnehmen. Und Sie könnten diesen Brief Ihrem Kind aushändigen, wenn es einst selbst ein Kind erwartet.

Weshalb die Schwangerschaft neun Monate dauert

Schwangerschaft, darunter mögen Sie die Zeit verstehen, in der sich in Ihrem Körper ein Baby entwickelt. Das ist bei weitem nicht alles. Schwangerschaft ist die Zeit, in der *Sie* eine Veränderung durchmachen, und zwar eine der tief greifendsten Ihres Lebens. So wie die Pubertät Sie unwiederbringlich vom Kind zum jungen Erwachsenen gemacht hat, so verwandelt die Schwangerschaft Sie in etwas grundlegend Neues. Sie bereitet Sie auf einen Lebensabschnitt vor, der Sie in jeder Hinsicht umkrempelt. Ähnlich wie wir manchmal lieber wieder Kind als erwachsen sein möchten, mögen Sie diesen Wandel zunächst ablehnen. Doch bald werden Sie ihn akzeptieren und es genießen, dass Ihr neues Ich so viel reichhaltiger und interessanter ist als Ihr altes.

Männer wie Frauen durchleben solche Übergangsstadien, allerdings mit unterschiedlich starkem Beistand. Traditionelle Kulturen haben diese Phasen klarer abgegrenzt, zelebriert und die Betroffenen unterstützt. Wir müssen ohne derlei Rituale auskommen und weitgehend oder ganz auf Anteilnahme verzichten. Den Schlüssel zur Welt der Erwachsenen erhalten wir nicht erst mit 21 Jahren. Es ist beliebig, wann wir die Schlüsselübergabe feiern, am 18. oder am 16. Geburtstag. Die gesetzlichen Rechte und Pflichten wie Auto fahren, sexuelle Mündigkeit, wählen und den Lebensunterhalt verdienen kommen während dieser Phase zu unterschiedlichen Zeitpunkten auf uns zu, und daher kann man schwer sagen, wann genau man erwachsen geworden ist.

Nicht bestreiten lässt sich, dass die erste Schwangerschaft eine umwälzende Veränderung bedeutet. Sie vermag Sie vom Mädchen zur Frau und zugleich von der Frau zur Mutter bzw. vom Jungen zum Mann und Vater zu machen. Sie leitet einen Lebensabschnitt ein, der aus Ihnen einen weiseren, stärkeren und runderen Menschen macht.

*Zur Nach-
ahmung
empfohlen*

Das Band der Liebe knüpfen

Während der Schwangerschaft werden Sie sich bei Tagträumereien ertappen, die sich darum drehen, wie Ihr Kind wohl sein wird. Diese Fantasien sind wichtiger Teil Ihrer Vorbereitung auf die Geburt. Stellen Sie sich Ihr Kind vor und lauschen Sie auf die Antworten, die sich von selbst einstellen …

★ *Wird es ein Mädchen oder ein Junge?*
★ *Welche Augen- und Haarfarbe es hat?*
★ *Wird es mir äußerlich und charakterlich ähneln?*
★ *Wie werden wir miteinander auskommen? Wie wird das Kind mit seinen Geschwistern harmonieren?*
★ *Was werden wir gemeinsam tun? Wie werde ich meine Zeit verbringen?*

★ *Wie wird die Beziehung zwischen dem Kind und meinem Partner aussehen?*
★ *Was werde ich gern tun?*
★ *Was wird mir Mühe und Probleme bereiten?*
★ *Wie wird mein Kind im Schulalter sein, als Teenager und Erwachsener?*
★ *Worauf freue ich mich ganz besonders?*

Solche und ähnliche Fragen und Antworten helfen einen Raum in unserem Leben zu schaffen, der jenen natürlichen, vitalen Prozess in Gang setzt, den wir innere Bindung oder auch Zuneigung und Liebe nennen. Die Wirklichkeit mag anders aussehen, gewiss. Gleichwohl ist es gut, durch solches Hirntraining Kopf und Herz vorzubereiten und sich seine Hoffnungen und Träume bewusst zu machen.

" Kinder kommen in allen Formen und Größen daher, und was Ihnen blüht, das wissen Sie vorher nie genau! "

Der neunmonatige Übergang

Ihr Kind wird es in seinen ersten Lebensjahren ungleich besser haben, wenn Sie sich in Muße seelisch und geistig vorbereiten, nachdenken und planen – kurz: ein reiches Reservoir der Ruhe und Entschlusskraft anlegen. Eltern, die weiter beruflichen Stress haben oder sich von Hausarbeit und anderen Tätigkeiten aufreiben lassen, riskieren, dass die Geburt sie emotional aus der Bahn wirft – ganz so, als wären sie an einem Fernziel gelandet, ohne Gelegenheit zum Planen und Packen erhalten, ja nicht einmal bemerkt zu haben, dass sie auf Reisen gehen.

Die neun Monate, die Ihr Körper benötigt, um ein Kind in die Welt zu setzen, sind ein Geschenk. Sie brauchen jede Sekunde davon – nicht um sich zu hetzen oder zu ängstigen, sondern um im Gegenteil in aller Ruhe Ihr neues Ich zu begrüßen und Ihr altes zu verabschieden, für das andere Prioritäten gegolten haben. Und um Raum zu schaffen für dieses neue kleine Wesen in Ihrem Leben. Die Geburt Ihres Babys bedeutet für Sie eine Wiedergeburt – voll gewaltiger Veränderungen, auf die Sie sich während der Wartezeit einstellen können.

Körper und Seele werden Ihnen deutlich signalisieren, wie Sie diese Übergangzeit überstehen. Beachten Sie Anzeichen von Stress und Unruhe. Halten Sie inne. Machen Sie sich bewusst, dass etwas Bedeutendes vor sich geht und Sie es vor lauter Umtriebigkeit und Äußerlichkeiten versäumen könnten. Ob werdende Mutter oder werdender Vater: Begreifen Sie, dass in Ihnen ein Prozess abläuft. Dies geht Ihnen vielleicht beim Wandern auf, beim Betrachten der Wolken am Himmel oder durch eindringliche Träume.

Finden Sie Freude an Ihrer Schwangerschaft: durch gesunde Lebensweise, Beschaulichkeit, Yoga, inspirierende Lektüre, ergreifende Musik – oder einfach, indem Sie Ihren Bauch streicheln und wachsen sehen.

Wenn Sie nicht zum ersten Mal schwanger sind

Eine zweite und dritte Schwangerschaft ist nicht weniger bedeutend. Sie meldet ihre speziellen Bedürfnisse an. Und sie führt Sie an die Vorstellung heran, für eine größere Familie verantwortlich zu sein.

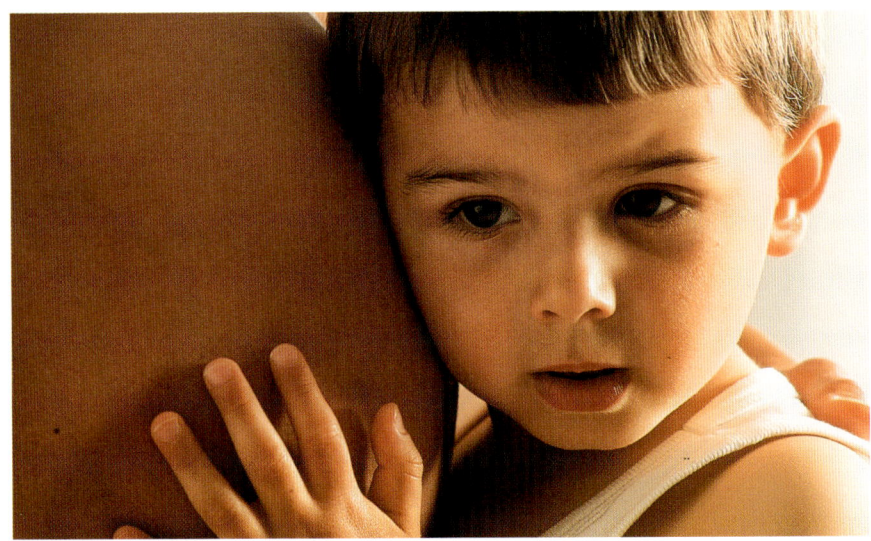

,, *Während der zweiten Schwangerschaft hatte ich immer einen Albtraum, in dem ich mein Kind aus einem brennenden Haus nicht retten konnte. Ich war zutiefst beunruhigt und dachte mir: ‚Ich habe meinem ersten Kind so viel gegeben. Wie kann ich mich da einem zweiten widmen und genug für das erste übrig haben?' Meine Mutter beschwichtigte mich. Der Traum sei Ausdruck dafür, dass ich mich noch an die Tatsache gewöhnen müsse, ein zweites Kind zu bekommen. Das erschien mir vernünftig. Ich entkrampfte mich und habe nie wieder diesen Traum gehabt. Heute habe ich drei Kinder.* ,, **Sandi, 32**

Auch gibt die Schwangerschaft Ihren Kindern Gelegenheit, sich langsam an ein Geschwisterchen zu gewöhnen, indem sie sehen, wie Mamis Bauch wächst, und spüren, wie das Baby im Bauch strampelt. Ein neues Familienmitglied ist tatsächlich gewöhnungsbedürftig: Alle Kinder müssen in der Hierarchie aufrücken. Daher machen manche Eltern nach der Geburt ihren Kindern im Namen des Babys ein Geschenk – ein Symbol für das große Geschenk, das dieses Geschwisterchen ist und sein wird.

Im Sturm der Gefühle

Die Gefühlswallungen werdender Eltern werden gern als hormonell bedingt und „unnötige Aufregung" abgetan. Dabei gibt es nichts Aufregenderes und Schöneres, als Leben zu spenden. In der Schwangerschaft durchleben Sie die volle Bandbreite von Gefühlen: Zufriedenheit, Gelassenheit, Stolz, Freude und Dankbarkeit, aber auch Angst, Verwirrung, Gereiztheit und alle Arten von Ärger.

Eine Fehlgeburt verkraften

Eine von fünf Schwangerschaften endet mit einer Fehlgeburt. Betroffene reden ungern darüber, und ihre – häufig unterschätzte – Trauer vermag schwer nachzuwirken. Pete und Janet haben die schmerzliche Erfahrung einer Fehlgeburt gemacht:

„Ich war monatelang traurig und konnte schwer mit Freunden darüber sprechen. Schon tags darauf musste ich wieder arbeiten. Erst nach vielen Monaten, als gute Freunde mir zuhörten und den nötigen Trost spendeten, brach der Damm und ich konnte weinen."

Pete, 25

„Ich war verwundert, wie heftig mich der Schmerz über den Verlust unseres ersten Babys dann in der zweiten Schwangerschaft überkam. Ich wusste, dass alles in Ordnung war und ich mir keine besonderen Sorgen machen musste. Trotzdem machte mir schon das leiseste Anzeichen von Krämpfen, Schmerzen, Stress usw. Angst. In der 14. Woche hatte ich bei der Arbeit einen leichten Krampfanfall. Er ging vorüber, doch kaum zu Hause, überwältigte mich die Erinnerung an die Nacht, in der ich mein erstes Baby verloren hatte. Ich weinte schier ohne Ende. Pete verstand und hielt mich wortlos in den Armen. Ich war nach der Fehlgeburt traurig gewesen, ja, aber wie sehr, das habe ich mir wohl nicht eingestehen wollen. Ab diesem Abend war ich weit entspannter und hatte weniger Angst vor der Liebe zu diesem neuen Leben in mir."

Janet, 23

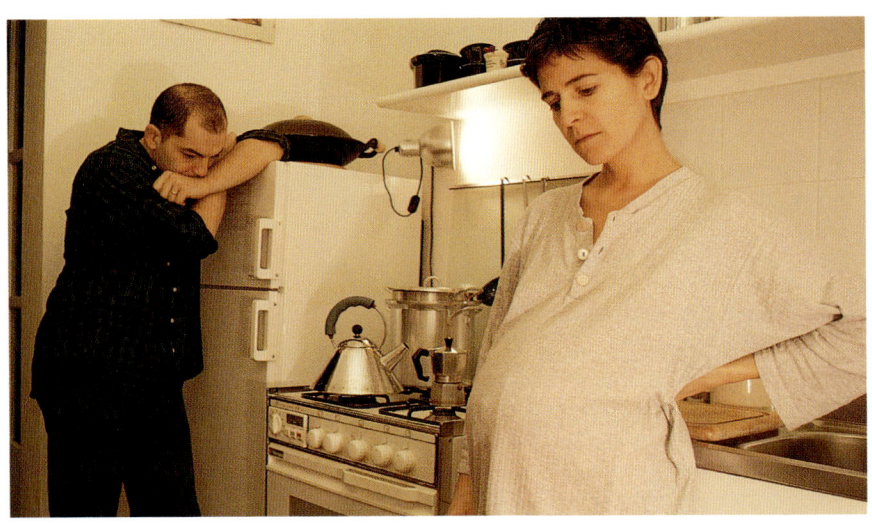

Ängste überwinden

Die meisten Schwangeren sind in den ersten Monaten äußerst empfindsam. Wie aus dem Nichts tauchen oft Ängste auf, Angst vor der Geburt, vor der Verantwortung, um das Kind und seine Zukunft. Es hilft, wenn Sie Ihre Befürchtungen, mögen sie auch noch so unsinnig erscheinen, aufschreiben oder aussprechen.

Die Sensibilität hält bis ans Ende der Schwangerschaft und noch während der Wehen an. Manchmal kocht längst Vergangenes auf – ein psychischer Läuterungsprozess, der beunruhigen kann, bis wir uns mit den Erinnerungen auseinander setzen, von ihnen loslassen und nach vorn blicken.

,, *Die Wehen verliefen nicht, wie sie sollten. In einer Pause, während die Ärzte sich berieten, setzte sich eine ältere Krankenschwester zu mir und fragte, wie ich mich fühle. Da kamen mir auf einmal die Tränen und ich schluchzte: ‚Ich will es nicht verlieren.‘ Statt mich sachlich zu beruhigen, fragte die Schwester, was ich meine. Unter Tränen erzählte ich, dass ich als 14-Jährige ein Kind geboren hatte. Dieses gab man zur Adoption frei, ohne mir Gelegenheit zu geben, es zu sehen und zu berühren. Ich hatte dies verdrängt, und nun hielt der Schmerz über den Verlust mich davon ab, mein Baby in die Welt zu setzen. Die Schwester versicherte mir, dass niemand mir dieses Kind nehmen würde. Kurz darauf setzten die Wehen erneut und heftig ein und ich gebar einen knapp 7 Pfund schweren Jungen, den man mir sofort in meine glücklichen Arme legte.* 🙶

Marina, 27

Der Fall zählt sicher zu den außergewöhnlichen. Aber wir kennen Eltern, die im Verlauf der Schwangerschaft unbewältigte Erfahrungen aufarbeiten mussten, zum Beispiel:

★ Schwangerschaftsabbrüche
★ Komplikationen/Kunstfehler bei früheren Entbindungen
★ Kaiserschnitte, die keinen sofortigen Kontakt mit dem Neugeborenen erlaubt haben
★ Trennungen von einem Neugeborenen aus – nötigen wie unnötigen – medizinischen Gründen
★ Vergewaltigungen und andere Formen sexuellen Missbrauchs.

Zur Nach-ahmung empfohlen

Aktiver Umgang mit Gefühlen

Für die Gefühlswelt einer werdenden Mutter gilt als oberstes Gebot: Sie müssen Platz schaffen – nicht nur in Ihrem Körper, sondern auch in Ihrem Geist. Platz schaffen Sie durch Entrümpeln. Leben Sie also Ihre Gefühle aus!

★ ***Wenn Ihnen danach ist,*** dann gehen Sie in ein Zimmer und machen Sie nach Herzenslust gräuliche Geräusche. Oder schlagen Sie eine Matratze mit einer Handtuchrolle windelweich.

★ ***Es ist in Ordnung, sich schlecht zu fühlen*** und gehen zu lassen. Das schafft Platz für Entspannung, Begeisterung und leise Freude.

★ ***Wann immer Sie sich niedergeschlagen*** oder hilflos fühlen: Bewegung ist die beste Therapie. Kleiden Sie sich an und gehen Sie aus. Machen Sie Gymnastik – bereits ein Gang ums Eck hebt Ihre Stimmung.

★ ***Machen Sie Yoga, tanzen oder schwimmen Sie.*** Männer sollten ihre Partnerin darin unterstützen. Ernährung und Bewegung – alles was die Schwangere für ihr leibliches und seelisches Wohl tut, ist auch für das Baby gut. Meckern Sie nicht an ihr herum, sondern loben Sie, was das Zeug hält.

★ ***Vergessen Sie nicht: Ihr Zustand geht vorüber.*** Sie sind nicht lebenslänglich schwanger. Der Einsatz lohnt. Eines nahen Tages werden Sie ein zartes kleines Baby im Arm halten. Stellen Sie sich das oft vor – beide von Ihnen gesund, entspannt, voll der Liebe, glücklich und zufrieden.

Sobald Sie verstehen, was Sie umtreibt, können Sie alle erforderlichen Schritte unternehmen und alle Gefühle zulassen, die nur auf Ihr Freizeichen gewartet haben. Aus diesem Prozess innerlich freier und gestärkt hervorzugehen zählt zu den Beigaben der Schwangerschaft.

Ferner kommt es auf die Einstellung an. Die meisten Frauen sehen der Entbindung recht gelassen entgegen und alles geht glatt. Nicht alle Ängste rühren aus der Vergangenheit. Ein Großteil davon ist praktischer Natur und beruht auf mangelnden Kenntnissen. Wissen ist Macht. Wenn Sie nicht wissen, wo genau Ihr Perineum (Damm) liegt, dann machen Sie sich sachkundig! Besuchen Sie gute Geburtsvorbereitungskurse, inspizieren Sie örtliche Krankenhäuser und Entbindungskliniken, sprechen Sie mit Hebammen und lesen Sie. (Es gibt viele gute Bücher über Schwangerschaft und Geburt.)

Befürchtungen lassen sich bestens zerstreuen, wenn man etwas dafür tut, dass die Dinge den gewünschten Lauf nehmen. Vielleicht wird Ihnen auf diese Weise klar, dass Sie:

★ mit Ihrem Partner den Ablauf der Geburt besprechen
★ sich endlich aktiv nach einem Arzt, Krankenhaus oder einer Hebamme Ihres Vertrauens umsehen und/oder
★ mehr über Ihren Körper, Ihre Rechte und persönlichen Vorlieben in Erfahrung bringen möchten.

Ich bin NICHT glücklich!

Auch Ärger ist ein den meisten Schwangeren hinlänglich bekanntes Gefühl. Die ersten drei Monate mit ihrer berüchtigten morgendlichen Übelkeit liefern Gründe genug sich zu ärgern: „Herzlichen Glückwunsch! Sie müssen ja überglücklich sein", sülzt alle Welt, während Ihnen speiübel ist …

Hinzu kommt: Etwas, das sich Ihrer Kontrolle entzieht, nimmt Sie in Besitz. „Rück rüber, wir wohnen jetzt zu zweit in diesem Körper", so nennen wir diese Phase. Ihre schöne Seite besteht in dem angenehmen Gefühl, Gesellschaft zu haben – ein winziges Wesen, das Sie auf Schritt und Tritt begleitet. Dass dem tatsächlich so ist, daran erinnern Sie Brechreiz am Morgen und eventuell die folgenden Symptome:

- ★ ständiger Blasendruck, was Ihre Einkaufsbummel in Toilettentrips verwandelt
- ★ Spannen in den Brüsten
- ★ Verdauungsstörungen und häufiger Stuhlgang sowie
- ★ insgesamt erhöhte Empfindsamkeit.

Besonders empfindlich reagiert die Nase. Schwere Parfums, Fisch und andere Lebensmittel vermögen heftigen Ekel zu erregen. Auch Abgase, Benzin und Zigaretten können Ihnen widerlich in die Nase steigen – mit gutem Grund: Sie tun Ihnen und Ihrem Baby nicht gut.

Viele Frauen sind nun offener für Ratschläge und lassen sich stärker von äußeren Eindrücken wie Filmen und Nachrichten berühren, speziell wenn Kinder im Spiel sind. Ausgerechnet jetzt haben manche Leute nicht Besseres zu tun, als zu erzählen, was sie bei Schwangerschaft und Geburt haben mitmachen müssen … Halten Sie sich besser an optimistischere Menschen – und schauen Sie sich im Fernsehen weniger Nachrichtensendungen und Reportagen an. Was zählt, sind Sie und das neue Leben in Ihnen.

Bedenken Sie: Ärger bedeutet Ihnen, dass Veränderungen vonnöten sind. Gehen Sie diese also an. Und schützen Sie sich vor Panikmache, indem Sie deutlich sagen, was Sie möchten und was nicht. Sie sind schwanger – kosten Sie Ihren Status aus.

Zeigen Sie Ihre Gefühle und gehen Sie liebevoll miteinander um.

Sex: Lust oder Unlust?

Viele Schwangere fühlen sich gesund, energiegeladen und sexy. Manchmal jedoch sinkt die Libidokurve auf den Nullpunkt. Oft ist dies rein hormonell bedingt. Zugleich fällt es schwer, erotische Gefühle zu entwickeln, wenn man sich für unheilbar seekrank hält. Um Ihren Partner nicht zu frustrieren, ist es wichtig, dass Sie liebevoll miteinander umgehen und einander sagen, was Sie fühlen. Viele Paare ersinnen nun neue Variationen ihres Liebes- und Gefühlslebens.

Aus Furcht, das Baby zu verletzen oder Wehen auszulösen, ziehen manche Männer behutsamere Formen des Sexualverkehrs vor. Genießen Sie die Abwechslung. Auf einige Männer wirken Schwangere weniger, auf andere erst recht erotisch. Wie dem auch sei, am wichtigsten sind Aufmerksamkeit und Rücksicht. War Sex für Sie eine Routinesache, dann werden Sie jetzt eines Besseren belehrt: Einfühlsamkeit und das Zeigen und Erfahren von Zuneigung gestaltet Ihr Liebesspiel inniger und auf Dauer befriedigender. Nutzen Sie die Chance und erweitern Sie die Palette Ihrer Möglichkeiten, einander Ihre Liebe zu bekunden.

Zur Nach-ahmung empfohlen

Dreierlei Verantwortung

Die Schwangerschaft überträgt Ihnen mehrfache Verantwortung: für sich selbst, für Ihr Baby und für Ihre Beziehung. Hier ein Gleichgewicht zu wahren ist kein unmöglicher Balanceakt, der Ihnen aber während der Schwangerschaft und als junge Familie Harmonie eintragen wird.

Verantwortung für Ihr Baby
Sie mögen zäh sein, aber nicht Ihr Baby. Ernähren Sie sich gesund, meiden Sie Zigaretten, Rauschgift, Alkohol, Medikamente, Abgase, Chemikalien, umweltschädliche Sprays und Farben. Ihr Arzt kann Sie vor weiteren Gefahren warnen. Natürlich rät schon der gesunde Menschenverstand von Stress ab.

Verantwortung für sich selbst
Seien Sie gut zu sich selbst. Geben Sie den Bedürfnissen Ihres Körpers (oft meldet er sie an) nach, indem Sie zum Beispiel:

- ★ *verschnaufen, wenn Sie matt sind (tun Sie's, gerade weil es selbstverständlich ist)*
- ★ *Gymnastik treiben, spazieren gehen oder eine Freundin besuchen, wenn Sie sich niedergeschlagen oder eingeengt fühlen*
- ★ *sich aussprechen und Hilfe suchen, wenn sie verängstigt, verärgert oder traurig sind. Herauszufinden, was man braucht, beruhigt.*

Verantwortung für Ihre Beziehung
Stellen Sie während der Schwangerschaft nicht Gewohnheiten ein, die Ihnen beiden Freude machen. Seien Sie großzügig mit Lob. Besprechen Sie Vertrauliches lieber erst unter sich als mit anderen (aber verzichten Sie nicht auf den Beistand von Freunden und Familie). Besuchen Sie Arzt, Klinik und Geburtsvorbereitungskurse gemeinsam. Bereiten Sie einander spontan kleine Freuden. Gehen Sie ab und zu abends aus und genießen Sie's – noch haben Sie Gelegenheit dazu …

„Ich hatte einfach keine Lust auf Sex, als ich schwanger war. Ich mochte meinen Körper nicht mehr und Robs Annäherungsversuche verstärkten lediglich dieses Gefühl. Eines Abends war Rob weniger drängend, aber auch nicht beleidigt, sondern massierte mir ganz langsam, zart und zugleich kräftig den Rücken. Ich begann mich zu freuen, dass ich einen Körper besaß, und kam mir nicht mehr vor wie ein Sack Kartoffeln. Ich fühlte mich erleichtert und umsorgt. Und ich war überrascht, wie sehr mich das motivierte, Rob zu zeigen, wie viel er mir bedeutet.“

Sandy, 32

Ein Appell an die Väter

In der Schwangerschaft können Sie eine unschätzbare Hilfe sein. Bestärken Sie Ihre Partnerin. Schließlich leistet sie die Schwerarbeit. Gehen Sie mit ihr spazieren, wenn sie sich abgeschlagen oder überfordert fühlt. Fuß- und Rückenmassagen sind sehr willkommen. Füllen Sie die Speisekammer mit nahrhaften Lebensmitteln. Helfen Sie beim Einkaufen, Kochen, Putzen, Waschen und Bügeln. Frieren Sie im letzten Schwangerschaftsmonat für die Zeit nach der Geburt gesunde Mahlzeiten ein.

Solch guten Vorsätzen steht leider ein Hindernis im Weg: Viele Männer werden Vater in einem Alter, in dem sie sich beruflich am stärksten engagieren und der Karriere zuliebe Überstunden machen. Zudem legen sie, wie getrieben von Hormonen, einen fieberhaften Versorgerinstinkt an den Tag, renovieren hektisch das traute Heim oder sehen sich nach einem größeren um. Da fühlt manch einer sich unverstanden, wenn er früher heimkehren und kochen soll … Trotzdem: Es bekommt Ihnen besser, einige der großen Vorhaben zu vertagen und sich stattdessen während der Schwangerschaft und der ersten Lebensmonate Ihres Kindes entspannter in Ihre Vaterrolle einzuleben. Wenn Sie jetzt die Küche ummodeln, wird Ihre Partnerin womöglich meinen, sich das Bad vorknöpfen zu müssen. Arbeiten Sie zwei lieber daran, sich das Leben leichter zu machen.

Unsere Gesellschaft ist uns dabei nicht gerade behilflich. Wir hoffen darauf, dass der Gesetzgeber jungen Vätern und Müttern eines nicht allzu fernen Tages mehr Erziehungsurlaub und kürzere Arbeitszeiten einräumt.

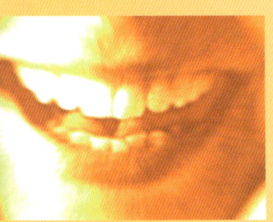

Schwangerschaft ...
Nehmen Sie's
mit Humor

Eltern kleiner Kinder machen zahlreiche Persönlichkeitsveränderungen durch. Eine der bemerkenswertesten äußert sich in einem leicht hysterischen Humor – einem Rettungsring, der uns über Wasser hält. Hier zum Eingewöhnen ein paar Schwangerschaftswitze:

F Werde ich eher schwanger, wenn mein Partner Boxershorts trägt statt Sportslips?

A Aber noch besser stehen Ihre Chancen, wenn er gar keine Hosen trägt.

F Mein Bruder sagt, dass mein Baby eine große Nase haben wird, weil mein Mann eine große Nase hat und das Große-Nasen-Gen dominant ist. Stimmt das?

A Es sieht eher so aus, als riskierte Ihr Bruder eine dicke Lippe.

F Wie kann ich am einfachsten ausrechnen, wann genau ich schwanger geworden bin?

A Indem Sie nur einmal pro Jahr Sex haben.

F Mein Mann und ich sehen beide sehr gut aus. Unser Baby wird bestimmt schön genug für Werbezwecke sein. An wen sollte ich mich dafür wenden?

A An Ihren Therapeuten.

F Welches Gelüst tritt in der Schwangerschaft am häufigsten auf?

A Der Wunsch der Männer, *sie* wären die Schwangeren.

F Ich habe die Blutgruppe 0 positiv, mein Mann die Gruppe A negativ. Was wäre, wenn mein Baby die Blutgruppe AB positiv hat?

A Dann hätten Sie ausgespielt.

F Woher weiß ich, ob mir übel ist, weil ich schwanger bin oder die Grippe habe?

A Wenn's an der Grippe liegt, geht's Ihnen bald besser.

F Seitdem ich schwanger bin, brauche ich vor dem Schlafen Zwiebelringe. Ist das ein normales Gelüst?

A Es kommt darauf an, was Sie mit den Dingern anstellen …

F Seit meiner Schwangerschaft habe ich mehr Busen, einen dickeren Po, ja sogar größere Füße. Gibt es irgendetwas, das kleiner wird?

A Ja, Ihre Blase.

F Je weiter die Schwangerschaft voranschreitet, desto öfter lächeln wildfremde Menschen mich an. Weshalb?

A Weil Sie noch wesentlich dicker sind als sie.

F Werde ich meinen Hund weniger lieben, wenn unser Baby auf der Welt ist?

A Nein, aber Ihr Mann könnte Ihnen auf die Nerven gehen.

F Meine Frau ist im fünften Monat schwanger und dermaßen launisch, dass es mir fast nicht mehr normal erscheint.

A Wie lautet nun Ihre Frage?

F Unter welchen Umständen kann Geschlechtsverkehr gegen Ende der Schwangerschaft Wehen auslösen?

A Wenn er zwischen Ihrem Mann und einer anderen Frau stattfindet.

Humor

… der beste Freund von Eltern

Die Geburt

Während der Schwangerschaft werden Sie Vorkehrungen für die Geburt treffen, Entbindungsheime oder -stationen von Krankenhäusern inspizieren oder für den Fall einer Hausgeburt mit Hebammen sprechen wollen. Die Krankenkassen tragen die Kosten für die regelmäßigen ärztlichen Vorsorgeuntersuchungen sowie für Geburtsvorbereitungskurse. Es empfiehlt sich, dass beide Partner an diesen Terminen teilnehmen; schreiben Sie sich Ihre Fragen auf, um sie nicht in der Eile oder Aufregung zu vergessen. Arzt/Ärztin, Krankengymnast/in und Hebamme sowie Krankenhaus sollten unbedingt Ihr Vertrauen genießen – hören Sie sich um. Sie müssen ohne weiteres Fragen stellen dürfen und klare, nicht arrogante Antworten erhalten. Dieses Gefühl von Ebenbürtigkeit und Vertrauen wird Ihnen helfen, die Entbindung entspannter, unbefangener und innerlich gefestigter zu erleben.

" Gehen Sie davon aus, dass die Geburt normal verläuft. Seien Sie zugleich darauf vorbereitet (...), dass eventuell nicht alles planmäßig klappt. "

Eine Hebamme und/oder Ihr Partner oder eine andere Person Ihrer Wahl steht Ihnen bei der Geburt mit Atemanweisungen, Massagen und Zuspruch bei. Versuchen Sie im Krankenhaus eine heimelige Atmosphäre zu schaffen, etwa indem Sie gemütliche Schuhe, Ihre Lieblingsmusik, ein geliebtes Foto oder Kissen mitnehmen und Ihnen nahe Menschen einbeziehen.

Seien Sie optimistisch. Gehen Sie davon aus, dass die Geburt normal verläuft. Seien Sie zugleich darauf vorbereitet – und versuchen Sie es in Gedanken zu akzeptieren –, dass eventuell nicht alles planmäßig klappt. Sorgen Sie dafür, dass Partner und/oder Freunde sich um Ihr Wohlergehen kümmern, nötige Fragen klären und Sie aufbauen.

Wo und wie auch immer Sie entbinden, halten Sie genügend Filme bereit, zwei Kameras oder sogar eine Videokamera. Sie – und Ihr Kind – werden Erinnerungen an diese unwiederbringlichen Augenblicke zu schätzen wissen. Spielt eine dritte Person Kameramann bzw. -frau, umso besser:

Dann kann der Vater aktiver mitmachen (gut möglich, dass er im spannendsten Moment seine Hände ohnehin nicht frei hat).

Die Geschichte einer Geburt

Keine Geburt verläuft wie die andere. Wir wollen hier Diane Mallett von ihrer ersten Entbindung erzählen lassen:

„„Obwohl aus ärztlicher Sicht reine Routine und nichts Besonderes, war die Geburt unserer kleinen Amy für meinen Mann Ian und mich die vielleicht aufregendste und eindrucksvollste Erfahrung unseres Lebens. Der Begriff Geburt umfasst so viel, dass ich kaum weiß, wo ich anfangen und aufhören soll. Es ist, als würde man in alten Fotos kramen und überlegen, welche Aufnahmen einem am meisten bedeuten und zugleich typisch sind.

Ich will damit beginnen, dass ich Krankenschwester und Hebamme bin, denn das hat sehr viel mit meiner Erfahrung zu tun. Ich hatte in ungezählten Arbeitsstunden dutzenden von Babys auf die Welt geholfen. Doch das war vor meiner Entbindung. Jetzt, nachdem ich Wehen durchgemacht und mein eigenes Kind geboren habe, sehe ich alles anders. Ich habe immer versucht, mit meinen Patientinnen mitzufühlen, aber man kann die Qual der Wehen und die Freude, die dafür entschädigt, erst nachvollziehen, wenn man sie selbst erfahren hat. „Denken Sie daran, was Sie in der Schwangerschaftsgymnastik gelernt haben", „Tief atmen, das lindert den Schmerz", „Entspannen Sie sich" – meine Ratschläge kamen von Herzen und mir ganz richtig vor. Im Rückblick jedoch erscheinen sie mir platt.

Ian und ich freuten uns riesig über die Schwangerschaft.

Obwohl ich alles wusste, was man bei der Geburtsvorbereitung lernt, nahmen wir mit Vergnügen an Kursen teil, um uns als Paar auf das Ereignis einzustimmen. Es hängt viel von der inneren Einstellung ab, und ich wollte unbedingt eine Schwangerschaft, Geburt und natürlich ein Baby, wie sie im Buche stehen.

Als organisierter Mensch habe ich mich stets gewundert, wenn Frauen ihren genauen Entbindungstermin nicht kannten. Jetzt ermittelten mein Arzt, die Ultraschalluntersuchung und ich drei verschiedene Daten – die sich am Ende alle nicht bestätigten. Anfang Mai versicherte mein Arzt mir, dass die Wehen erst in einigen Wochen einsetzen würden, weil sich der Kopf des Kindes noch nicht gesenkt hatte. Beruhigt fuhren Ian und ich übers Wochenende ans Meer. Wir machten eine ausgedehnte Strandwanderung, gingen abends essen, schliefen lange – und um 10 Uhr morgens platzte die Fruchtblase.

Dies hatte ich schon vielen Frauen erklärt, doch als es mir widerfuhr, konnte ich es kaum fassen. Ich hatte mir vorgestellt, erst leichte Wehen zu bekommen, ein paar Stunden ruhig zu Hause zu bleiben und mich erst gegen Ende der Eröffnungsphase ins Krankenhaus zu begeben. Nun musste ich so schnell wie möglich ins Krankenhaus. Wegen der Steißlage des Babys bestand die Gefahr, dass

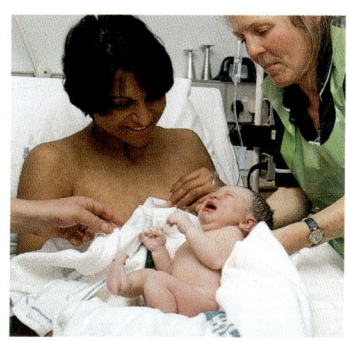

die Nabelschnur vorfallen und den Hals umschlingen würde. Ich war erstaunt, enttäuscht und aufgeregt. Und ich war geschwächt, weil das Fruchtwasser aus mir auslief.

Die ersten Wehen *begannen kurz nach dem*
Platzen der Fruchtblase. Wir warfen das Auto an und machten uns auf die dreistündige Heimfahrt. Ich maß die Wehenabstände, während Ian die Wohnwagen verfluchte, die uns das Vorankommen erschwerten. Für den unwahrscheinlichen Fall einer Sturzgeburt überlegten wir, welche Krankenhäuser auf der Strecke lagen. Ich fragte mich, ob das Auslaufen des Fruchtwassers vielleicht andere Ursachen hatte und wir unnötig unsere Wochenenderholung abbrachen, doch irgendwie wusste ich: Es ist so weit.

Selbst wenn man einem Ereignis gut vorbereitet und freudig entgegenblickt, kann es einen wie ein Schock treffen. Als ich im Kreißsaal einer Schwester von der geplatzten Fruchtblase berichtete, sagte sie: ‚Armes Ding‘ – voll Mitleid, weil sie mit einem langen Krankenhausaufenthalt rechnete. Die Wehen hatten fast völlig aufgehört. Sollte sich einige Tage lang nichts tun, würde man die Geburt wohl künstlich einleiten müssen. Das widerstrebte mir, doch mein Arzt versprach, nichts gegen meinen Wunsch zu unternehmen. Zugleich wollte ich durch eine natürliche Geburt nicht mein Baby gefährden. Nicht ahnend, wie bald ich entbinden würde, aß ich gut zu Abend und legte mich um 22 Uhr schlafen. Für Ian wurde neben mir ein Bett bereitet, denn ich wollte ihn bei mir behalten.

Gleich darauf *setzten Kontraktionen ein, die*
rasch kräftiger und regelmäßig wurden. Ich war erleichtert, als die Wachschwester die Wehen als mittelmäßig bis stark bezeichnete. Ich kannte meine Schmerzgrenze nicht und hatte befürchtet, starke Schmerzmittel zu benötigen, wenn dies erst schwache Wehen sein sollten.

Um 23 Uhr brachte man mich in den Kreißsaal und setzte mir eine Lachgasmaske auf. Ich bat um die niedrigste Dosierung. Das Gas selbst hatte zwar wenig Wirkung, doch das Atmen mit dem Gerät lenkte mich ab und linderte den Schmerz. Am meisten aber lenkte Ian mich ab. Er erzählte von Dingen, Menschen und Orten, die wir

liebten und immer wieder vom Vortag: von unserer Wan-
derung am Strand, der Meeresbrise, dem Meeresgeruch,
der salzigen Luft und dem streunenden Hund, der uns
lange begleitet hatte. Er zeichnete ein plastisches, sinnliches
Bild, das mich angenehm beschäftigte und entspannte. Bei
jeder Wehe meinte ich ein Schmerzmittel zu brauchen und
war dann stolz, dass ich sie ohne Betäubung überstand.

Die junge Hebamme versicherte mir, dass der Arzt,
obwohl es kurz vor 3 Uhr morgens war, rechtzeitig zur
Entbindung eintreffen würde. Ich wiederum versicherte
ihr, dass ich auf ihre Fähigkeit vertraute, die Situation
auch ohne Arzt zu meistern. Ian stand mir weiter bei,
hielt meine Hand und bestärkte mich.

Es ist ein Mädchen!

Ich verspürte einen unwiderstehlichen Drang zum
Pressen, da traf der Arzt ein. Nach einigen Wehen kam
der Kopf des Babys zum Vorschein. Man half mir auf und
ich sah den Kopf: eine wunderschöne, blut- und
schleimverschmierte Kugel. Nach einer weiteren Presswe-
he war unser Kind geboren. Weil die Hebamme wusste,
wie es heißen sollte, rief sie nicht: „Es ist ein Mädchen!",
sondern: „Es ist Amy!" Das war um 3 Uhr morgens am
Muttertag.

Amy war ein Kind, wie Ian und ich es uns gewünscht
hatten: gesund und munter. Man sah – und hörte – ihr
nicht an, dass sie drei Wochen zu früh auf die Welt
gekommen war. Nach einer raschen Untersuchung legte
die Hebamme mir Amy an die Brust. Mit Tränen in den
Augen kosten Ian und ich dieses bildhübsche Bündel. Die
Nachgeburt erfolgte so problemlos, dass ich sie gar nicht
bemerkte. Der Arzt vernähte mit ein paar Stichen meinen
Damm, und dann ließ man uns mit unserem Kind allein.
Ian legte sich neben mich auf den unordentlichen
schmalen Entbindungstisch und umfing mich, während
ich die Kleine im Arm barg. Das Leben hatte uns reich
gesegnet. Wir hatten eine Geburt hinter uns, wie sie
glücklicher und inniger nicht sein konnte … und noch
alles vor uns. ❝❝

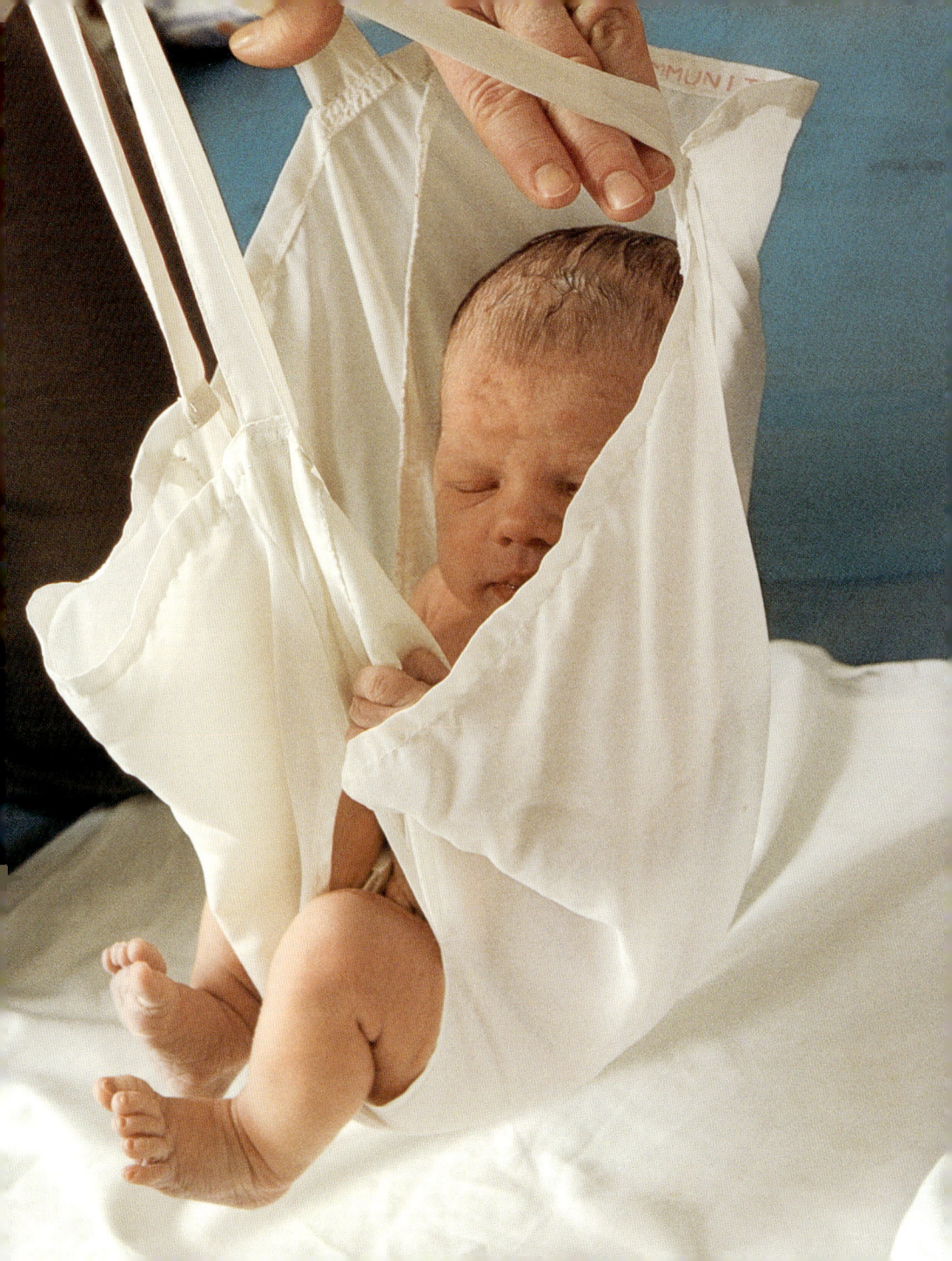

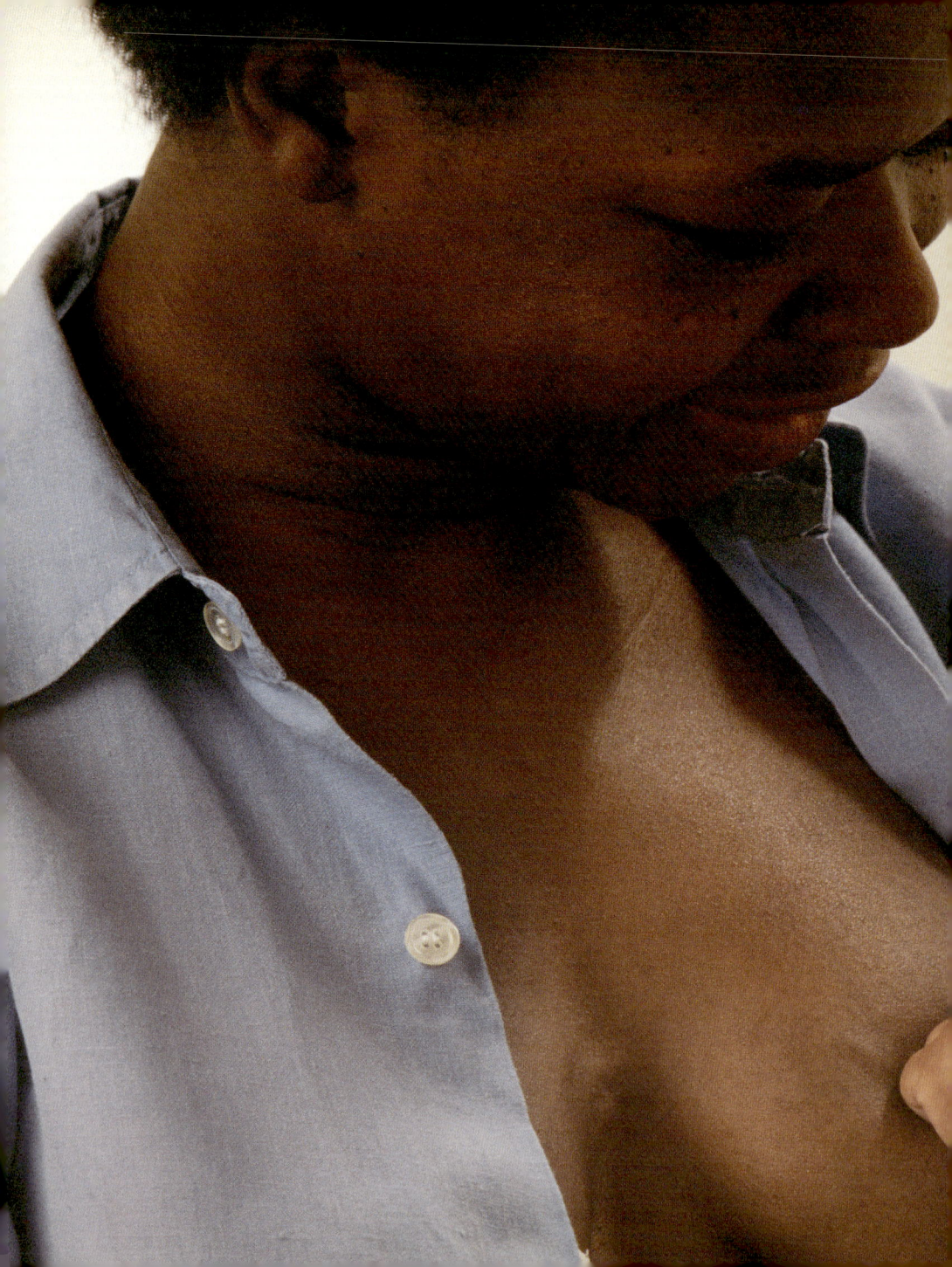

Kapitel 3
Der Säugling

Endlich vereint!

Dieses Kapitel befasst sich mit der Liebe, die ein Baby in jener Phase seines Lebens braucht, in der es am abhängigsten ist: zwischen Geburt und Krabbelalter. Es ist eine sehr schöne und bedeutungsvolle Zeit für Sie – und eine anstrengende.

Die Fürsorge für Ihr kleines Baby hat drei wichtige Aspekte, über die wir hier sprechen möchten:

★ Ihr Kennenlernen des Babys als indivuelle Persönlichkeit und Herstellen einer liebevollen Bindung
★ Ihr wachsendes Engagement, das sich in der alltäglichen Fürsorge ausdrückt
★ Ihre Freude, spielerisch das Baby anzuregen und ihm Neues beizubringen.

Endlich sind Sie vereint. In den Minuten unmittelbar nach der Aufregung der Geburt umhüllt ein Kokon der Zufriedenheit und des Wohlbehagens Eltern und Kind. In den meisten Krankenhäusern weiß man, wie wichtig es ist, dass die junge Familie in Ruhe zu sich kommt. Die Eltern sollten Hilfe rufen und ihre Wünsche äußern können, aber mit dem Baby allein gelassen werden. Der Vater sollte auf einem freien Bett im selben Raum schlafen, um seiner Partnerin nahe sein und sich mit um das Kind kümmern zu können. Nur in äußerster Not sollte das Baby von den Eltern getrennt werden; gewöhnlich schläft es in greifbarer Nähe in einem Bettchen. Jetzt haben Eltern und Kind die wunderschöne Gelegenheit, sich aufeinander einzustimmen – ein Prozess, bei dem sie Fühlung aufnehmen, einander kennen lernen und feststellen: „Du bist mein und ich bin dein."
In diesem Augenblick tun wir Menschen instinktiv genau das Richtige. Allein gelassen, blicken Eltern und Kind einander in die Augen. Behutsam erforschen sie sich, betrachten die Finger, Beine, Form des Mundes und das weiche Haar, horchen auf Atem und Stimme, riechen, küssen, lecken und schmecken einander.

> *In den Augenblicken nach der Geburt umhüllt ein Kokon der Zufriedenheit und des Wohlbehagens Eltern und Kind.*

Mit allen Sinnen lieben lernen

Sich augenblicklich in sein Baby zu verlieben ist ein unbeschreibliches Gefühl, das einem vorkommen mag wie ein Wunder. Zur Enttäuschung der Eltern stellt diese Liebe sich nicht immer von selbst ein, etwa wenn die Mutter wegen medizinischer Eingriffe, Bewusstlosigkeit oder Erschöpfung die Geburt ganz oder halb betäubt erlebt und das Band der Liebe nicht von Anbeginn knüpfen kann. Wenn wir uns aber aktiv darum bemühen, gelingt es uns eher, das Baby ins Herz zu schließen und es mit Freude zu umsorgen.

Sehen

Halten Sie in den ersten Tagen und Wochen viel Augenkontakt mit Ihrem Baby. Setzen oder legen Sie sich bequem mit ihm hin und sehen Sie einander in die Augen. Studien zufolge erkennen Babys am klarsten Objekte in einer Distanz von 15 cm (die dem Abstand zu Ihrem Gesicht entspricht, wenn Sie Ihrem Baby die Brust geben). Während Sie das Baby zunehmend entspannt und sanft anblicken, werden in Ihnen wahrscheinlich verschiedene Gefühle aufsteigen. Enttäuscht es Ihre Erwartungen – weil es nicht das erhoffte Geschlecht hat, zu groß, zu klein, krank oder behindert ist –, so kann dies eine Gelegenheit sein, die erträumte und wirkliche Gestalt Ihres Babys gegeneinander abzuwägen. Das fördert den Prozess des Loslassens von dem, was „hätte sein können", und Annehmens dessen, „was ist".

Hören

Ihr Baby kennt Ihre Stimme. Es wird sie gern hören, und Sie werden gern seinem Atmen und Maunzen lauschen, später seinem Gebabbel und Lachen. Babys hören gern friedvolle Musik und Ihren Herzschlag, wenn sie an Ihrer Brust ruhen. Auch mögen sie munteres Plätschern von Gesprächen. Viele Eltern singen ihren Babys vor; einige lesen Geschichten und Gedichte vor, denn lautes Lesen erfolgt in einem speziellen Rhythmus und Singsang. Zum Wohl Ihres Babys sollten Sie es vor misstönenden und lauten Geräuschen wie Verkehrslärm, lautstarker Musik und Menschenmengen schützen.

Schmecken

Wir wissen nicht, was vor sich geht, wenn Babys und Eltern sich küssen und berühren. Womöglich werden chemische Stoffe ausgetauscht, die dem Baby sagen „Das ist Mami", „Das ist Vati" und bewirken, dass es sich vertrauensvoll entspannt. Die meisten Tiere lecken ihre neugeborenen Jungen, und unserer Erfahrung nach mögen die meisten Babys es, wenn man an ihrem Nacken und ihren Fingern nuckelt; sie lieben es, ein Händchen in unseren Mund schieben und wieder herauszuziehen oder an unserem kleinen Finger zu saugen. Selbst an Papis haarigen Unterarmen lutschen sie mit Wonne! Mit dem Küssen hat Mutter Natur eine ihrer feinsten Tast- und Geschmackskombinationen kreiert. Mit

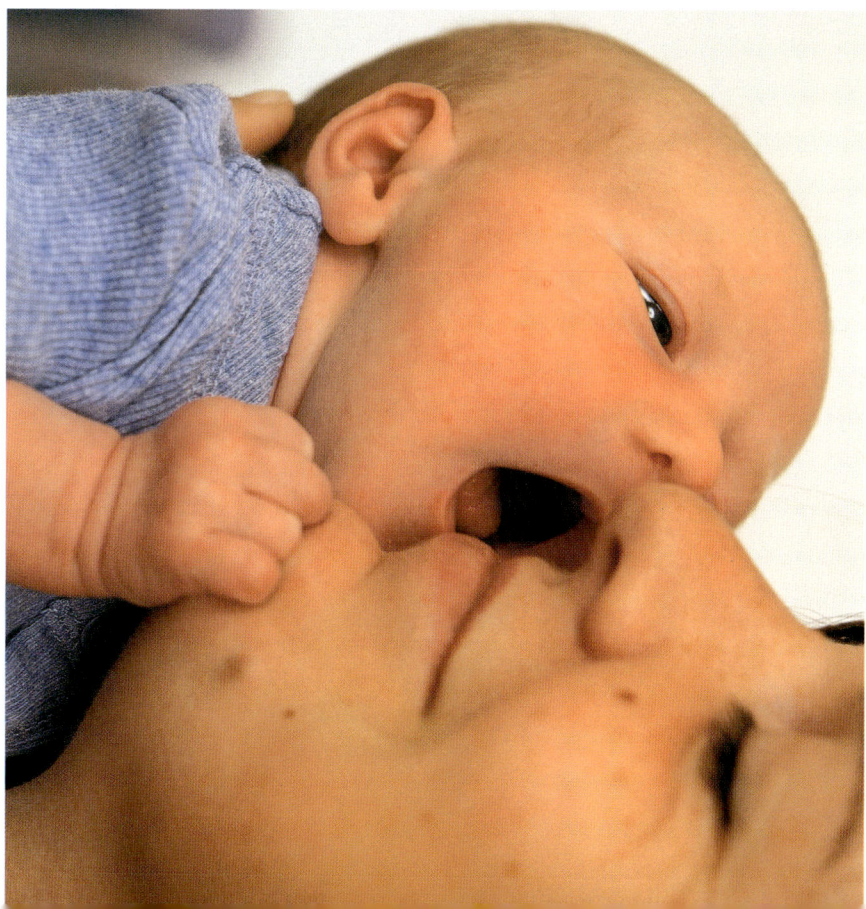

Hingabe küssen Eltern ihr Baby und streichen ihm mit den Lippen zart über Gesicht, Hände und sogar Füße. Babys erste Küsse gehen meist so: Mund weit auf, Kopf auf Mamis/Papis Backe fallen lassen und schlecken, auf und ab.

Riechen

Babys haben einen äußerst feinen Geruchssinn. Ihre Nase erkennt Ihre einzigartige Duftkomposition von Haut, Haar, Schweiß und Kleidung. Sie kann unterscheiden zwischen der Milch anderer und jener der eigenen Mutter, die jedem Baby die liebste ist. Auch Sie werden Haut und Haar Ihres Babys gern riechen. Und in seinen späteren Lebensmonaten wird es Ihnen helfen, Gerüche wie die von entzündeten Ohren und infiziertem Harn registrieren zu können.

Zur Nach-ahmung empfohlen

Sanfte Babymassage

Seit mindestens 5000 Jahren und wahrscheinlich seit eh und je kennt die Menschheit die Babymassage. Es ist medizinisch erwiesen, dass Babys, die liebevoll berührt und gestreichelt werden, schneller wachsen, besser schlafen sowie weniger an Verstopfung und anderen Verdauungsstörungen leiden. Sie kommen schneller über Krankheiten und Kummer hinweg und sind insgesamt ausgeglichener.

Frederick Leboyer hat mit dem Buch „Sanfte Hände" als einer der ersten Ärzte im Westen die Kunst der indischen Babymassage bekannt gemacht. Babys, sagt er, bräuchten innerlich wie äußerlich Nahrung. Wir müssten mit ihrer Haut und ihrem Rücken sprechen, die Hunger und Durst verspürten wie der Bauch. Berührt, gestreichelt und massiert zu werden sei für das Kind eine ebenso wichtige Nahrung wie Mineralien, Vitamine und Proteine.

Sie benötigen keine Ausbildung, um Ihr Baby zu massieren, aber es hilft, sich anhand von Büchern und Fotos genauer zu informieren.

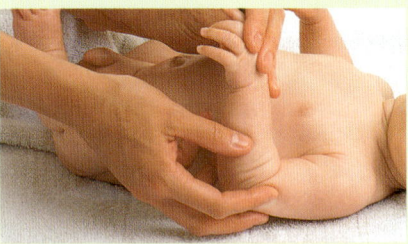
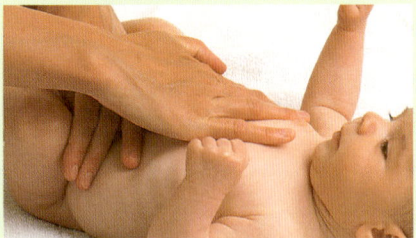

Tasten

Die Bedeutung der Worte „Ich liebe dich" kann ein Baby nicht verstehen. Aber es fühlt, dass Sie es liebevoll berühren, schützend im Arm halten und beruhigend streicheln. Gewisse Berührungen können Sie beide genießen, bei Massage und Yoga für Babys zum Beispiel. An einem warmen Ort sanft den Körper des Babys zu massieren, lindert Nervosität, Bauchweh, kräftigt die Muskulatur und fördert die Verdauung. Und es tut auch Ihnen gut. Massagen lassen sich zur Beruhigung vor Mahlzeiten und dem Schlafen einsetzen.

Babys sind darauf angewiesen, berührt, gehalten und getragen zu werden. Sie in unseren Armen zu halten ist der einfachste und beste Weg, ihnen das Gefühl von Sicherheit, Liebe und Geborgenheit zu vermitteln.

Hier einige einfache Richtlinien:

★ *Genießen Sie es!* – Massieren Sie mit innerer Ruhe und Liebe.

★ *Massieren Sie nicht* unmittelbar nach Mahlzeiten.

★ *Beginnen Sie sehr behutsam,* mit kurzen Massagen und leichten Streichbewegungen.

★ *Zwei Minuten Massage* genügen bei Neugeborenen. Verlängern Sie die Zeit allmählich auf maximal zehn Minuten; dies reicht bei Babys, die mehrere Monate und älter sind.

★ *Halten Sie das Baby warm* und machen Sie es sich bequem. Sie können sich auf den Boden setzen, das Baby auf einem Handtuch zwischen den Beinen. Oder Sie legen es auf den Boden und knien sich darüber.

★ *Richten Sie sich nach den Reaktionen des Babys.* Wirkt es nur leicht ungnädig, machen Sie weiter und achten Sie darauf, ob es ruhiger wird. Tut es dies nicht, probieren Sie ein andermal aus, ob die Massage ihm gefällt.

★ *Babyhaut ist sehr empfindlich.* Mag Ihr Baby den nackten Hautkontakt nicht, massieren Sie es angekleidet oder nach dem Baden in ein Handtuch gewickelt.

★ *Reden und Singen* intensiviert die Kommunikation und Entspannung ...

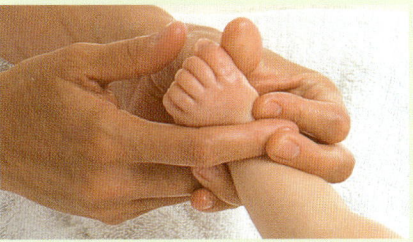
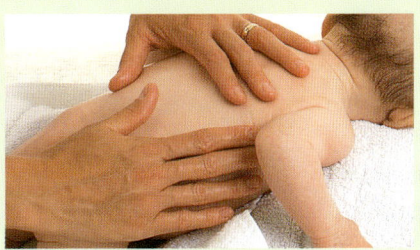

Bewegung

Als Sie Ihr Baby noch unter dem Herzen trugen, da wurde es geschaukelt und geschüttelt, wenn sie sich bewegten, umhergingen und liefen, wurde gewendet, wenn Sie sich im Bett umdrehten, gedrückt, wenn Sie sich bückten, und bei den Wehen kräftig massiert. Seine Umgebung war berührungs- und bewegungsreich, als es im Fruchtwasser schwamm. Sobald es seine Höhle verlassen hat, ist es Ihr Wunsch, es an sich zu drücken, zu streicheln, zu tätscheln und zu wiegen. Stellt man ein Baby auf seine Beinchen, fängt es fast immer an, in den Hüften von Seite zu Seite zu wippen.

Ohne langes Nachdenken nehmen wir Rücksicht auf die Bewegungsempfindungen von Babys, hüllen sie in weiche Stoffe, baden sie in warmem Wasser und sorgen für frische Windeln. Junge Eltern packten Neugeborene in Watte, spotten manche. Tatsächlich gibt es Leute, die mit kleinen Babys recht grob und sorglos umgehen. Da ist es nur gut, wenn die auf das Wohl ihres Kindes bedachten Eltern sie daran erinnern, dass Babys etwas sehr Kostbares sind und gefühlvolle Behandlung brauchen.

Das Band zwischen Vater und Baby

Nicht allein die Mutter, wie viele meinen, sondern Mutter und Vater müssen sich um eine innige Beziehung zu ihrem Baby bemühen. Er war bereits mehrfacher Vater, erzählte der amerikanische Kinderarzt und Autor William Sears in einem Rundfunkinterview, ehe er sich intensiv auf eines seiner Babys einließ. Seiner Ansicht nach müssen Väter beruhigend wirkende Fähigkeiten kultivieren, die einzigartig männlich sind. Er selbst versuchte Folgendes: Er schuf Hautkontakt, indem er mit entblößtem Oberkörper das nackte Baby umschlungen hielt. Er legte das Ohr des Babys an seine Brust, damit das Kleine seine Herzschläge und Atemzüge registrierte. Und er ließ es die Vibrationen seiner Stimme spüren, indem er es am Hals barg und sein Kinn auf den Kopf des Babys legte. Viele Väter haben uns berichtet, dass es ihnen mit maskuliner Fürsorglichkeit und Zuwendung gelingt, Babys zu trösten, zu unterhalten, zu beruhigen und zum Schlafen zu bringen.

Die meisten Väter möchten sehr gern schon zum Neugeborenen eine eigene Beziehung herstellen. Manche sind in

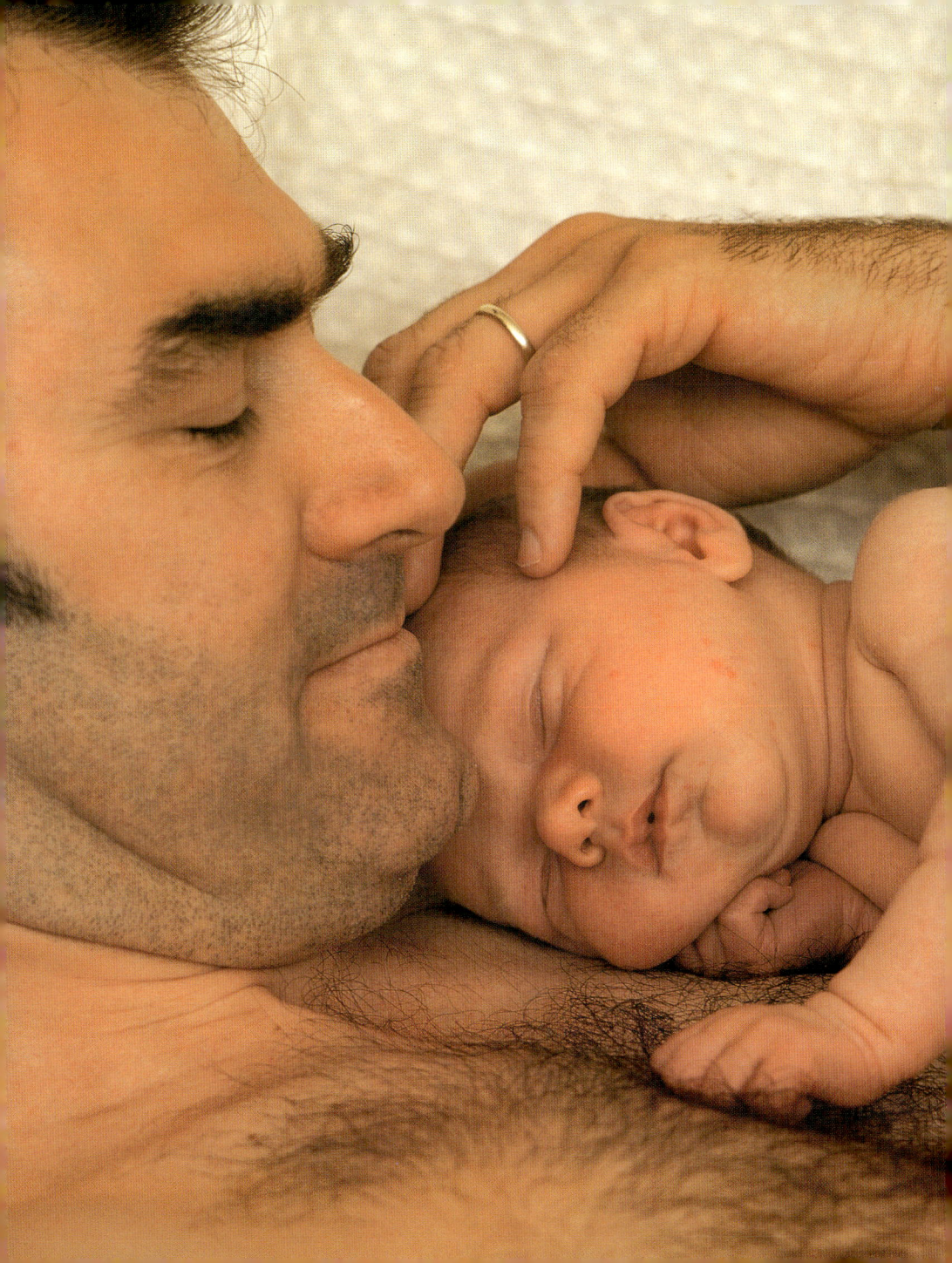

das Baby mehr vernarrt, als die Mutter vermutet hat oder ihr lieb ist. Die Mutter sollte verstehen, dass dies den Grundstein für eine Bindung legt, die für das Baby langfristig von Vorteil ist. Und auch für sie selbst: Sie wird es schätzen, dass es ihrem Partner nichts ausmacht, mitten in der Nacht nach dem weinenden Baby zu sehen, es zu trösten und herumzutragen. Ebenso sollte der Vater vorsichtig die Liebe zwischen Mutter und Kind fördern. War beispielsweise die Entbindung sehr schwer oder eine Narkose notwendig, sollte er dafür sorgen, dass die erschöpfte Mutter das Baby rasch sehen und sich an ihm erfreuen kann. Wir empfehlen Vätern, in den ersten sechs Wochen nach der Geburt möglichst viel Zeit zu Hause zu verbringen. Je weniger Umtrieb, Lärm und Stress, desto besser können Sie und Ihr Kind entspannen und einander kennen lernen.

Liebe in Aktion

Lieben ist nicht bloß ein Gefühl, sondern auch das Eingehen einer Verpflichtung:

★ Als Eltern haben wir uns entschlossen dem Kind einen Großteil unseres Lebens zu widmen

★ unser Bestes zu tun und dem Kind zu geben, was es braucht, auch wenn uns dies Zeit, Energie und Geduld kostet.

Liebe umfasst, was wir fühlen und tun. Dass Liebe das Wichtigste ist, was ein Kind braucht, darin sind sich die meisten einig, und zwar zu Recht. Doch diese Liebe will in die Tat umgesetzt werden: indem wir unser Baby Tag für Tag unzählige Male zärtlich berühren, anlächeln, zu ihm reden, es füttern, wickeln und ganz einfach für es da sind. Für unser Baby sind wir 24 Stunden im Einsatz. Wir passen auf, dass nichts und niemand ihm weh tut. Wir verschaffen ihm Schutz, Nahrung und Anreize, selbst wenn wir lieber den Fernsehkrimi verfolgen, Zeitung lesen, schlafen – oder das Handtuch werfen würden! Das ist Liebe. Manchmal fällt sie uns leicht, andere Male zwingen wir uns seufzend zum Weitermachen, weil das Baby uns nun einmal braucht. Liebe, das sind nicht bloß die Momente seligen Lächelns. Jede tatkräftige Hilfe ist ein Akt der Liebe.

Eine Mutter muss am Ball bleiben, das ist das einzig Wichtige, was ich als Mutter gelernt habe. Ich habe diverse Qualifikationen und die unterschiedlichsten Jobs gemacht, doch sie alle ließen den Ausweg offen, die Sache an den Nagel zu hängen. Das Muttersein ist der härteste Job, denn ihn kann man nicht einfach aufgeben. Er hat mich gezwungen, auch in harten Zeiten durchzuhalten, und er hat mir mehr Selbstachtung und Selbstvertrauen eingeflößt als alles andere, was ich in meinem Leben geleistet habe.
Anne, 38

Die Persönlichkeit Ihres Babys kennen lernen

Jedes Baby ist einzigartig. Es kommt mit einer ureigenen Veranlagung auf die Welt. Nach (schon seit 1959 vertretener) Ansicht von Wissenschaftlern ist etwa die Hälfte aller Babys unkompliziert (anpassungsfähig, glück-

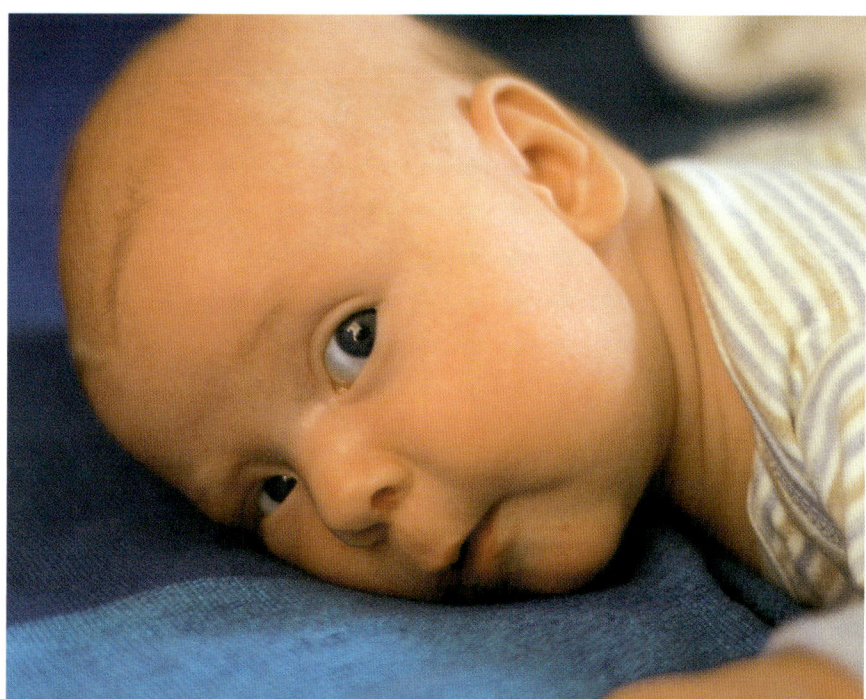

lich und „pflegeleicht"). Ein Viertel ist in gewohnten Situationen unkompliziert, tut sich jedoch schwer mit Umstellungen. Und das übrige Viertel ist schlichtweg schwierig! Diese so genannten „Kinder mit starken Bedürfnissen" sind vielfach laut, reizbar, reagieren sehr empfindlich auf Veränderungen und essen und schlafen unregelmäßig. Solche Babys können einem als Eltern das Leben ziemlich schwer machen.

Man sollte ein Baby nicht zu schnell als „schwierig" abstempeln, es können konkrete Ursachen wie eine Krankheit oder Allergie gegen Kuhmilch vorliegen. Kann man diese ausschließen, mag es durchaus erleichtern zu wissen, dass das Baby lediglich ein Kind mit starken Bedürfnissen ist.

Sie und Ihr Baby sind eine einzigartige Kombination

William Sears führt in seinem Buch Das „24-Stunden-Baby" folgende mögliche Kombinationen auf:

Sie und Ihr Baby bilden eine Kombination aus Ansprüchen und Stärken, in der sich Ihrer beider Persönlichkeit spiegelt.

Das Schaubild ist zwar stark vereinfacht, lässt Sie dafür aber auf einen Blick erkennen, „womit Sie es zu tun haben" und ob Sie, Ihr Baby oder Sie beide besondere Unterstützung brauchen. Selbstverständlich – und das ist das Gute – ist der Grad der „Bedürftigkeit" veränderbar. Stellt ein Baby mit starken Bedürfnissen Ihre Willenskraft und Belastungsfähigkeit auf die Probe, müssen Sie stärker werden – nicht zähneknirschend, sondern indem Sie sämtliche Ressourcen aktivieren, über die Sie, Ihr Partner, Ihre Familie, Freunde und Bekannten verfügen. Vergessen Sie nicht, dass Ihr Partner den Grad Ihrer Bedürftigkeit stark zu beeinflussen vermag, und zögern Sie nicht, auch außerhalb Ihrer Familie Hilfe zu suchen und anzunehmen.

Stellen Sie sich auf die Bedürfnisse Ihres Babys ein

Heutzutage halten es viele für völlig richtig, dass verschiedene Personen – Mutter, Vater, Kindermädchen, Babysitter – für ein kleines Baby sorgen. Wir hingegen meinen aufgrund unserer Erfahrung mit vielen Eltern, das ein Baby in den ersten zwölf Lebensmonaten eine erwachsene Hauptbezugsperson benötigt. Denn diese passt sich seinen Rhythmen und Bedürfnissen dermaßen an, dass die zwei eine Einheit bilden. Und diese Person sollte, wenn nichts zwingend dagegenspricht, die Mutter sein. Das Stillen, das die Produktion des Hormons Prolaktin sowie den Mutterinstinkt fördert, und das Ausblenden störender äußerer Einflüsse tragen zur harmonischen Interaktion von Mutter und Kind bei. Studien zufolge liegt der Kommunikation von Müttern und kleinen Säuglingen ein ausgeklügeltes, fein abgestimmtes Muster von Reaktionen zu Grunde, durch die beide Seiten offenbar ihre Signale entschlüsseln lernen, um sich in Harmonie und Sicherheit wiegen zu können. Babys brauchen Vertrautheit, um zu gedeihen.

Ein Vater erfüllt in dieser Phase eine andere Aufgabe. Er hat der Liebe von Mutter und Kind den Rücken zu decken. Dies heißt nicht, dass er keine eigene Beziehung zum Kind aufbauen soll. Vielmehr sollte er bereitwillig in das zweite Glied zurücktreten mit der Gewissheit, dass sich das Kind ihm zuwenden wird, sobald es sich dank der Nähe zur Mutter sicher fühlt. Es ist eine Frage der Reihenfolge. Das Gleichgewicht stellt sich mit der Zeit ein; man muss es nicht herbeizwingen wollen.

Das Rollenthema ist heikel, weil leicht misszuverstehen: Wir plädieren hier nicht dafür, dass Mütter zu Hause bleiben und

„Die lange Nacht" von Martin Flanagan

Sie ist krank. Ihr kleiner runder Bauch fühlt sich an wie eine heiße Schüssel. Ihre Beine sind genauso heiß. Ich weiß, ich muss ihr Fieber senken, aber sobald ich die Daunendecke lüfte, beschwert sie sich und deckt sich wieder zu. Sie hat eine schwere Erkältung, die eine Ohrenentzündung ausgelöst hat. Ihre Mutter habe ich in ein anderes Bett geschickt in der törichten Hoffnung, dass sie Schlaf findet. Ich werde die Nacht bei der Kleinen verbringen, werde auf ihre Schmerzen achten und zwischen Fetzchen von Schlaf im Badezimmer nach Medizin kramen. Es beruhigt sie, mit den Ohrläppchen von anderen zu spielen. Stundenlang liegen wir zusammen, in quälender Schlaflosigkeit, bis ich sanft versuche, mich von ihr zu lösen. Ich bitte sie, von meinen Ohren zu lassen, damit ich ein bisschen schlafen kann. Ich habe nicht vermutet, dass sie das Beste aus ihrer Qual zu machen und tapfer zu sein versucht. „Ich auch schlafen", antwortet sie und mit einem Mal zuckt ihr heißes Gesichtchen, überflutet von einem Tränenbach, der mir sagt, wie sehr sie leidet. Der Boden, auf dem wir Eltern stehen — die Allwissenheit —, hat sich wie eine Falltür unter mir geöffnet und um mich schwappt ein dunkelroter Nebel, der unangenehm ist wie das Gefühl von Scham. Zugleich aber ist mir bewusst, dass ich dieses Kind mehr liebe denn je und ich diese Nacht nie vergessen werde.

die Kinder aufziehen, die Väter dagegen die Brötchen verdienen und sich ausgeschlossen fühlen sollen. Wir halten es lediglich für besser, wenn ein Erwachsener dem Kind in seinen ersten ein bis zwei Lebensjahren oberste Priorität einräumt, und meinen, dass die Mutter bestimmte Vorzüge mitbringt. Dies muss nicht immer zutreffen, und es mögen andere Regelungen angebracht sein. Überlegen Sie gut, was für Ihre Familie das Beste ist.

Flexiblere Arbeitszeiten, mehr Erziehungsurlaub, finanzielle Unterstützung, Hilfe im Haushalt, all dies würde frisch gebackenen Eltern eine gesunde Balance erleichtern.

Wie Sie Harmonie schaffen

Sie und Ihr Baby, Sie werden von Anbeginn um ein harmonisches Zusammenspiel bemüht sein – wie zwei Tanzpartner, die gemeinsam Schrittfolgen lernen: Sie lächeln und Ihr Kind lächelt. Es weint und Sie nehmen es auf den Arm. Sie wiegen es und es schlummert allmählich ein. Es fasst Vertrauen und wird ruhiger, Sie gewinnen Selbstsicherheit.

Manche Ihrer Methoden mögen bei dieser Gelegenheit funktionieren, nicht aber bei jener. Also werden Sie andere ausprobieren wollen und auf diese Weise nach und nach Ihr „Repertoire" erweitern. Schreit zum Beispiel Ihr Baby, könnten Sie unter anderem Folgendes tun:

★ es füttern
★ es auf den Arm nehmen
★ seine Windeln wechseln
★ seinen Rücken streicheln
★ es streicheln
★ beruhigend zu ihm reden
★ es wiegen
★ es spazieren tragen
★ ihm vorsingen
★ ihm Musik vorspielen
★ es schlafen legen
★ es in eine Babywippe legen
★ ihm Schnuller geben
★ es wärmer zudecken
★ Kühlung verschaffen
★ lächeln und mit ihm reden
★ mit ihm eine Fahrt im Kinderwagen unternehmen
★ es hochnehmen und die Umgebung beobachten lassen
★ Familie oder Freunde um Hilfe bitten
★ es zur Entspannung seiner Bauchmuskeln bäuchlings auf den Schoß nehmen
★ sich an eine Beratungsstelle (siehe S. 232) wenden
★ einen Arzt konsultieren.

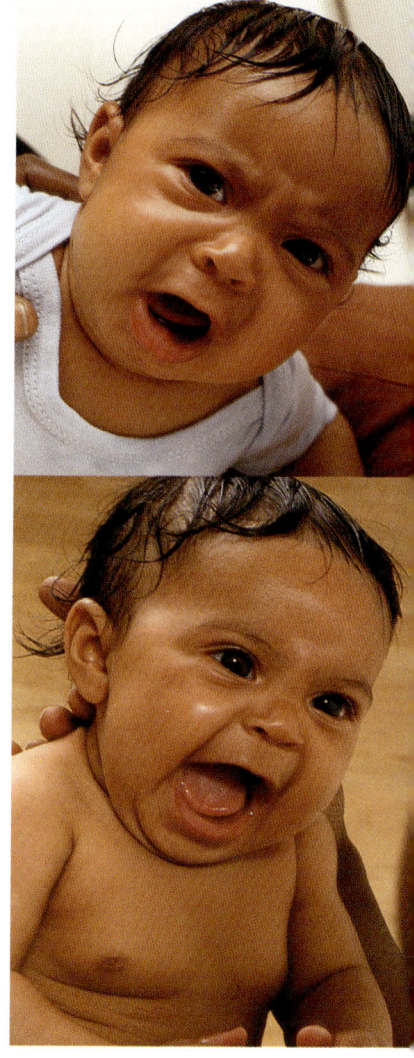

Meist lösen Tränen sich in Lächeln auf, wenn Sie die Bedürfnisse Ihres Babys zu stillen wissen.

Welche dieser Möglichkeiten Sie wählen, hängt davon ab, wie gut Sie Ihr Kind kennen und wie Sie die Lage einschätzen. Sie werden sich fragen: Ist es bloß müde oder gerade aufgewacht und hungrig? Ist es ein schmerzliches oder ein schläfriges, abklingendes Weinen?

Nicht Anweisungen sind die beste Unterstützung, die Experten und andere Eltern Ihnen geben können, sondern Erfahrungen und Anregungen, die Ihr Repertoire bereichern. Da kein Kind dem anderen gleicht, hat keine Methode absolute Erfolgsgarantie. Babys bringen uns Flexibilität bei. Und Durchhaltevermögen! Ein Baby hört nicht auf zu weinen, nur weil das Telefon klingelt, Sie die Tür schließen, erholungsbedürftig sind oder dringend zur Toilette müssen. Babys müssen hartnäckig sein, Eltern ausdauernd. Eltern müssen beobachten, wie ihr Baby reagiert, um seine Bedürfnisse herauszufinden und zu befriedigen. Dann dürfen sie sich auf die Schultern klopfen.

Gewöhnlich begreifen Eltern schon nach wenigen Wochen, was ein Baby braucht, und sorgen dafür, dass es

★ sich wohl fühlt – indem sie es baden, massieren, seine Windeln und Kleidung wechseln

★ sich ausleben kann – indem sie seinen Bewegungsdrang nicht einschränken

★ zufrieden ist – indem sie es füttern

★ sich geborgen fühlt und entspannt schlafen kann – indem sie sanft, warm und zärtlich mit ihm umgehen

Uns Eltern liegt daran, all diese Aufgaben so zu erledigen, dass sie am Ende des Tages erfüllt sind. Auch nachts sind wir für das Baby da: Wir füttern, wickeln es, dämpfen Licht und Geräuschpegel, reden ihm ruhig zu, singen ihm leise vor, wiegen und streicheln es sanft, darauf bedacht, dass es nicht hellwach wird, statt einzuschlafen. Bald schläft es länger, sodass auch wir mehr zur Ruhe kommen. Indem wir dieselben Dinge auf dieselbe Weise tun, gewöhnt sich das Baby an den Rhythmus einer Routine. Zumindest ist dies das Ziel.

Unser Baby sei anfällig für Bauchschmerzen, diagnostizierte der Arzt. Und vermittelte den Eindruck: Da kann man nichts machen. Doch wir wollten uns mit der Vorstellung, der Qual monatelang tatenlos zuzusehen und dem kläglichen Wimmern unseres Babys zu lauschen, nicht abfinden. Wir fanden einen Kinderarzt, der uns hilfreiche praktische Ratschläge gab. Wir haben daraus die Lehre gezogen, dass man nicht zu schnell aufgeben darf.

Patrick, 27

Muster dienen allen

Wir alle wünschen uns eine gewisse Ordnung und Beständigkeit. Das Gefühl von Beständigkeit verdanken wir nicht zuletzt einem bestimmten Muster: dem gleichmäßigen Rhythmus von Abläufen, der unser Zeitbudget so einteilt, dass alles seinen rechten Platz hat. Der wiederkehrende Wechsel der Jahreszeiten, von Tag und Nacht, Aktivität und Ruhe, er hält uns wie das Ein- und Ausatmen am Leben, im Lot und bei Kräften.

Auch Babys haben ihre Rhythmen und Zyklen. Diese nähern sich mit der Zeit denen der Erwachsenen an. Früher hat man das durch starre Reglements wie Füttern in Abständen von vier Stunden forcieren wollen – ein unbeholfener, oft schädlich wirkender Versuch, Babys der Welt der Erwachsenen anzupassen, lange bevor sie dazu überhaupt in der Lage sind.

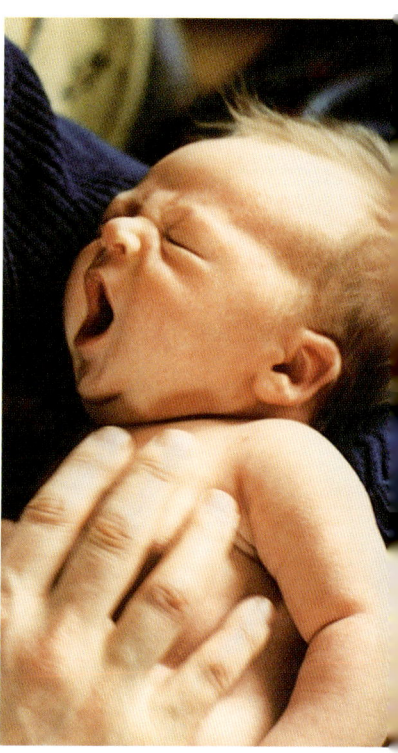

Zum Glück erziehen wir unsere Kinder wieder auf sehr viel natürlichere Weise. Diese hat nichts mit Chaos zu tun, im Gegenteil. Sie fördert die natürliche, schrittweise Entwicklung einer Routine, die Babys wie Eltern gut tut.

Zugestanden, am Anfang scheint es chaotisch: Ein Neugeborenes kennt nun einmal nicht Tag und Nacht, nur den Hunger-, Schlaf- und Wachzustand. Es hat neun Monate im Dunkeln gelebt – wieso soll es sich auf einmal um die Uhrzeit scheren?

Am besten passen sich zunächst die Eltern an (etwa indem auch sie ruhen, wenn das Baby schlummert). Allmählich verlängert das Baby seine Wach- und Schlafphasen. Das tut es am ehesten, wenn sich seine Eltern als sensibel und verlässlich verfügbar erweisen. Kann es darauf vertrauen, dass seine Bedürfnisse stets gestillt werden, wird sein Körper längere Phasen des Wach- und Aktivseins sowie größere Nahrungsmengen akzeptieren. Und weil es mit Liebe und Geduld behandelt statt in ein Schema der Erwachsenen gezwungen wird, wird es sich ein Muster aneignen, das allen entgegenkommt.

Davon, wie schwer Babys und Kleinkinder Schlaf finden, weiß jede Familie ihr Lied zu singen. Hier ein paar Tipps aus dem Nähkästchen.

Eltern berichten

Wie man Babys zum Schlafen bringt

„Maxi ließ sich am liebsten in den Schlaf wiegen. Deshalb kaufte ich mir einen bequemen Schaukelstuhl, der mich von meinen Rückenschmerzen erlöste – und ebenfalls sehr beruhigte."

„Tilda mochte es, wenn sie auf der Seite lag und man ihr langsam und regelmäßig wie der Herzschlag auf Rücken oder Po patschte. Dann schlief sie irgendwann ein."

„Als kleines Baby schreckte Maria, kaum dass sie eingeschlafen war, wieder auf. Sie beruhigte sich, fanden wir heraus, wenn wir sie in eine Decke gehüllt auf den Arm nahmen und ihr leise vorsangen. War sie dann eingeschlafen, legten wir sie auf den Rücken und lockerten die Decke, damit sie im Schlaf die Ärmchen bewegen konnte. Auch schien Maria es zu mögen, wenn ihre Füße das Fußende des Bettchens berührten. Sobald sie keinen Halt fand, schreckte sie auf."

„Allmählich fanden wir heraus, was Sven brauchte, um einzuschlafen. Wir wickelten ihn, lasen ihm aus einem Bilderbuch vor, zogen die Vorhänge zu, gaben ihm seinen Teddybär und deckten ihn mit seiner Kuscheldecke zu. Dann gaben wir ihm einen Gutenachtkuss und schlichen uns davon: Auftrag ausgeführt."

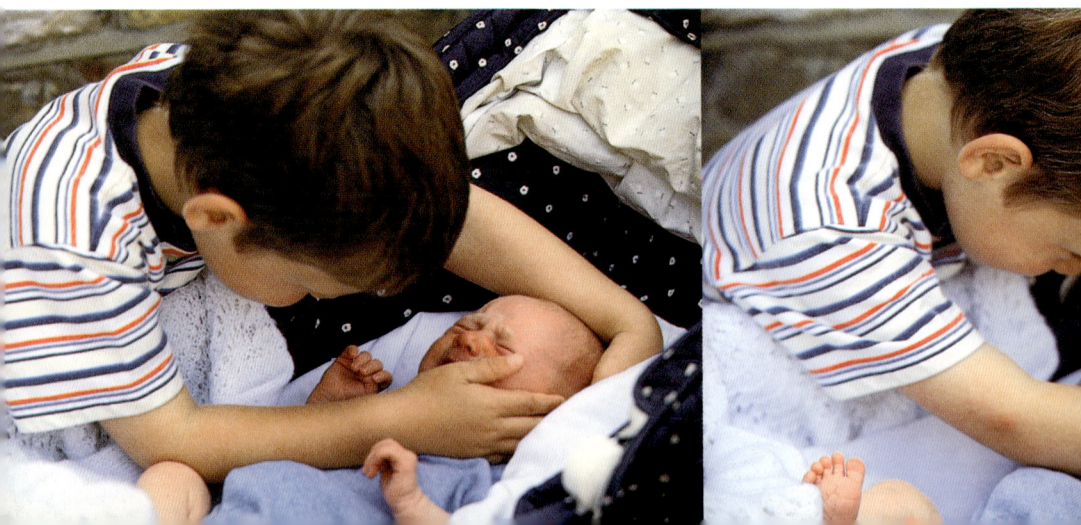

Von Krabbelkindern, die nachts nicht schlafen

„Zunächst störte das allnächtliche Stillen mich nicht. Aber mit der Zeit nahm es mich immer öfter statt weniger in Anspruch. Meine Hebamme schlug vor, Donna tagsüber mehr feste Nahrung zu füttern. Außerdem, sagte sie, kämen Kinder ab sechs Monaten nachts ohne Mahlzeit aus. Ich müsse es selbst einschätzen können."

„Wir ließen Zoe immer in unserem Bett schlafen, an der Seite zur Wand. Wir mochten ihre Nähe, und es war so bequem und natürlich, sich zum Stillen zu ihr zu wenden und danach wieder einzuschlafen. Doch nach ungefähr neun Monaten hatte ich das Gefühl, dass wir drei uns nur noch störten. Wir lösten das Problem, indem wir neben dem unserem ein Kinderbett aufstellten. Als Zoe zwei Jahre alt wurde, schlugen wir auf dem Boden eine Matratze auf, die wir Stück für Stück zur Tür rückten. Dann brachten wir Zoe dazu, tagsüber auf der Matratze im Zimmer ihrer Schwester zu schlafen. Schließlich bekam sie zum Geburtstag ein neues Bett, und darin schläft sie seither in dem Zimmer, das sie mit ihrer Schwester teilt."

„Die Sommerzeit, in der die Uhren eine Stunde zurückgestellt werden, brachte unseren Alltagsablauf völlig durcheinander. Irgendwann bemerkten wir, dass Tom vom frühen Tageslicht aufwachte, und hängten dickere Vorhänge auf."

An dieser Stelle sollten wir bedenken, dass wir Erwachsenen uns vom Kreislauf der Jahreszeiten, dem natürlichen

Licht und somit der gesunden Möglichkeit, uns auszuruhen und zu erholen, entfremdet haben. Handys stören uns am Wochenende, wir rackern bis tief in die Nacht, futtern Snacks, statt in Muße bei Tisch zu speisen und so weiter. Wir können unseren Kindern kein Gleichmaß vermitteln, solange es uns selbst abgeht. So wie wir ein- und ausatmen, können wir uns in einem gesunden Rhythmus abwechselnd ausruhen und betätigen – und dadurch unsere Energie viel besser nutzen.

Wie Sie Babys an Unvermeidliches gewöhnen

> *Unvermeidliche Dinge müssen wir unseren Babys schmackhaft machen oder zumindest so schmerzlos wie möglich erledigen.*

Es gibt ein paar Sachen, die Babys nicht unbedingt gefallen, aber sein müssen. Manche Babys mögen es nicht, wenn man sie badet, wickelt oder in den Autokindersitz schnallt. Leider können wir in unserer modernen Welt Babys nicht nackig im Freien spielen lassen und überallhin zu Fuß mitnehmen. Solche unvermeidlichen Dinge müssen wir unseren Babys schmackhaft machen oder sie zumindest so schmerzlos wie möglich erledigen. Gehen Sie in drei Schritten vor, wenn Sie Ihr Baby an Unangenehmes gewöhnen möchten:

1 *Beginnen Sie langsam*
2 *Gestalten Sie es angenehm*
3 *Bleiben Sie beharrlich*

Hier einige Tipps von Eltern für drei sehr typische Fälle:

Baden
(Langsam anfangen)
„Beim Ausziehen hielt ich die Kleine nahe an meinem Körper, auf dem Schoß oder an meiner Brust. Lag sie auf dem Rücken, brachte ich mein Gesicht sehr nahe. Hatte ich sie entkleidet, ließ ich sie eine Weile das Wasser betrachten und zusehen, wie ich mit den Fingern darin spielte. Dann ließ ich ihre Zehen das warme Wasser berühren. Auch als sie in der Wanne saß, ließ ich uns viel Zeit und hielt sie fest, einen Arm um ihren Rücken und ihre Hand in der meinen."

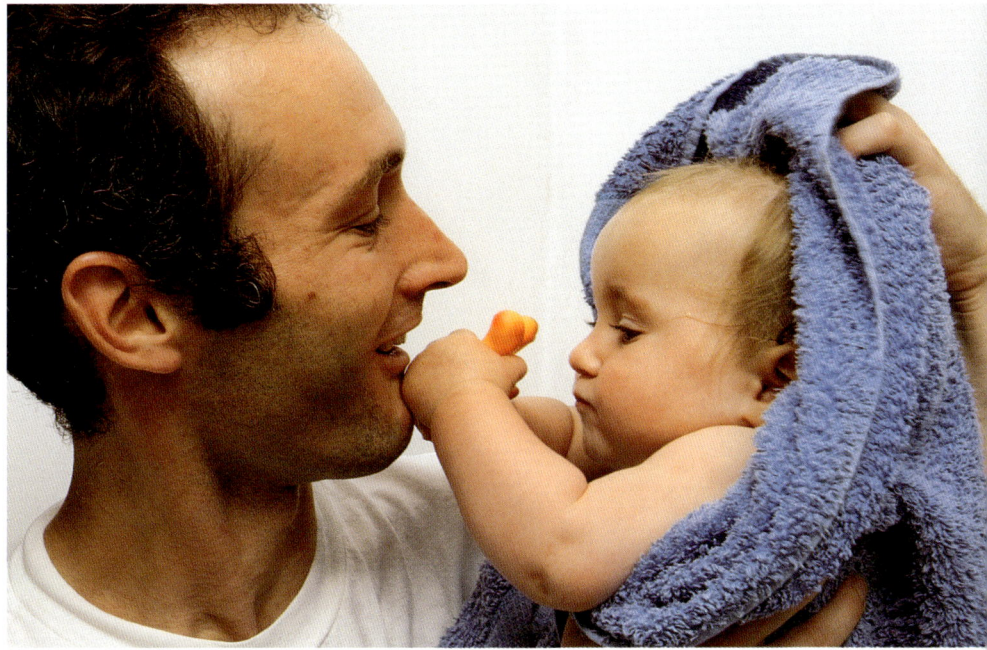

(Angenehm gestalten)

„Ich stieg mit ihm in die Badewanne. Wenn er dann auf meinem Brustkorb lag, rutschte ich immer tiefer, bis das Wasser seinen Unterkörper bedeckte. Während er so badete, stillte ich ihn – eine Belohnung, die er genoss. Und schon bald ließ er sich gern allein baden."

(Beharrlich bleiben)

„Anfangs blieb er nur ein bis zwei Minuten ruhig in der Wanne. Sobald er quengelte, nahmen wir ihn heraus und hüllten ihn in ein trockenes Handtuch. Dann legten wir ihn wieder in die Wanne. Sein Vertrauen wuchs, weil er wusste, dass wir ihn aus dem Wasser nahmen, sobald er jammerte. Allmählich gewöhnte er sich daran und blieb immer länger im Wasser."

Machen Sie aus täglichen Pflichten Erlebnisse, die Ihnen beiden Vergnügen bereiten.

Wickeln

(Langsam anfangen)

„Kleine Babys sind weniger am Wickeln interessiert als daran, einen anzuschauen. Ich achte darauf, dass der Raum warm ist und das Baby sich nicht urplötzlich nackt und ungeschützt fühlt. Und ich versuche, meinen Ekel nicht zu zeigen, wenn ich die Windel abnehme!"

(Angenehm gestalten)

„Nach dem Säubern lasse ich der Kleinen den Spaß, mit den nackten Beinen zu strampeln. Wir plappern, ich kitzele sie. Es sind herrlich innige Zeiten."

(Beharrlich bleiben)
„Waren meine Babys schon größer und erschienen sie mir
ungeduldig, wickelte ich sie flinker. Ich tat es auf einer
Matte am Boden, wo sie gefahrlos nach Herzenslust strampeln konnten."

„Ich glaube, sie wurden das Wickeln mit der Zeit leid. Und
das war gut. Denn so waren sie wie ich bereit, sich endgültig von den lästigen Windeln zu trennen und das Töpfchen zu benutzen."

Autofahren im Kindersitz

(Langsam anfangen)
„Für Autofahrten mussten wir den richtigen Zeitpunkt
abpassen. Das konnte kurz vor dem Einschlafen oder
gleich nach dem Füttern und Wickeln der Fall sein.
Anfangs unternahmen wir nur kurze Fahrten. Bei längeren
Touren legten wir häufig Pausen ein, nahmen ihn aus dem
Sitz, schmusten mit ihm und setzten dann die Reise fort."

(Angenehm gestalten)
„Jemand musste während der Fahrt neben ihr auf der
Rückbank sitzen, sie streicheln, Händchen halten oder mit
ihr reden. Wir banden an ihrem Sitz kleine Spielsachen fest,
mit denen sie sich die Zeit vertreiben konnte. Als sie älter
wurde, legten wir Musik auf, die sie ausschließlich im Auto
hören konnte, und nahmen Snacks und Getränke mit."

(Beharrlich bleiben)
„Es verging ungefähr ein Jahr, bis es unseren Sohn zu interessieren begann, wohin und zu wem wir fuhren. Sobald er
die Autoschlüssel sah und ich den Namen seiner Schwester
nannte, rannte er sofort zur Tür, um Babsi mit mir von der
Schule abzuholen."

Plötzlicher Kindstod: Wie Sie Vorsorgen

Seit 1991 ist die Häufigkeit des Plötzlichen Kindstodes um 50 % gesunken, da Eltern die fünf nebenstehenden Ratschläge der Wissenschaft zunehmend befolgen.

Wann Sie Sofort zum Arzt Müssen

Gesundheitsbehörden deuten es als Anzeichen ernster Erkrankung, wenn ein Baby:

- **in sehr hohem Ton oder sehr schwach weint,** weniger ansprechbar und aktiv und matter als üblich ist;
- **am ganzen Körper sehr blass ist,** bei jedem Atemzug stöhnt und am Oberbauch oder zwischen den Rippen Stellen zeigt, die beim Atmen sichtlich einfallen;
- **weniger als ein Drittel der üblichen Flüssigkeitsmenge aufnimmt,** grünliche Flüssigkeit erbricht, weit weniger Harn als gewöhnlich oder mit Blut vermengten Stuhl ausscheidet;
- **hohes Fieber hat und schwitzt.**
- **Wann immer Ihr Baby sich unwohl fühlt:** Gehen Sie mit ihm zum Arzt!

Ihr Baby Braucht Dringend Ärztliche Hilfe, Wenn Es:

- **zu atmen aufhört oder blau anläuft;**
- **nicht ansprechbar ist** und seine Umwelt nicht wahrnimmt;
- **einen glasigen, fahrigen Blick hat;**
- **nicht aufzuwecken ist;**
- **einen Anfall hat.**

5 Ratschläge

1 Legen Sie Ihr Baby auf dem Rücken schlafen

Das Risiko des Plötzlichen Kindstodes verringert sich, wenn Babys nicht in Bauch-, sondern in Rückenlage schlafen. Die Seitenlage ist weniger sicher als die Rücken-, aber weit sicherer als die Bauchlage. Größere Babys können sich schon umdrehen und im Bettchen bewegen; betten Sie sie auf den Rücken, doch lassen Sie sie die ihnen angenehme Schlafposition finden. Im Alter von über sechs Monaten kommt der Plötzliche Kindstod extrem selten vor.

2 Schützen Sie Ihr Baby vor Überwärmung (und Unterkühlung)

Überwärmung erhöht die Gefahr des Plötzlichen Kindstodes. Bei zu hoher Raumtemperatur, zu schwerem Bettzeug und zu dicker Kleidung kann es einem Baby leicht zu warm werden. Sobald es schwitzt oder sich am Bauch heiß anfühlt, sollten Sie es leichter zudecken – auch wenn es kühle Hände und Füße hat, das ist normal.

Babys brauchen keine bullige Wärme; nächtliches Durchheizen ist selten notwendig. Empfohlen wird eine Raumtemperatur von etwa 18° C. Ist es im Sommer heiß, kann zum Zudecken ein Laken genügen. Geht es Babys nicht gut oder haben sie Fieber, brauchen sie selbst im Winter eher weniger Bettzeug. Da der Kopf zum Abkühlen dient, achten Sie darauf, dass Bettzeug ihn nicht verdecken kann.

Lassen Sie Babys nie mit einer Wärmflasche, elektrischen Heizdecke, in der Nähe von Heizgeräten, Öfen, Feuerstellen und im direkten Sonnenlicht schlafen. Steppdecken, Federbetten, Schlafsäcke, Schaffelle, Kissen,

Rollen … können einem Baby zu sehr einheizen. Befreien Sie Ihr Baby, auch wenn es dadurch aufwacht, von Straßenkleidung und Kopfbedeckung, sobald Sie warme geschlossene Räume betreten und geheizte Autos, Busse oder Züge besteigen.

3 LASSEN SIE DEN KOPF DES BABYS IM BETT UNBEDECKT

Legen Sie Ihr Baby in der „Fuß-an-Fuß"-Position schlafen. Damit es sich im Schlaf nicht das Bettzeug über den Kopf ziehen und ersticken kann, sollte es mit den Füßchen das Fußende des Betts berühren. Die Decke sollte ihm höchstens bis zu den Schultern reichen und so festgesteckt werden, dass sie nicht über den Kopf rutschen kann. Fühlt Ihr Baby sich nicht wohl, sollten Sie sofort Rat einholen und darauf achten, dass es reichlich trinkt und ihm nicht zu warm wird. Schläft es viel, sollten Sie es zum Trinken regelmäßig wecken. Wann unbedingt ein Arzt hinzuzuziehen ist, können Sie der linken Randspalte entnehmen.

4 SCHLAFEN SIE MIT IHREM BABY IN EINEM RAUM

Das Kindstodrisiko sinkt beträchtlich, wenn Babys in den ersten sechs Monaten im selben Raum wie die Eltern schlafen.

Bei der „Fuß-an-Fuß"-Position liegt das Baby so auf dem Rücken, dass seine Füßchen das Fußende des Betts berühren.

5 LASSEN SIE DAS RAUCHEN

Rauchen während der Schwangerschaft verstärkt die Gefahr des Kindstodes; selbiges gilt, wenn Sie rauchen und mit Ihrem Baby in einem Bett schlafen. Je weniger Sie rauchen, desto geringer ist das Risiko (völliger Verzicht ist natürlich am besten). Verbieten Sie (auch Besuchern) in dem Zimmer, in dem sich Ihr Baby aufhält, besser noch in allen Räumen Ihres Zuhauses das Rauchen. Halten Sie Ihr Baby von verräucherten Orten fern.

■ Vergessen Sie nicht: Der Plötzliche Kindstod tritt selten auf. Lassen Sie sich also nicht vor lauter Sorge die Freude an den ersten Lebensmonaten Ihres Kindes nehmen.

■ Experten raten Eltern zu lernen, wie man ein Baby wieder belebt; erkundigen Sie sich beim Roten Kreuz oder Ihrem Krankenhaus nach Kursen.

Mit aktuellen Informationen dient unter anderem die Selbsthilfeorganisation:

Gemeinsame Elterninitiative Plötzlicher Säuglingstod e. V.
Bundesgeschäftsstelle
Fallingbosteler Str. 20
30625 Hannover
Tel. u. Fax 05 11 / 838 62 02
www.sids.de

Passen Sie gut auf sich auf

Manche Mütter fühlen sich nach der Geburt eine Zeit lang schwach, während viele andere angenehm überrascht sind, wie schnell sie sich erholen. Es ist das gute Recht jeder frisch gebackenen Mutter, sich auszuruhen und an ihrem Baby zu erfreuen. Ihre Mitmenschen sollten sie darin unterstützen, sie aufpäppeln und achten.

Die ersten Wochen sind besonders anstrengend und verlangen viele Umstellungen. In dieser Zeit sollten Sie nicht versuchen, Berge zu versetzen, um Ihre Leistungsfähigkeit zu beweisen. Vielmehr sollten Sie sich Ihrem Kind und Ihrem Partner widmen. Insgesamt haben Sie weniger Probleme, wenn sie physischen und emotionalen Beistand erfahren. Daher lautet unser Rat: Wer sich um Babys kümmert, sollte sich um die Mütter kümmern und die Väter unterstützen.

„Ich weiß noch genau, wie froh und erleichtert ich war, als eine Schwester mir gegen 5 Uhr morgens eine heiße Schokolade und einen Keks brachte. Ich hatte mich einsam gefühlt, verloren und leicht verdrossen, darauf wartend, dass mein Baby aufwachte. Jetzt war mir, als würde sich jemand an mich schmiegen und mich umsorgen. Ich brauchte, was mein Baby von mir brauchte."
Stephanie, 40

Helfende Hände

Ein Freund von uns hat das geflügelte Wort geprägt: „Besucher sind Freiwild." Jeder Mensch, der – ob aus liebevoller Verbundenheit oder verwegener Neugier heraus – in dieser besonderen Phase Baby und Eltern einen Besuch abstattet, lässt sich in die Pflicht nehmen. Sie können ihn bitten, Staub zu saugen, zu spülen, Betten zu machen, Gemüse zu schnippeln, Tee und Snacks zuzubereiten, die Waschma-

schine anzuwerfen, Wäsche aufzuhängen, auf das Baby aufzupassen, einzukaufen … Setzen Sie Ihrer Fantasie keine Grenzen. Eine uns bekannte Familie hatte Zwillinge bekommen und große Mühe, die Alltagslast zu tragen. Dem sah ein Freund nicht tatenlos zu: Er klapperte den Bekanntenkreis mit einer Liste ab, in die jeder seinen Namen und seine „Spende" – Geld, Lebensmittel oder Zeit – eintragen konnte. Überwinden Sie Ihre falsche Scheu! Zum Beispiel, indem Sie an eine Pinnwand nahe der Eingangstür einen unübersehbaren Zettel mit der Überschrift „Wie Ihr helfen könnt" heften. Es wird Ihren Freunden ein Vergnügen sein, Ihnen tatkräftig helfen zu können.

Als wir vor Stress kaum mehr ein und aus wussten, lieferte eine Freundin uns einmal pro Woche ein Abendessen. Und am nächsten Morgen holte sie das Geschirr ab, ohne uns durch ein Wörtchen aufzuhalten. Diese Hilfe war unschätzbar wertvoll, um nicht zu sagen lebenswichtig.

,, *Als meine Mutter uns Kinder bekam, war es üblich, sich nach der Entbindung etwa sechs Wochen lang eine – bezahlte – Haushaltshilfe zu nehmen. Dies taten alle, nicht nur die Reichen. Und keiner rümpfte darüber die Nase. Mit anderen Worten: Keine frisch gebackene Mutter musste den Vorwurf fürchten, nicht belastungsfähig zu sein. Hilfe wurde als notwendig akzeptiert.* ,,

Julie, 36

Ausruhen ist wichtig

Lernen Sie Erholungspausen einzulegen, während Ihr Baby schläft. Legen Sie die Füße hoch und trinken Sie etwas. Entspannen Sie bewusst die Muskeln, schließen Sie die Augen, atmen Sie ruhig und tief. Nutzen Sie die Zeit, in der Sie Ihrem Baby die Brust oder das Fläschchen geben, zum Ausruhen – kurz: Ruhen Sie, wenn das Baby ruht. Nach einer geruhsamen Schwangerschaft dürfte es nicht schwer fallen, tagsüber ein Nickerchen zu machen. Waren Sie sehr beschäftigt und gehetzt, müssen Sie sich bewusst umstellen.

Sie tappen in eine Falle, wenn Sie sich in den Ruhephasen Ihres Babys abhetzen und aufräumen. „Gute" Mütter sind in diesen ersten Monaten Schlampen. Ihr Wohlbefinden und das Ihres Babys sind wichtiger als der Haushalt. Ihr Körper weiß, was er braucht. Wenn Sie ihn lassen, wird er

*Zur Nach-
ahmung
empfohlen*

Ein süßes Baby!

Wenn Sie einmal bedrückt sind und an Ihrem Baby gerade wenig Spaß haben – vielleicht weil es zahnt oder Schnupfen hat und quengelt, statt zu schlafen –, dann wird diese Übung Sie beide aufmuntern: Putzen Sie Ihr Baby heraus. Ziehen Sie ihm die Kleidung an, in der Sie es am liebsten sehen. (Schließlich achten die Hersteller darauf, dass Babykleidung nicht nur warm und bequem ist, sondern auch modisch Müttern und anderen Bewunderern gefällt.) Oder Sie bauen sich auf, indem Sie Fotos Ihres Babys ansehen, die Sie an gute und fröhliche Zeiten erinnern.

★ *Ihr Baby in seinen schönsten Kleidern* zu betrachten, dies wird Ihre Zuneigung wieder verstärken. Ziehen Sie es hübsch an, nur für daheim oder für einen Stadtbummel, Besuch beim Arzt oder Freunden.

Auch Großeltern und andere Verwandte sind als Fans nicht zu verachten. „Was für ein süßes Baby!", werden wildfremde Leute schmachten – während Sie mit wachsendem Stolz Ihre Runde drehen und wieder Spaß am Elternsein finden.

★ *Nehmen Sie einen dicken Packen Fotos* und zeigen Sie ihn Familie und Freunden. Es lohnt fast immer, zwei Abzüge machen zu lassen. Dankbare Abnehmer sind, besonders wenn sie nicht am Ort wohnen, die Verwandten. Das Verschenken von Fotos kann sich übrigens sehr bezahlt machen: Eine uns bekannte Familie verlor bei einem Hausbrand sämtliche Fotos und Dokumente. Doch zum Glück besaßen Verwandte und Freunde Abzüge von Fotos, die sie andernfalls nie wieder zu sehen bekommen hätte.

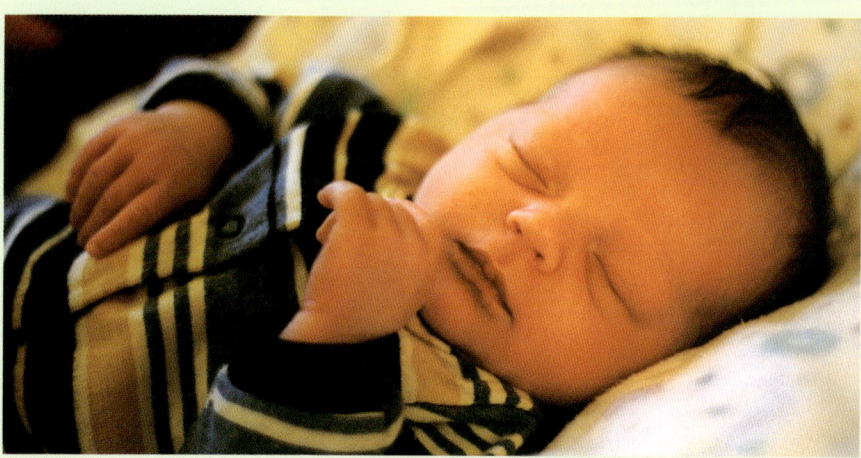

oft Schlaf tanken, wenn Ihr Baby einschlummert, um zwei Stunden später verwundert, aber erholt zusammen mit dem Baby aufzuwachen. Auch Meditieren kann wahre Wunder wirken: Zehn Minuten vermögen so viel auszurichten wie eine Stunde Schlaf. Musik und meditative Tonkassetten fördern ebenfalls ein tieferes Entspannen.

Wenn Sie sich Erholung gestatten, wird auch Ihr Baby ruhiger sein, denn es reagiert stets auf Ihren Gemütszustand. Und ist es einmal nervös, können Sie es beruhigen, indem Sie oder Ihr Partner sich zu ihm legen und still angenehmer Musik lauschen.

Arbeitsteilung

Die Last der Arbeit wird erträglich, wenn Sie und Ihr Partner sie sich teilen. Regeln Sie von Anfang an, wer wofür zuständig ist; Anpassungen können Sie später vornehmen.

Wir überstanden diese schwierigen Monate – das Baby war krank, das Wetter kalt und das Haus ein Graus – durch gegenseitige Unterstützung. Mein Mann schlief ungestört in einem anderen Zimmer, Susan bei mir. Susan wachte ständig auf. Bis zu sechsmal pro Nacht stillte ich sie. In meinen Armen schlief sie dann wieder ein. Um 6 Uhr, wenn Susan aufwachte und ich von der ruhelosen Nacht erschöpft war, nahm mein Mann mir Susan ab. Er wickelte sie, spielte mit ihr und fütterte sie. Außerdem kümmerte er sich darum, dass die anderen Kinder frühstückten und sich fertig machten. Ehe er zur Arbeit ging, weckte er mich und ich übernahm die Schicht. Um diese Zeit hielt Susan ihren Vormittagsschlaf, sodass ich aufräumen, duschen und frühstücken konnte.

Sally Anne, 29

Nach der Arbeit widmet mein Mann Rob sich eine Weile unserem Sohn Jackson. Diese Zeit genieße ich sehr. Rob spielt mit Jackson und badet mit ihm, während ich mir einen Tee machen und ein bisschen zu mir kommen kann. Dann essen wir, legen Jackson schlafen und haben noch ein paar Stunden zum gemeinsamen Entspannen.

Wendy, 35

In einem Partnerschaftskurs haben wir Ehemänner gefragt, wie Väter in dieser Phase ihren Partnerinnen helfen können. Hier ihre Vorschläge:

★ fertige Speisen heimbringen
★ das Bügeln übernehmen

- ★ putzen, während Mutter und Kind den Schlaf der Gerechten schlafen
- ★ nebenbei einkaufen, aufräumen und nie in Küche und Wohnzimmer noch größeres Chaos stiften
- ★ unliebsamen Besuch und Einmischungen diplomatisch abwimmeln
- ★ in Spätschicht Wäscheberge abbauen
- ★ im Familienkreis Babysitter rekrutieren
- ★ mit den älteren Kindern spielen und ausgehen
- ★ einen Anrufbeantworter anschaffen, um selektiv telefonieren zu können.

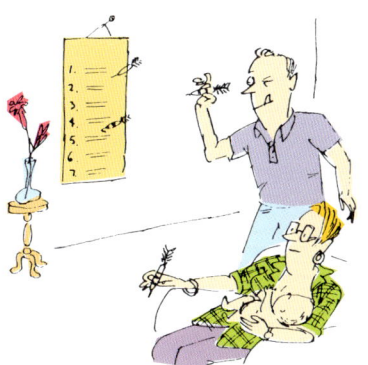

Den Vogel schoss ein älterer Kursteilnehmer mit folgender Anekdote ab:

„Wir waren nicht mehr die jüngsten Eltern und überzeugt, dass ein Kind nahtlos in unseren Alltag passen würde. Wir hielten es nicht für nötig, unser Leben zu ändern und voll auf ein Baby abzustellen, wie jüngere Paare es taten. Ha! Die Wirklichkeit sollte uns einholen. Das Baby schlief nachts nicht, hatte ständig starkes Bauchweh und schrie nach jeder Mahlzeit. Es beruhigte sich nur, wenn ich es auf der Schulter herumtrug – Stunde um Stunde. Kaum blieb ich stehen, jammerte es aufs Neue. Legte ich es hin, wachte es auf! Sie dürfen mir glauben: Um 3 Uhr morgens mit einem Bündel auf der Schulter durch Straßen zu streunen ist genau das, was ich will. Dieses Baby hat mein Leben nicht verändert!" (Die Gruppe reagiert mit schallendem Gelächter.)

Laden Sie Ihre Batterien auf

In einer Kinderklinik überlegte eine Gruppe von Müttern, wie sich tagsüber neue Kraft tanken lässt. Ihre lange Liste umfasste folgende Tipps:

- ★ eine Tasse Tee trinken
- ★ mit einer Freundin telefonieren
- ★ mit den Kindern Oma besuchen
- ★ mit dem Baby im Kinderwagen spazieren gehen
- ★ sich in die Sonne setzen
- ★ eine Zeitschrift lesen
- ★ Schokolade essen
- ★ Tennis spielen, während jemand das Baby hütet oder es vom Kinderwagen aus zusehen lassen

Manche junge Mütter sind geschwächt und überwältigt – genauso verletzlich wie ihr kleines Baby.

★ eine Lieblings-Seifenoper ansehen
★ duschen
★ mit dem Baby baden
★ meditieren
★ Gymnastik treiben
★ sich frisieren, schminken und schön anziehen
★ in Ruhe einkaufen gehen und mit den Ladenbesitzern plaudern
★ eine befreundete Mutter mit ihrem Baby einladen, um Gesellschaft von Erwachsenen zu haben
★ Snacks oder ein stärkendes Getränk zu sich nehmen
★ handarbeiten

An Tagen, an denen es Ihnen richtig schlecht geht oder Sie innerlich unter Hochdruck stehen, sollten Sie eine Auszeit einlegen. Leider haben viele Mütter keine verlässliche, liebevolle Hilfe, die ihnen das Kind abnimmt. Machen Sie sich zumindest den Tag so leicht wie möglich, damit Ihre Energiebatterien sich aufladen können. Tun Sie nur das Allernotwendigste. Streichen Sie Hausarbeit und andere Aufgaben. Nehmen Sie sich einzig vor, ordentlich zu entspannen und sich an Ihrem Baby zu erfreuen.

Junge Mutter – alte Gefühle

Manchmal werden Gefühle aus der Vergangenheit wieder lebendig. Nicht wenige frisch gebackene Mütter kommen sich wie ein Kind vor: schwach, überwältigt, verängstigt, zu keinem klaren Gedanken fähig, emotional erschüttert und verletzlich. Dies mag daran liegen, dass sie unbewusst noch einmal ihre eigene Geburt und früheste Kindheit erleben. Werden sie jetzt zärtlich und fürsorglich behandelt, gewinnen sie ihre Kraft und Selbstsicherheit allmählich zurück.

Partner und andere Vertrauenspersonen können ungemein helfen, wenn sie die junge Mutter ermuntern, sich mit ihrer Situation auseinander zu setzen. Ferner haben sie die wichtige Aufgabe, sie bei den vielen Entscheidungen zu unterstützen und Störenfriede in die Schranken zu weisen. Und sie sind eine große Hilfe, wenn sie für ein wohliges Ambiente sorgen, die Mutter gut verköstigen, ermutigen, massieren, Betten machen, putzen, waschen, bügeln und das Baby versorgen. All dies sollte bedacht und respektvoll geschehen, nicht indem man das Ruder an sich reißt und die Mutter ab ins Bett schickt.

Ernsthafte Depressionen – wenn schwermütige Gedanken die Mutter so sehr umtreiben, dass Familie oder Freunde sich um ihre oder die Gesundheit ihres Babys sorgen – bilden die Ausnahme. Dann sollte umgehend professionelle Hilfe in Anspruch genommen werden.

Gewöhnlich sind es praktische Dinge, die der jungen Mutter am besten helfen. Es braucht nun einmal Zeit und Erfahrung, um mit einem Baby zurechtzukommen, zumal seine Bedürfnisse sich ständig ändern. Sie zeigen Ihre Liebe durch Taten und Ihr Engagement, indem Sie herausfinden, was Ihr Baby glücklich macht. Schon bald werden Sie Ihre Sache gewandt und immer selbstsicherer meistern.

Wenn die Löwenmutter erwacht

In jeder Frau, die Mutter wird, regt sich etwas, von dem sie vielleicht gar nicht geahnt hat, dass es in ihr schlummert. Dieses Etwas ist Teil ihres Charakters und für das Muttersein unerlässlich. Manchmal erwacht es schlagartig bei der Geburt, andere Male muss man etwas nachhelfen, um es zum Leben zu erwecken. Es ist eine uralte, starke Kraft, die junges Leben furchtlos verteidigt. Es hat viele Namen auf dieser Welt, und wir wollen es die Löwenmutter nennen.

Sie können die Löwin in Ihnen leichter wachrufen, indem Sie sich in die Lage des behüteten Löwenbabys versetzen. Haben Sie sich je vollkommen sicher gefühlt? Können Sie sich vorstellen, wie es ist, sich rundum geborgen zu fühlen? Schützling von jemandem zu sein, der groß und stark ist, Sie allzeit bewacht und versorgt, jedes Ihrer Bedürfnisse registriert und stillt?

Stellen Sie sich einen warmherzigen, verlässlichen Menschen vor, der bereit und fähig ist, sich eine Weile um alles um Sie herum zu kümmern. Jemanden, dem

Lasst mich durch. Ich bin eine Mutter!

an nichts mehr liegt als an Ihrem Wohlbefinden. Entspannt und erleichtert Sie die freudige Vorstellung, nichts tun zu müssen, sondern ganz einfach „sein" zu dürfen?

In unserem Alltag mögen wir eine solche Geborgenheit ansatzweise erfahren – durch einen großherzigen, lebenstüchtigen Partner, fürsorgliche Verwandte, kluge und hilfsbereite Freunde. Manche von uns kommen sehr selten in ihren Genuss und empfinden das Leben als einsamen Kampf. Das Kind in uns aber kann spüren, wie es ist, sich in der sicheren Obhut der starken Löwenmutter vertrauensvoll zu entspannen.

Stellen Sie sich nun vor, Sie wären diese große, starke Löwin, die ihre Jungen behütet. Überrascht es Sie, dass Sie spontan an ihre kraftvollen Muskeln, Klauen und Zähne denken? Diese leidenschaftliche Kraft werden Sie in den Jahren, in denen Ihre Kinder heranwachsen, oft aufbringen: in Momenten äußerster Wachsamkeit, Zähigkeit oder schier übermenschlicher Anstrengung. Der Gedanke an Ihr

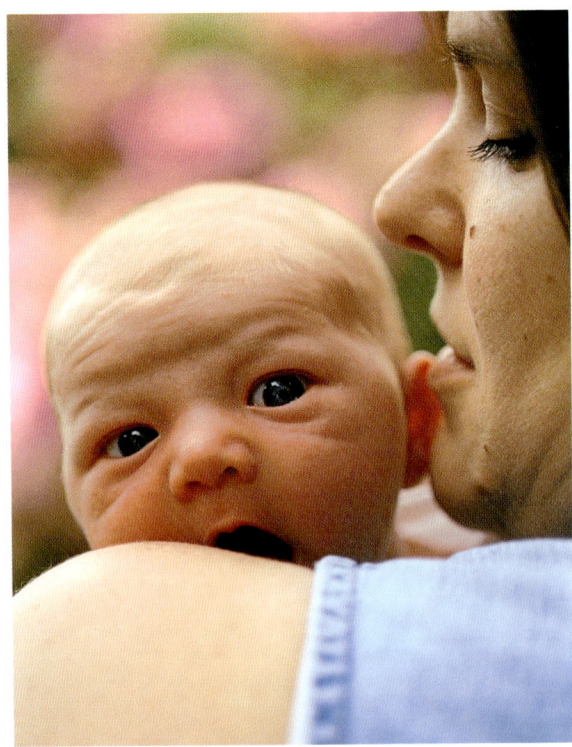

Baby wird Ihnen klarmachen, dass Sie die Verpflichtung eingegangen sind, dieses kleine Wesen zu beschützen und zu umsorgen, weil es ohne Sie völlig hilflos ist. Es hängt von Ihnen und Ihren Lebensumständen ab, ob es Ihnen leicht fällt oder sehr schwer, dies zu akzeptieren. Nichts aber führt daran vorbei: Ein Baby muss versorgt werden – von Ihnen oder jemandem, auf dessen Kompetenz und Engagement Sie sich verlassen. Die Löwin in Ihnen hält Sie bei der Stange, bis sich die Lage bessert.

Das Erwachen der Löwin zählt zu den positiven Effekten des Mutterseins. Unbesiegbar macht es nicht, doch erhöht es Ihre Energie, Einsatzbereitschaft und Intuition in einem Maße, das Sie nie für möglich gehalten hätten. Die Löwin mag langsam erwachen oder urplötzlich in einer kritischen Situation. Die Auswirkung ist dieselbe: Sie merken, dass Sie für dieses Kind Ihr Leben opfern würden. Sie entwickeln die Energie, aus sich das Bestmögliche herauszuholen. Denise schildert, welche Kräfte die Löwin in ihr freigesetzt hat:

Als ich mein zweites Kind erwartete, schwante mir, dass mit ihm etwas nicht stimmt. Ich dachte an eine Missbildung, einen Klumpfuß zum Beispiel – vermutlich brauchte ich eine einfache, konkrete Vorstellung. Daher war ich bei der Entbindung sehr nervös und gespannt auf den Augenblick, in dem ich endlich Klarheit haben würde. Damals hat man auf dem Rücken liegend entbunden, die Füße in Steigbügeln. Als das Baby geboren wurde, trat eine sonderbare Stille ein. Ich fragte: „Was ist los? Was ist nicht in Ordnung?" Der Arzt sah mich gütig an und sagte: „Es ist ein Junge und er hat einen Wolfsrachen. Wir kümmern uns für Sie um ihn." Sie machten sich daran, das Baby in eine warme Decke zu hüllen. Da tat ich, was mir im Rückblick physisch unmöglich erscheint: Ich setzte mich auf, die Füße noch in den Bügeln. „Gebt es mir!", schrie ich. Und sie folgten mir! Diesem Arzt begegne ich noch manchmal auf der Straße; er behandelt mich immer respektvoll, sogar ein bisschen ehrfürchtig.

Mein Sohn benötigte sehr viel Aufmerksamkeit und viele Operationen. Nach der letzten, der Junge war inzwischen 16 Jahre alt, ging ich ins Bett und weinte. Tage blieb ich im Bett und weinte. Man machte sich Sorgen um mich. Aber ich wusste genau, was mit mir geschah: Ich ließ los

> *Das Erwachen der Löwin … erhöht Ihre Energie, Einsatzbereitschaft und Intuition in einem Maße, das Sie nie für möglich gehalten hätten … Sie entwickeln die Energie, aus sich das Bestmögliche herauszuholen.*

nach den 16 Jahren der Anstrengung, die erforderlich gewesen waren, um den Jungen so weit zu bringen, wie er es brauchte. Endlich durfte ich erschöpft sein, verletzlich und trauern. Bis zu diesem Punkt aber hatte mich die Löwenkraft einer Mutter gestützt. ❝

Denise, 47

Stillen

Nach sechs Schwangerschaftsmonaten wird, der Komiker Robin Williams hat es beschrieben, ein Wunder wahr: Die Busenfee kommt! Erstaunt, neugierig und entzückt beobachten die Männer, aber auch Frauen, wie Brüste und Brustwarzen der werdenden Mutter zu prallen Früchten reifen. Doch diese Veränderung ist nichts im Vergleich zu der, die nach der Geburt den Brüsten ein Eigenleben verleiht …

Ist Ihr Baby ein paar Tage auf der Welt, da entdecken Sie mit einem Mal dort, wo sich bislang Ihre mollig weichen Brüste befunden haben, zwei steinharte Hügel: Die Milch ist „eingeschossen". In den Tagen zuvor hat Ihr Baby sich im Saugen geübt und sich das gelbliche Kolostrum schmecken lassen, die überaus wertvolle, in kleinen Mengen produzierte Erstmilch. Es hat Appetit entwickelt – zum Glück, denn Sie zwei werden im Nu bemerken, dass Sie einander brauchen. So manche Mutter hat, wenn sie das schlafende Baby betrachtet, nur einen Wunsch: Hoffentlich wacht es endlich auf und nimmt mir die Milch ab! Diese Symbiose von Angebot und Nachfrage bewirkt, dass Sie beide sich nahe bleiben und durch das Stillen häufig und regelmäßig Kontakt halten.

Freude und Schmerz

Die Einstellung der Frauen zum Stillen ist unterschiedlich. Manche haben viel Freude daran und sind traurig, wenn die Zeit kommt, das Kind abzustillen. Andere stillen gern, stellen es aber ebenso gern ein. Leider möchten manche Mütter nicht stillen und ihre Babys kommen nicht in den Genuß der für ihre Gesundheit so wichtigen Muttermilch. Es hängt von zahlreichen Faktoren ab, ob und wie lange Sie stillen. Sie werden gewiss versuchen, Kopf und Herz in Einklang zu bringen.

Anfänglich sind die Empfindungen beim Stillen überraschend stark. Das Saugen des Babys löst den Austreibreflex aus, und es setzt in beiden Brüsten gleichzeitig ein Gefühl der Erleichterung ein. Die Warzen richten sich auf, und beide Brüste füllen sich mit Milch, die von den Milchdrüsen in Brustkorb und Unterarmen in die Milchkanäle gepresst wird. Irgendwann in den ersten Tagen verspüren Sie die „Nachwehen", ein Ziehen in der Gebärmutter, die sich, ebenfalls ausgelöst durch das Saugen des Babys, zu ihrer ursprünglichen Größe zurückbildet.

Die Kunst beherrschen

Während Ihr Baby an der einen Brust saugt, gibt oft auch die andere Milch ab. Halten Sie also ein Tuch zum Abtupfen bereit. Sie werden sich an den leicht metallischen Milchgeruch gewöhnen und daran, Tag und Nacht danach zu riechen, feuchte Brüste zu haben, ständig Oberteile zu wechseln und herumzulaufen wie ein ausgestopfter Teenager mit Taschentüchern im BH! Sie werden beizeiten lernen, es mit Humor zu nehmen, denn: Was bleibt Ihnen anderes übrig, wenn Ihnen auffällt, dass Sie stundenlang mit zwei nassen Flecken auf der Bluse durch die Gegend spaziert sind? All dies hat den sehr positiven Effekt, dass Sie einen Gang herunterschalten und einige Wochen häuslich leben, während Sie sich von der Entbindung erholen und zu einem Rhythmus finden, der Ihrem Baby und Ihrem Körper zusagt. Schon bald ist das Stillen eine unkompliziertere (und weniger chaotische) Angelegenheit, kurz: selbstverständlicher Bestandteil Ihrer Tage und Nächte.

> *Muttermilch verändert ihre Zusammensetzung, um sich den Bedürfnissen des Babys perfekt anzupassen.*

Die Natur hat Frauen mit Brüsten und der großartigen Fähigkeit ausgestattet, für Babys laufend Nahrung zu produzieren. Muttermilch macht das Baby nicht bloß satt, sondern schützt es durch Immunstoffe auch so gut vor Krankheiten, wie es Fertignahrung wohl nie gelingen wird. Mehr noch: Ihre Zusammensetzung verändert sich, um sich den Bedürfnissen des heranwachsenden Babys perfekt anzupassen. Trotzdem stellen manche Frauen beim geringsten Problem auf Fläschchenmilch um. Wir empfehlen Ihnen dringend, das Stillen gelassen und zuversichtlich anzugehen. Stillen ist eine Kunst, und viele Frauen brauchen eine kleine Starthilfe. Informieren Sie sich (zum Beispiel bei Stillgruppen in Mütter-Väter-Zentren), wie Sie Stillgewohnheiten und -methoden angenehm für Sie und Ihr Baby gestalten können. Mit Rat in allen Fragen der Säuglingspflege dienen unter anderem Ärzte, Krankenhäuser, örtliche Gesundheitsbehörden, Mütterberatungsstellen und Säuglingsschwestern, die auch ins Haus kommen. Einige Adressen finden Sie im Anhang (siehe S. 232).

Wie Väter beim Stillen helfen können

Väter mögen meinen, mit dem Stillen wenig zu tun zu haben. Laut neueren Untersuchungen aber machen Einstellung und Beistand des Vaters einen gewaltigen Unterschied. Wenn er um die Bedeutung des Stillens weiß, seine Partnerin dazu ermuntert und aktiv darin unterstützt, wird sie eher und länger dem Kind die Brust geben.

Auch kann er trösten und sich um die medizinische Versorgung kümmern, wenn die Warzen wund werden oder sich gar die Brüste entzünden. Selbst wenn alles glatt läuft, kann er – vor allem in den ersten Wochen – eine große Hilfe sein: indem er Ihnen das Baby bringt, Kissen in den Rücken stopft, Fußstützen besorgt, ein heißes Getränk oder Lesestoff für den Zeitvertreib.

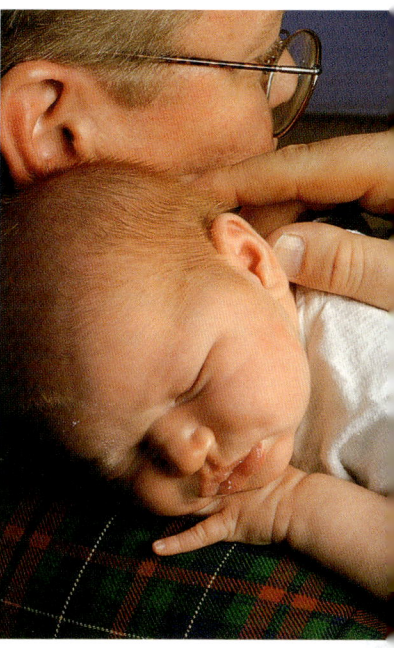

Wenn Sie das Fläschchen geben

Wenn Sie nicht stillen können oder wollen, sollten Sie sich, zum Beispiel bei Arzt, Hebamme oder Säuglingsschwester, gut über die verschiedenen Fertignahrungsprodukte und ihre Inhaltsstoffe, das Angebot an Fläschchen und Saugern sowie das Sterilisieren derselben informieren. Imitieren Sie die Stillsituation, indem Sie das Baby streicheln, dicht am Körper halten und viel Augenkontakt suchen. Dass das Baby zumindest zeitweise Ihre nackte Haut spüren kann, ist wichtig – und ein herrlich inniges Erlebnis. Das Aufziehen mit der Flasche hat immerhin den Vorteil, dass beide Partner das Zubehör sterilisieren, das Fläschchen bereiten und das Baby füttern können.

Babys lernen pausenlos

Und genau hier beginnt der wahre Spaß! Sie können mit Babys mehr Interessantes anstellen als Füttern, Wickeln und Trösten. Babys lernen in einem fort. Sie versuchen die Welt zu verstehen. Langsam und vorsichtig setzen sie die Puzzleteile zusammen. Wohin gehen Sie, wenn Sie den Raum verlassen? Was ist das für ein Geräusch, das aus dem Kasten in der Ecke kommt? Was passiert, wenn ich ins Auge pieske?

Sie lernen ihre Arme zu bewegen, indem sie mit ihnen herumfuchteln, sich ihre Hände ins eigene Gesicht boxen und beim Stillen Ihre weiche Brust kneten. Nach wenigen Wochen kann Ihr Baby seine Faust in den Mund stecken und mit Hingabe schmatzend an seinen Fingern nuckeln.

Bald bringt es beide Hände zusammen und weiß, dass die Spielzeugschnur am Kinderwagen tanzt und bimmelt, wenn es die Hände in eine bestimmte Richtung bewegt. Nach ein bis zwei Monaten beginnt es, Ihnen seine kleinen täglichen Fortschritte in der Kommunikation klar zu demonstrieren. Legen Sie es für ein Nickerchen hin und es versteift Arme und Beine und plärrt, dann heißt das: „Schlaf ist jetzt nicht drin!" Behutsam plantscht es in der Wanne, um sein Gesicht nicht zu benässen – und hat sich vor ein paar Wochen noch durch sein Gezappel bespritzt und dann geschrien wie am Spieß. Mit Ihrem Baby zu spielen und auf es einzugehen ist der beste Weg, seine Neugier und Lernbegierde zu stillen.

Sie werden mehr Freude an Ihrem Kind haben und Ihr Kind am Lernen, wenn Sie kleine Veränderungen registrieren. Beobachtungen von Großeltern und erfahrenen Freunden können Ihnen dabei helfen:

„Toll, es erkennt schon Mamis/Papis Stimme!"

„Sieh mal, wie es seinen Kopf wendet, um dir mit den Augen zu folgen."

„So heult es, wenn es sauer ist: Es will nicht, dass du aufhörst zu spielen!"

„Es hebt den Kopf. Das hat es letzte Woche noch nicht getan."

„Schau, mit meinem Sonnenhut erkennt es mich nicht."

Passen Sie auf, was Sie sagen!

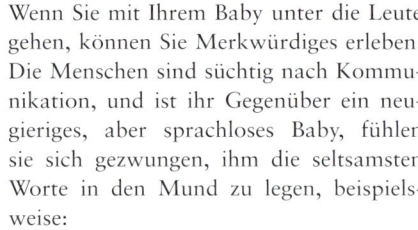

Wenn Sie mit Ihrem Baby unter die Leute gehen, können Sie Merkwürdiges erleben. Die Menschen sind süchtig nach Kommunikation, und ist ihr Gegenüber ein neugieriges, aber sprachloses Baby, fühlen sie sich gezwungen, ihm die seltsamsten Worte in den Mund zu legen, beispielsweise:

★ „Ist die Welt nicht grässlich?"
★ „Das ist ungerecht, stimmt's?"
★ „Was macht diese verrückte Alte denn solche Faxen?"

Solche Worte sagen sehr viel über den Erwachsenen aus, der sie in den Mund nimmt! Dass Menschen mit Babys sprechen möchten, ist schön. Und gut für die Babys. Und es ist natürlich, dass man sich vorzustellen versucht, was das Baby denkt und fühlt. Eltern suchen nach winzigen Anhaltspunkten in der Mimik und Körpersprache ihres Babys, im Tonfall seines Gebrabbels, der Tonhöhe und Rhythmik seines Weinens. Indem wir ihm buchstäblich Worte in den Mund legen, lernt es sprechen und die Welt verstehen. Es lohnt also, dass Sie sich Ihre Worte gut überlegen! (Vielleicht haben Sie ja schon einmal einem Baby den Erlkönig vorgetragen und sich mittendrin auf die Zunge gebissen …)

Wenn es uns dermaßen drängt, mit Babys zu sprechen, weshalb geben wir ihnen dann nicht die Gedanken und Gefühle ein, die wir ihnen wünschen? Wie viel positive Suggestion bei Babys ausrichten kann, hat uns Anne nach der Lektüre unseres Buches *Das Geheimnis glücklicher Kinder* geschrieben:

... und dann sagte Tantchen Angela zu Omi: „Ich ziehe mit Carlos zusammen und daran gibt's

Die lässt mich nicht zu Wort kommen!

sagte ich also zu Omi: „Wir sollten uns nicht so aufregen und ...

„ *Mein drei Monate altes Baby ließ sich von allen beruhigen, bloß nicht von mir. Ich war verzweifelt, müde und niedergeschlagen. Da gab mir jemand Ihr Buch. Ich stutzte, als ich las, dass unsere Worte Botschaften sind, die wie Samen in der kindlichen Psyche keimen. Ich überlegte, was Angie im Lauf eines Tages zu hören bekam – und war entsetzt. Ich hörte mich sagen: ›Du bist ein richtiges kleines Miststück, stimmt's?‹, wenn sie Milch spie, ›Als Mutter bin ich ein hoffnungsloser Fall, nicht wahr?‹, ›Nichts, was ich tue, stellt dich zufrieden, oder?‹ und so weiter. Ich beschloss, dieses Geschwätz auf der Stelle einzustellen und auf meine Worte zu achten. Ich weiß nicht, wer sich zuerst geändert hat, Angie oder ich. Ich weiß nur, dass Angie fast vom selben Tag an umgänglicher war. Ich glaube, dass sich damit meine innere Einstellung geändert hatte. Daher sprach ich zu Angie nicht mehr wie zu einer Feindin und sie erhielt einen angenehmeren Eindruck von mir.* „*

Anna, 42

Eines Tages hörten wir im Wartezimmer eines Ärztezentrums eine junge Mutter zu ihrem wunderhübschen winzigen Baby mit warmer Stimme sagen: „Du bist ein dreckiger kleiner Lump, stimmt's? Ja, ein richtig dreckiger kleiner Lump bist du!" Sie war stolz auf ihr Baby und liebte es, brachte dies aber nicht frank und frei über die Lippen. Und bestimmt wollte sie nicht, dass ihr Kind im Glauben an diese Aussage aufwuchs.

Es gibt einen schlauen Trick: Da die Gedanken unserer Babys uns nun einmal ein Rätsel sind, können wir sie uns genauso gut in rosigen Farben ausmalen … Wenn Ihr zwei Monate altes Kind ständig schreit und Bauchweh hat, sagen Sie sich, dass es Ihnen mitteilen will: „Danke für deine Geduld! Ich werde dir ewig dankbar sein." Wir selbst hatten an diesem Kniff viel Spaß. Lautstarkes Schreien mitten in der Nacht übersetzten wir so: „Ich will euch nicht ärgern. Danke, dass ihr euren Schlaf opfert, um mir zu zeigen, wie wichtig ich euch bin. Ihr seid zwei tolle Eltern. Ich will bloß checken, ob ihr noch da seid."

Mit Babys spielen

Für eine ganze Weile bekommen wir von unseren Babys wenig Feedback. Sie können nicht „Danke" sagen oder „Im Wickeln bist du echt gut", können uns keine Geschenke machen oder Tee servieren. Bis sie bewusst lächeln, vergehen Monate. Lohn für unseren Einsatz erhalten wir am ehesten, wenn wir mit ihnen spielen. Sie reagieren und zeigen Freude, sobald wir uns die Zeit nehmen, mit ihnen zu schäkern und zu plaudern. Beim Spielen mit Babys sind zwei Regeln zu beachten:
★ Babys wollen einfache und behutsame Spiele.
★ Babys wollen jede Menge Wiederholung.

Gestalten Sie das Spiel einfach

Spielen beginnt mit dem Wiederholen simpelster Sachen. Muss Ihr Baby niesen, rufen Sie mit strahlendem Lächeln: „Du hast ja geniest!" Unsicher, wie es auf seinen Nieser reagieren soll, beschließt Ihr Baby, dass Niesen eine gute Sache ist, und lächelt zurück! Schon bald wird es Sie nach jedem Nieser erwartungsvoll anblicken und noch vor Ihnen lächeln. Dieses Spiel lässt sich ausbauen, etwa indem Sie mit seiner Faust an sein Näschen tippen und sagen: „Nase, Nase, Nase." Selbiges können Sie dann mit seiner Wange tun: „Backe, Backe, Backe." Dabei dürften Sie an sich eine neue Seite entdecken – wenn Sie klingen wie ein glückseliger Idiot, machen Sie's wahrscheinlich richtig … Dave, unser Installateur, befürchtete, sein neun Monate alter

Versteck-Spiele

„Versteck"-Spiele sind Spiele, bei denen etwas oder jemand sich dem Blick des Babys entzieht, um wie von Zauberhand wieder aufzutauchen. Sie bringen Babys bei, dass Dinge und Menschen von der Bildfläche verschwinden, aber wiederkehren.

Ein Baby hat noch keinen Raum- und Zeitbegriff: Wenn Sie das Zimmer verlassen, weint es, weil es glaubt, Sie seien für immer fortgegangen, denn für ein Baby zählt allein die Gegenwart. Allmählich versteht es, dass Sie zurückkommen werden. „Kuckuck-Spiele" helfen ihm, die Verbindung zwischen Zeit und Raum herzustellen.

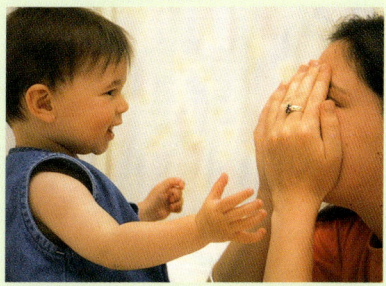

„Wo ist die Mami?"

★ *Verdecken Sie mit den Händen Ihre Augen und sagen Sie:* „*Wo ist die Mami?"* Lassen Sie dann die Hände sinken und rufen Sie: „Huhu, hier bin ich!" Dieses Spielchen können Sie treiben, während Ihr Kind im Hochstuhl sitzt oder nach dem Wickeln zufrieden und aufnahmefähig auf dem Rücken liegt.

★ *Heben Sie Füße und Beine Ihres Babys an, verbergen Sie hinter ihnen Ihr Gesicht,* lassen Sie sie wieder sinken und sagen Sie: „Huhu!" Oder Sie lassen einen Schal auf sein Gesicht fallen und das Baby ihn wegziehen. Lassen Sie auch das Baby den Schal von Ihrem Gesicht ziehen und lachen Sie, wenn es Sie demaskiert hat.

„Hier bin ich!"

★ *Verstecken Sie ein Lieblingsspielzeug unter einer sauberen Windel in Reichweite des Babys,* damit es dieses suchen und aufdecken kann. Solche Spiele sind eine gute Aufgabe für ältere Geschwister, die mehr Geduld und Zeit aufbringen und Spaß daran haben, das Baby zum Lachen zu bringen.

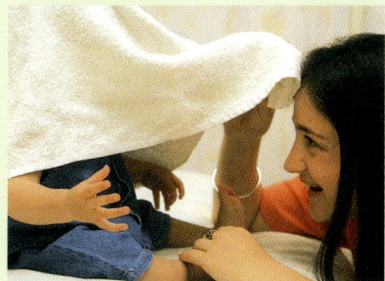

„Kuckuck!"

Sohn werde nie krabbeln lernen. Also gab er auf dem Fußboden so lange Anschauungsunterricht, bis der Kleine kapiert hatte. Wir hätten das liebend gern auf Video!

Summen, hauchen und pusten Sie gegen sein nacktes Bäuchlein, wenn Sie Ihr Baby umziehen. Babys gefällt alles daran, die Nähe, das Vibrieren und die Gelegenheit, Ihre Haare zu packen. Patschen Sie seine Füßchen zusammen, küssen Sie seine Fußsohlen, singen Sie. Amüsieren Sie sich!

Immer dasselbe? Nichts schöner als das!

Auch die Babys spielen mit Ihnen (ob Sie's mögen oder nicht!) ihre Wiederholungsspiele. Dabei kennen sie Ursache und Wirkung sehr genau: „Wenn ich dieses Spielzeug aus dem Kinderwagen werfe, verschwindet es, aber es macht ein Geräusch, und dann schreie ich und dann kommst du und dann taucht das Ding wieder auf und dann ziehe ich das Ganze nochmal durch. Hipp, hipp, hurra!"

Babys weinen und Sie kümmern sich. Sie zeigen auf ihren Mund und Sie füttern sie. Sie strecken die Ärmchen aus und Sie nehmen sie hoch und streicheln sie. Sie lächeln und die Menschen lächeln zurück. Der Grundstein ihrer Selbstachtung wird gelegt: „Ich kann die Umwelt beeinflussen und die Art, auf die sie mich behandelt."

Sie müssen nicht jedes Mal reagieren. Ihr Baby wird begreifen: „Ich bekomme das Gewünschte nicht immer dann, wenn ich es will." Seine insgesamt erfolgreiche Taktik aber wird ihm das Gefühl geben, dass das Leben eine gute Sache ist und es alles „unter Kontrolle" hat.

Wir Menschen lernen, indem wir so lange üben, bis wir es beherrschen. Babys sind auf Lernen programmiert, und lieben Wiederholungen und Bekanntes, gewürzt mit einer kleinen Prise Überraschung. Achten Sie einmal darauf: Sobald das Spiel losgeht und Sie eine vertraute Strophe oder Melodie singen oder summen und dabei leicht abwandeln, wippt und wiegt sich Ihr Baby selig von Kopf bis Fuß im Takt Ihrer Stimme.

Richtig zum Lachen habe ich mein Baby zum ersten Mal mit folgendem Spiel gebracht: Ich legte die Kleine rücklings auf den Boden, setzte mich vor sie hin, streckte die Hände von mir und sagte: „Kille, kille." Ganz langsam bewegte ich die Hände auf ihren Brustkorb zu und kitzelte sie dann. Inzwischen kichert sie, noch ehe ich mit dem Kitzeln anfange. Manchmal höre ich plötzlich auf, und sofort guckt sie, wo das Kitzeln geblieben ist – worauf ich schnell meine Arme ausstrecke und sie sich vor Lachen wieder kringelt. Solche Spiele fallen einem einfach so ein und auch die Variationen, die für Abwechslung sorgen.

Sandy, 19

Papis Spiele sind rauer

Väter spielen gern energischer und kühner. Sie sollten dabei unbedingt auf die Reaktionen des Babys achten, nicht auf die eigenen. Wir haben einmal im Wartezimmer einer Praxis einen Vater beobachtet: Er saß auf einem Stuhl, sein Baby lag vor ihm auf dem Teppich und robbte langsam auf ihn zu. Hatte es sein Ziel erreicht, schob der Vater es mit dem Fuß sacht zum Ausgangspunkt zurück. So musste das Baby aufs Neue beginnen, aber es muckte nie auf. Vielen Babys gefällt es, wie Väter mit ihnen spielen.

Ein positiver Persönlichkeitswandel

Manche Mütter und Väter brauchen eine Weile, ehe sie ihrem Spieltrieb Lauf lassen – meist weil Pflichten sie hindern. Vielleicht sind Sie gewöhnt, „Nützliches" zu tun: sich um Haushalt und Beruf, Korrespondenz und Finanzen zu kümmern, Veranstaltungen zu besuchen und anderes mehr. Vielleicht sind Sie die perfekte Hausfrau und schon beim Gedanken an einen faulen Nachmittag mit Ihrem Kind von Schuldgefühlen geplagt. Werfen Sie Ihre Bedenken über Bord! Sie bringen einem der wenigen Ihnen voll und ganz anvertrauten Menschen bei, zu lachen, zu lernen und zu lieben. Etwas noch Wertvolleres werden Sie nie wieder in Ihrem Leben tun.

Eltern verdienen eine bessere Welt

In welcher Welt möchten wir leben? Vieles um uns herum ist schmutzig, gefährlich und dumm – das genaue Gegenteil von dem, was wir beim Aufziehen von Kindern bräuchten. Dies wird Ihnen nie deutlicher bewusst als in dem Moment, in dem Sie Ihr hilfloses, unschuldiges Baby im Arm halten und überlegen, unter welchen Bedingungen es aufwachsen wird.

Denken Sie einen Augenblick darüber nach, wie die Welt aussähe, wenn sie ein guter Ort für Eltern und Kindern wäre. Wir würden in kleineren Gemeinschaften leben, in denen alle Altersgruppen – von den respektierten, umsorgten Alten bis hin zu den Neugeborenen – auf viele Weisen in Verbindung sind.

Familien besäßen ihren Privatbereich, ohne isoliert zu sein. Sie würden in ruhigen Häusern in einer sicheren, autofreien Umgebung wohnen. Es gäbe Treffpunkte wie Gemeindeparks, angenehme Orte zum Spazieren, Einkaufen und Kontakten. Unternehmungen und Events aller Art – vom Picknick übers Volksfest bis zur Kulturveranstaltung – brächten die Familien zusammen.

Schulen stünden Müttern, Vätern und Großeltern offen, um den Kindern beim Lernen zu helfen und sie zu motivieren. Eltern dürften ihre Kinder bisweilen (oder gar oft) an den Arbeitsplatz mitbringen; flexiblere Arbeitszeiten kämen schulischen und familiären Verpflichtungen sowie der Gesundheit entgegen. Je jünger das Kind, desto mehr finanziellen und sozialen Beistand würden die Eltern erfahren, um frei von ökonomischen Sorgen an den kostbaren ersten Jahren ihrer Kinder teilhaben zu können.

Die Menschen würden die Elternaufgabe hoch achten, Geduld aufbringen und Mitgefühl. Sie würden ungefragt einer Mutter mit Kinderwagen in den Bus helfen und einem Vater beispringen, der an der Tür zum Supermarkt verzweifelt mit drei

Einkaufstüten und einem zappelnden Kleinkind jongliert. In Geschäften, Banken und Arztpraxen könnten sich die Kleinen in Spielecken die Zeit vertreiben. Wenn jemand in Ihrer Familie krank ist, fänden Sie vor Ihrer Tür Speisen und eine Karte mit dem Wunsch: „Gute Besserung!" Biogemüse und -obst aus den vielen Gärten würde an junge Familien verteilt. Droht finanzieller Ruin, würde man in der Gemeinde sammeln, um Ihnen wieder auf die Beine zu helfen.

Teilen von notwendigen Dingen wäre selbstverständlich. Es gäbe einen kostenfreien Spielzeug-Verleih. Sammelstellen würden gebrauchte Kindersachen wie Kinderwagen, Kleidung, Bücher, Spielzeug und Autositze gratis ausgeben. Es gäbe erschwingliche, zuverlässige öffentliche Verkehrsmittel. Private Pkw und Kleinbusse würden gemeinsam angeschafft und genutzt. Die Menschen würden sich umeinander kümmern. Ein Kind in Nöten oder Gefahr würde von einem Erwachsenen oder älteren Kind, dem es vertraut, unter die Fittiche genommen.

Die Erwachsenen wären zu Teenagern freundlich und an deren Entwicklung interessiert; sie gäben ihnen das Gefühl, willkommen zu sein, auch wenn einmal der Haussegen schief hängt. Sie würden die Augen aufhalten und bedächtig einschreiten, wenn Jugendliche sich auf riskante Dinge einlassen. Es gäbe tolle Jugendgruppen sowie in allen Gemeinden für jede Altersgruppe ein breites Angebot unterschiedlichster Sport-, Unterhaltungs- und Weiterbildungsmöglichkeiten.

Kopf hoch also! Schütten Sie nicht immer sich selbst die Asche übers Haupt, wenn Ihnen das Elternsein einmal als zu hartes Los erscheint. Bedenken Sie, wie viel leichter Sie es hätten, wenn nicht Geld und Macht, sondern Freundschaft, Gemeinsinn und Glück die höchsten Werte unserer Gesellschaft darstellten. Sie mögen die oben skizzierte Welt als unrealistische Utopie abtun, aber: Jede der vorgestellten Ideen ist an einem Flecken dieses Planeten Realität. Sie können schon heute beginnen, Ihr Leben stärker an diesem Ideal auszurichten: In gemeinsamer Anstrengung mit anderen können Sie dazu beitragen, dass sich allmählich die Lebensumstände von Familien auf lokaler – und eines Tages globaler – Ebene verbessern.

Kapitel 4

· · · · · · · · · · · · · · · · · · · ·

Das Krabbelkind

Lebensrhythmen

Wenn Ihr Kind zu krabbeln beginnt, sind Sie – nach Monaten der Übung – schon weitaus erfahrener im Mutter- bzw. Vatersein. Sie werden im Tagesablauf Ihres Babys Muster entdeckt haben. Oft (hoffentlich nachts) können Sie sich über eine längere Schlafphase freuen. Zu gewissen Tageszeiten mag Ihr Baby besonders zufrieden und munter wirken, zu anderen eher unruhig und reizbar.

Jedes Baby hat sein eigenes Muster. Es kann geschehen, dass es sein Muster ändert, kaum dass Sie diesem auf die Schliche gekommen sind. Dann müssen Sie umdenken … Verzweifeln Sie nicht: Nach ein paar Monaten wissen Sie, wie lange Ihr Baby wach bleiben kann, wann es wieder ein Nickerchen braucht, wann und wie oft es gewickelt und gefüttert werden will.

Julias Muster

Julia ist sieben Monate alt und

★ wacht zwischen 6.30 und 7 Uhr auf
★ erhält dann ihr Frühstück, wird angezogen und spielt
★ schläft gegen 10 Uhr 30 bis 45 Minuten lang
★ wird gegen 11 Uhr gewickelt, spielt danach und bekommt ihr Mittagessen
★ hält gegen 14 oder 15 Uhr ein 30- bis 60-minütiges Nachmittagsschläfchen
★ nickt gegen 18 Uhr vielleicht nochmals kurz ein
★ bekommt zwischen 18 und 19.30 Uhr ihr Abendessen und ein Bad mit Papi
★ wird vor dem Nachtschlaf gestillt und gegen 20 Uhr ins Bett gebracht.

Nachts wacht Julia ein- oder zweimal auf. Dann wird sie kurz gestillt. Das Zimmer bleibt dunkel, damit Julia nicht putzmunter wird und meint, es sei Zeit zum Spielen! Dank der besonders dicken Windel muss sie nachts nicht gewickelt werden. Sie schläft in einem Bettchen neben den

Eltern; so können diese Julia zu sich nehmen, ohne dass sie sich einsam fühlen und lange weinen oder quengeln muss. Gegen 6.30 Uhr darf Julia, ohne sich im Bett gedulden zu müssen, einen neuen Tag beginnen.

Bens Muster

Julias Cousin Ben ist acht Monate alt. Von Geburt an schläft er zehn Stunden pro Nacht und macht tagsüber zwei ausgiebige Nickerchen. (Sind Sie jetzt neidisch?) Ein anderes Baby, das in derselben Klinik wie Ben entbunden wurde, wollte in den ersten zehn Monaten alle zwei Stunden (auch nachts!) gestillt werden – um, als es seinen vierten Zahn bekam, Mamis Brust abzulehnen und nach einer Woche nachts durchzuschlafen! Keine zwei Babys, nicht einmal Zwillinge, haben dasselbe Muster.

„Hörst du mich? Bitte kommen!"

Sie werden lernen, schnell den Code Ihres Babys zu dechiffrieren und zu wissen, weshalb es weint:
★ Schmerz (weil es sich den Kopf angestoßen hat)
★ Wut (weil man ihm ein Spielzeug weggenommen hat)
★ Hunger
★ Müdigkeit

Sie werden ein klareres Bild von der Persönlichkeit Ihres Babys gewinnen. Dieses so junge Individuum lässt bereits deutlich erkennen, ob es eher ruhig und friedfertig, aufgeweckt und agil oder kooperativ und freundlich veranlagt ist. Babys sind sehr verschieden: Die einen bevorzugen Menschen, die anderen Spielzeug, diese sind anpassungsfähig, jene sensibel und leicht zu irritieren.

Ein Baby, das krabbeln kann, saugt nicht mehr wie ein Schwamm alles auf, was die Welt ihm einflößt. Es beginnt, Vorlieben zu zeigen. Die Kenntnis seiner Bedürfnisse wird das Leben erleichtern. Vielleicht treffen Sie den Entschluss, Ihre Europarundreise um ein Jahr zu verschieben!

Unerschrocken auf Entdeckung

Sobald es krabbeln kann, geht Ihr Baby auf Entdeckungsreisen. Es sieht sich um, berührt, grabscht und schmeckt, fällt und stößt sich an, weil es alles kennen lernen will.

Zur Nach-ahmung empfohlen

So unterhalten Sie Ihr Baby

Babys langweilen sich zuweilen oder verlieren die Geduld, speziell wenn sie sich ruhig verhalten sollen, zum Beispiel beim Busfahren oder in Wartezimmern. Sie mögen Action, und wenn Sie dies nicht vergessen, können Sie fast überall mit Ihrem Kind Spaß haben.

Kille, kille! Kuckuck! – Tun Sie, was Ihnen gerade einfällt: sich hinter eine Couch oder Tür ducken und plötzlich auftauchen, lustige Grimassen und Geräusche machen, Ihre Finger wie Marionetten bewegen, sich vom Baby Mütze oder Hut abnehmen lassen und erschrocken dreinblicken, an seinen Kleidern zupfen, mit einem seiner Händchen an Ihre Nase tippen und „tut, tut" sagen, es auf den Rücken legen und ein weiches Spielzeug auf

seinen Bauch fallen lassen, über seine Haut pusten, zusammen in einen Spiegel schauen, auf jedes Tier hinweisen, das Sie erblicken …

Fünf Schweinchen
Dieses Fingerspiel ist alt, aber Babys finden es heute noch lustig. Intonieren Sie:
Fünf Schweinchen kommen gelaufen.
Der Bauer will sie verkaufen:
(Laufen Sie mit Ihren Fingern über den Arm des Babys zu seiner Hand. Zupfen Sie, vom Daumen ausgehend, nacheinander an seinen Fingerchen.)
das Schnüffelnäschen, das Wackelöhrchen,
das Kugelränzchen, das Ringelschwänzchen.
Da ruft das kleine Wackelbein:
„Kommt, wir gehen alle heim!"
(Bei der letzten Zeile krabbeln Sie kitzelnd und quiekend wieder zurück.)

Mit den Haaren kitzeln
Babys spüren gern weiches Haar auf ihrer Haut. Kitzeln Sie mit Ihrem Haar das Bäuchlein Ihres Babys – es wird vor Vergnügen kichern.

Kommt ein Mäuschen …
Noch ein Berührungsspiel, das Kinder lieben:
Kommt ein Mäuschen zu dem Häuschen,
(Sie krabbeln mit den Fingern am Arm hoch.)
klopft erst an,
(Sie pochen sanft auf seine Backe.),
klingelt dann, (Sie zupfen am Ohr).
Guten Tag, Herr Nasemann!
(Sie zwicken die Nase.)

Dabei entdeckt es, was es mit seinem Körper anstellen kann. Stundenlang übt es jetzt neue Fähigkeiten: Frisch gebackene Krabbelkinder schaukeln mit wachsender Begeisterung auf allen Vieren hin und her und krümmen den Rücken, um den neuartigen Ausblick durch die eigenen Beine zu genießen.

Später quengeln sie, damit Sie ihnen auf die Beine helfen, sie an den Händen fassen und bei ihren wackeligen Gehversuchen begleiten. Nach kurzer Zeit ziehen sie sich aus eigener Kraft am Sofa hoch, besteigen Staubsauger und niedrige Tische. Sie finden es super, auf Polster und Wände zu hauen, während sie um Stühle und andere Möbel krabbeln. Sie lieben Beifall: Sobald sie anerkennende Laute vernehmen, halten sie inne, blicken sich um und strahlen stolz in die Runde.

Jetzt geht es um die Sicherheit

Krabbelkinder sind bewegungslustig: Sie rollen, robben, kriechen, torkeln, ziehen und schieben sich durch die Gegend. Jedes fängt damit an, wann es ihm passt. Das kann von einem Tag auf den anderen der Fall sein. Vielleicht lassen Sie Ihr Baby wie üblich nackig auf dem Boden strampeln, kehren kurz darauf mit einer frischen Windel zurück – und sehen es vier Meter entfernt an einem Stuhlbein nuckeln. Manche trifft die Feststellung, dass das Baby auf Achse ist, wie ein Schock.

Auf jeden Fall bedeutet dies, dass Sie Ihr Heim umkrempeln müssen. Ab sofort ist der Heizlüfter in der Zimmerecke gefährlich, denn das Kind kann ihn schnell wie der Blitz erreichen. Auf dem ach so sauberen Fußboden findet Ihr mobil gewordenes Baby Münzen und tote Fliegen zum Vernaschen, Nadeln und Heftklammern fürs Knie-Piercing, Steckdosen und Kabel zum Befingern und Zeitungen, die sich genüßlich zerkauen lassen. Ihr Wohnzimmer ist ein Paradies für die Sinne! Jetzt brauchen Sie wahrhaftig einen Boden, von dem man essen kann – denn genau das hat Ihr Baby vor!

Vorkehrungen treffen

Man sollte Gefahrenherde aufspüren, indem man das Haus wie ein Krabbelkind auf allen Vieren inspiziert. Befragte Eltern haben folgende Sicherheitsmaßnahmen empfohlen:

★ Entfernen oder sichern Sie Elektrokabel, die das Kind erreichen kann.

★ Entziehen Sie Wasch-, Putz-, Arznei-, Pflanzenschutzmittel sowie andere Chemikalien und Gifte, aber auch Vitamine und pflanzliche Präparate dem Zugriff von Kindern. Installieren Sie Schlösser oder entfernen Sie gefährliche Artikel aus niederen Schränken und heben Sie sie in sicheren Behältern außerhalb der Reichweite kleiner Kinder auf. Am besten misten Sie so viele Chemikalien wie möglich aus.

★ Sichern Sie Treppen oben und unten mit Gittern und Schranken.

★ Stellen Sie den Hochstuhl so auf, dass Ihr Kind sich nirgendwo festhalten und zu Fall bringen kann.

★ Bringen Sie Ventilatoren und Heizlüfter außer Reichweite.

★ Bleiben Sie in der Nähe, wenn Ihr Kind isst; zerkleinern Sie Speisen, um Ersticken vorzubeugen.

★ Sichern Sie Möbel wie Lampen und Regale, die Ihr Kind umstoßen könnte.

★ Decken Sie Steckdosen mit Kindersicherungen ab; lassen Sie gegebenenfalls eine geerdete Stromkreisunterbrechung installieren, die im ganzen Haus vor Stromschlag schützt.

★ Achten Sie bei Spielzeug darauf, dass es weder ganz noch teilweise geschluckt werden kann und Kinderfinger sich nicht an scharfen Kanten und beweglichen Teilen verletzen können.

★ Bedenken Sie, dass schwere Deckel von Spielzeugkisten, Klavieren usw. gefährlich sein können.

★ Passen Sie auf, wenn Ihr Kind im Bad ist: Es turnt jetzt mehr herum und spielt vielleicht an den Hähnen. Lassen Sie es nie auch nur einen Augenblick im Badezimmer allein. Lassen Sie entweder Türklingel und Telefon läuten oder nehmen Sie Ihr Kind mit!

★ Schirmen Sie offene Feuerstellen und Öfen sicher ab.

★ Kinder können sich mit Plastiktüten ersticken; machen Sie in Tüten, die Sie aufheben, stets einen Knoten.

★ Werfen Sie Plastikklammern und -bänder von Brotbeuteln fort; Kinder könnten sie schlucken und daran ersticken.

★ Mit Flocken, Bohnen, Kügelchen usw. gefüllte Spielzeuge und -kissen müssen dicht sein, damit die Füllung nicht in die Atemwege gelangt und Atembeschwerden oder gar Ersticken verursacht.

★ Beginnen Sie mit konsequenter Erziehung: Lassen Sie Ihr Kind nicht mit Streichhölzern, Feuerzeugen, Wasserhähnen, Steckdosen, Elektrokabeln und -geräten spielen.

★ Halten Sie Aschenbecher von Kindern fern.

★ Passen Sie auf, dass niemand (zum Beispiel Serviererinnen mit einem Tablett voll heißer Speisen und Getränke) über Ihren Zappelphilipp stolpern kann.

★ Decken Sie Swimmingpools, Teiche und Regentonnen ab; lassen Sie Ihr Kind nie unbeaufsichtigt spielen.

Dies sind nur einige mögliche Gefahrenherde. Sie werden in Ihrem Umfeld viele weitere entdecken. Forsten Sie es gezielt durch. Jetzt, da Ihr Zwerg sich fortbewegen kann, müssen Sie allzeit wachsam sein. Es wird Ihnen bald zur zweiten Natur, vorausschauend Details zu registrieren und Terrain und Betätigung auf ihre Sicherheit hin zu prüfen. Sie werden bemerken, dass andere Eltern von Krabbelkindern darin ebenfalls geübt sind. Wer hingegen schon eine Weile kein Kleinkind mehr um sich gehabt hat, besitzt einen weniger guten Blick für alltägliche Gefahrenquellen wie heiße Getränke auf niedrigen Tischen.

Nie ohne erwachsene Aufsicht!

Größere Kinder können für Krabbelkinder eine lustige und anregende Gesellschaft sein, doch man kann ihnen nicht die Verantwortung für die Sicherheit übertragen. Auf diese sollten Erwachsene achten, und zwar ohne Unterbrechung.

Verlässt ein Erwachsener eine Weile das Zimmer, um zu waschen, zu kochen oder einzukaufen, muss ein anderer die „Wache" übernehmen. Wir nennen dies „Wachablösung": Der eine Elternteil bittet den anderen, das Kind während seiner Abwesenheit zu beaufsichtigen, und sagt nach seiner Rückkehr klipp und klar: „Ich übernehme jetzt wieder die Aufsicht." Denn oft stößt einem Kind etwas zu, weil Unklarheit herrscht: Beide Elternteile sind zwar zugegen, aber jeder meint, der andere passe auf.

Je älter Ihr Kind wird, desto häufiger kann es getrost auch einmal unbeaufsichtigt spielen. Durch Erfahrung entwickeln Eltern ungeahnte Fähigkeiten. So registrieren „Elternohren" Folgendes:

★ die Stille bei angerichtetem Unheil
★ das typische Lutschen beim Verkosten einer Fliege
★ das hastige Schlucken, das besagt: „Zu spät, jetzt hab' ich sie vertilgt."

Die erwachte „elterliche Intuition" bewirkt, dass Sie manchen Personen aus unerfindlichen Gründen ungern Ihr Kind anvertrauen oder urplötzlich unbedingt nach ihm sehen wollen. Sie mag Sie 40-mal „unnötig" alarmieren – doch dann kommt das eine Mal, bei dem Sie heilfroh sind, Ihrer Eingebung gefolgt zu sein.

Wie Sie Ihrem Kind Vorsicht beibringen

Sie können Ihr Heim sicherer gestalten, aber Ihr Kind nicht fesseln. Also müssen Sie ihm nach und nach beibringen, sich in Acht zu nehmen. Wenn es mit etwas Gefährlichem spielt oder danach greifen will, müssen Sie handeln. Nehmen Sie Ihr Kind auf oder schieben Sie die Hände beiseite und sagen Sie in ernstem Ton: „Weg da!", „Heiß! Hände weg!" Wählen Sie Formulierungen wie diese, die Ihrem Kind sagen, was es tun – nicht, was es lassen – soll. Entfernen Sie das Kind vom Gefahrenherd und geben ihm ein Spielzeug.

Ein Kind, das verstehen und sprechen lernt, denkt fortan unwillkürlich „Hände weg" bzw. „wegbleiben". Warnungen wie „Fass das nicht an, sonst verbrennst du dich!" dagegen bewirken womöglich, dass es, fasziniert von der Vorstellung des unerwünschten Ausgangs, die Probe aufs Exempel macht. Bleiben Sie bestimmt und unnachgiebig!

Wenn Ihr Baby unermüdlich zurück zur Steckdose krabbelt und Sie innerlich seine Beharrlichkeit bewundern: Unterdrücken Sie Ihr Schmunzeln! Lachen Sie später, wenn Sie Ihrem Partner berichten. Sonst denkt sich das Baby vielleicht: „Super, ein neues Spiel!", grinst verschmitzt und knöpft sich die Steckdose erneut vor. Es wäre gar nicht lustig, wenn es sich verletzen würde. Bleiben Sie also ernst.

Ein kleines Kind findet die ganze Welt interessant. Es langt nach einem glänzenden Spielzeug, doch das ist ein scharfes

> 66 *Mit zunehmendem Alter können Kinder lernen, stolz darauf zu sein, dass sie gesund und munter sind.* 99

Messer. Es weiß nicht, dass das nicht gut ist. Sie wissen, dass Sie ihm Einhalt gebieten müssen und dass Sie ihm mit Schlagen und Rütteln nur unerklärlichen Kummer zufügen würden oder körperlichen Schaden, vor genau dem Sie es ja bewahren möchten. Babys sind nicht ungezogen, sondern einfach noch zu klein, um zu verstehen. Wenn Sie standfest bleiben, erübrigen sich Tadel und Strafen. Sie drücken durch Ihr Verhalten aus: „Du bist kostbar. Und hier gibt es eine Grenze, die ich dich nicht überschreiten lasse." Damit säen Sie die Saat der Disziplin.

Wird das Kind älter, können Sie mit Erklärungen arbeiten und sogar zulassen, dass es sich ein bisschen wehtut, damit es die Konsequenzen seines Tuns zu spüren bekommt.

Zum Schutz von Krabbelkindern müssen Sie also:

★ das räumliche Umfeld absichern
★ für ständige Aufsicht sorgen
★ in gefährlichen Situationen aktiv einschreiten
★ beginnen ihnen Selbstbeherrschung beizubringen.

So lernen Kinder, stolz darauf zu sein, dass sie gesund und munter sind, statt in ständiger Angst vor Gefahren zu leben.

Kommunikations-techniken

Lange bevor Babys sprechen können, können sie kommunizieren. Wenn sie weinen, senden sie uns ein Signal, das wir gefälligst zu beachten haben! Wir fühlen uns aufgerufen, nicht zuletzt weil das Weinen körperliche Reaktionen auslöst. So wird in Vorbereitung auf das Stillen das Hormon Oxytocin ausgeschüttet. (Natürlich nicht, wenn Sie ein Mann sind. Dann werden Sie bloß innerlich angespannt, denn Ihre aufgerichteten Brustwarzen helfen dem Baby nicht weiter.) Anfangs hört sich jedes Weinen gleich an; manche stopfen sich gar Watte in die Ohren, um Geräusch und Anspannung zu lindern.

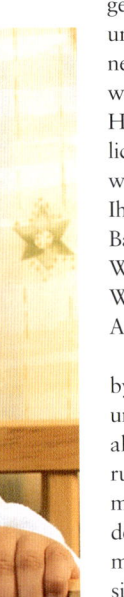

In traditionellen Gesellschaften hatten Babys wenig Anlass zum Weinen. Sie bekamen unverzüglich, was sie brauchten, waren allzeit „gut aufgehoben" und daher sehr ruhig. Diese Kunst, Babys glücklich zu machen, beherrschen heute noch überall auf der Welt Stämme, die vom Jagen und Sammeln leben. Unter natürlichen Umständen signalisiert ein Baby durch andauerndes Weinen, dass es in Nöten ist, und das ruft etwas in uns auf den Plan – vielleicht das Adrenalin, das wir bräuchten, wenn wir unser Baby kämpfend verteidigen müssten.

Die Babysprache

Sie werden aus dem Weinen unterschiedliche Klangfarben und Tempi heraushören. Es klingt eindringlicher und energischer, wenn Ihr Baby hungrig ist, kurz vor dem Einschlafen kraftloser, tiefer, brüchiger und monotoner. Zweifeln Sie nicht an sich, wenn sich in Ihren Ohren ein Weinen wie das andere anhört. Sie werden beizeiten zwischen durchdringendem schmerzlichem Weinen und quengeligem, nicht verzweifeltem Jammern zu unterscheiden wissen. Ein

Wenn Sie an Ihre Grenzen stoßen

Zur Nach-ahmung empfohlen

Die meisten Eltern haben ab und an aggressive Anwandlungen – oft, weil sie schlichtweg erschöpft sind und nicht weiter wissen, nachdem sie „alles versucht" haben, um die kleine Nervensäge zu beruhigen. Wurden Sie als Kind häufig geschlagen, legen Sie im Stress vielleicht eine erhöhte Gewaltbereitschaft an den Tag. Auch wenn Sie sich unwohl oder ausgebrannt fühlen, Beziehungs- oder Geldprobleme haben, laufen Sie eher Gefahr auszurasten. Dann sollten Sie besonders auf der Hut sein.

Alle Eltern sollten sich für den Fall, dass ihnen die Hand auszurutschen droht, eine Strategie überlegen. Hier zur Anregung die Schritte, die uns geholfen haben:

★ *Bringen Sie das Baby an einen sicheren Ort,* etwa in sein Bettchen.

★ *Verlassen Sie das Zimmer* und begeben Sie sich in einen ruhigeren Raum.

★ *Machen Sie Ihren Gefühlen Luft.* Wenn Sie laut schreien möchten, Ihnen dies aber peinlich ist, schreien Sie in ein Kissen! Ist Ihnen nach Schlagen zu Mute, schlagen Sie auf ein Bett oder weiches Möbelstück ein. Versuchen Sie eine Decke zu zerreißen oder mit den Zähnen zu zerkauen. Lassen Sie kaltes Wasser über Hände und Gesicht laufen. Setzen Sie sich hin und atmen Sie langsam und tief. Weinen Sie. Lesen Sie Zeitung, hören Sie Musik. Manche Eltern behelfen sich, indem sie ein Foto betrachten, auf dem ihr Baby hübsch und zufrieden aussieht.

★ *Suchen Sie moralischen Beistand,* wenn Sie ihn benötigen. Rufen Sie jemanden an – Freunde, Sozialarbeiter, Elterninitiativen usw. (siehe S. 232). Wenn öfter aggressive Gefühle in Ihnen aufkochen, sollten Sie professionelle Hilfe in Anspruch nehmen. Alle Eltern brauchen zuweilen Hilfe.

Krabbelkind, dem man ein Spielzeug wegnimmt, hört sich ähnlich an wie ein Auto mit fast leerer Batterie. Es muckst gequält: Ng, ng, ng. Dann lässt es die Unterlippe fallen und dreht voll auf: Waah, wAAhh, wAAAhh!

Spracherwerb

Verträgt ein Baby allmählich feste Nahrung, können seine Zunge und sein Mund immer besser interessante Laute produzieren. Jetzt beginnt es zu babbeln. Außerdem gluckst es,

pustet und sagt einfache Worte wie „Ma-ma" und „a-da".
Sprechen lernen ist wie ein Lied lernen: Man schnappt erst
die Melodie auf, danach die Worte. Schon im Mutterleib ist
das Baby vom Plätschern der Sprache umgeben. Sprechen
Sie zu ihm und lesen Sie ihm vor, sobald Sie es möchten. So
winzig Ihr Baby ist, es wird Ihr Gesicht und das Umblättern
der Seiten beobachten, dann die Bilder wahrnehmen und an
Ihren übertriebenen Geräuscheffekten Spaß haben. Klein-
formatige Bücher mit robusten Pappseiten, Bildern in frohen
Farben und kurzen Sätzen eignen sich ideal.

Ihr Baby merkt bald, dass seine Geräusche Sie ebenfalls
interessieren. Immer wenn es sich verständlich machen
kann, fühlt es sich wichtig und selbstsicherer. Dialoge zwischen Omas und ihren mitteilungsbedürftigen Enkelchen
laufen ungefähr so ab: „Na, wie geht's dir, mein Schätz-
lein?" – „Baaarrbrrhhh!" „Was meinst du?" – „Daaauuu-
uh!" – „Ah, ich verstehe!" Zufrieden mit dem positiven
Feedback, setzt das Kind eifrig blubbernd die angeregte
Konversation fort.

Körpersprache

Babys sprechen mit ihrem Körper. Ihre Körpersprache ist meist recht eindeutig, aber manchmal muss man genauer hinsehen. Windet sich das Baby auf Ihrem Arm, krümmt den Rücken und streckt die Beine Richtung Boden, will es vermutlich abgesetzt werden.

Krabbelt es auf Sie zu, packt Sie am Bein, schaut auf und schreit, will es wahrscheinlich hochgehoben werden. Jammert es und Sie geben ihm einen Keks, den es sofort in die Ecke feuert, dann hat es sicher etwas anderes gewollt! Nehmen Sie es auf und es tatscht gegen Ihre Brust, verbirgt seinen Kopf an Ihnen und zupft an Ihrer Kleidung, dann könnte es Zeit zum Stillen sein.

Es will zweifellos schmusen, wenn es sanft seine Stirn an Ihre Wange lehnt und Sie „küsst", indem es den Mund aufreißt und mit nasser Zunge Ihr Gesicht abschleckt.

Für einige subtilere Zeichen seiner Körpersprache benutzt es Finger, Hände und Füße. Sobald ihr älterer Bruder hinter das Sofa kriecht, zuckt die sieben Monate alte Jenny mit den Füßen. Sie ist aufgeregt. Sie weiß, jetzt wird Verstecken gespielt! Ist Jenny hungrig und man bringt ihr das Fläschchen, bewegt sie eine Hand an der Hüfte auf und ab: Ran an den Speck, heißt das. Auch schiebt sie sich einen Finger in den Mundwinkel, wenn ihr der Magen knurrt: Hier soll's rein, will sie damit sagen. Ihr Nuckeln an der Faust signalisiert gleichfalls Hunger.

Schaut ein Baby ein Spielzeug an und öffnet und schließt dabei die Hand, dann reichen Sie ihm das Spielzeug und beobachten Sie die Reaktion. Das Baby wird schnell bekunden, dass es sich freut, verstanden worden zu sein: Es wird lächeln und beim nächsten Mal genauso vorgehen.

Kennt ein Baby Alltagsrituale wie Baden, zeigt es, dass es weiß, was geschehen wird. Lassen Sie Wasser in die Wanne ein, zupft es womöglich an seinen Kleidern. Damit teilt es Ihnen mit, dass es erwartet, ausgezogen zu werden.

Ihr Baby wird seine eigenen Zeichen erfinden. Sie als seine Eltern werden diese als erste bemerken. Denn Sie kennen Ihr Kind am besten und haben das feinste Gespür für seine Verhaltens- und Artikulationsweise. Ihre Reaktionen verleihen ihm das für seine ersten Kommunikationsversuche nötige Selbstvertrauen.

Wie Kinder sprechen lernen

Sobald das Kind geboren ist, macht es Geräusche – mehr nicht. Im Alter von fünf Jahren aber kann es sich klar äußern und beherrscht unbewusst komplizierte grammatische Regeln. Das erscheint wie ein Wunder. Doch Sie können diesem Wunder auf die Sprünge helfen.

Bei den Stadien des Spracherwerbs bestehen individuelle Unterschiede; auch lernen Jungen meist langsamer sprechen als Mädchen. Betrachten Sie die beschriebene Entwicklung daher als groben Leitfaden. Haben Sie dennoch Bedenken, können Sie eine Hörprüfung vornehmen lassen und, wenn diese nichts erbringt, einen Logopäden konsultieren.

★ **0–3 Monate**
Das Baby lernt: Ich kann mit unglücklichen Tönen Aufmerksamkeit erwirken. Jemand kommt und tut etwas, damit ich mich besser fühle. Dann geht es mir besser und ich gebe glückliche Geräusche von mir. Das macht alle glücklich.

★ **3–6 Monate**
Es kann lachen, kichern, kreischen und laut schreien, wenn man es ärgert. Es bildet Laute wie ah ah, mu mu, gu, grr und rru, die es sich mit Vergnügen in seinem Bettchen vorspricht. Worte versteht es anscheinend noch nicht, aber den Tonfall Ihrer Stimme.

★ **6–9 Monate**
Es lauscht Gesprächen und beteiligt sich brabbelnd mit adada, gagaga und mamamamam. Die Eltern hören ihm zu und wiederholen die Worte, die sie zu erkennen meinen. („Mama" und „Ada" – Papa? – kommen besonders gut an.) Es versteht „nein" und „hallo", kann es aber noch nicht aussprechen.

★ **9–12 Monate**
Es kennt und erkennt seinen Namen; wenn es ihn hört, sucht es Blickkontakt und lächelt. Es kann ein paar Worte wie Tasse, Teddy, Katze, Auto verstehen (vermutlich jedoch noch nicht sagen). Es führt einfache Anweisungen aus, wenn man diese mit Gesten verdeutlicht: „Gib das Papi", „Mach winke, winke", „Sag bitte, bitte!"

★ **12–15 Monate**
Es kann jetzt wahrscheinlich seine (von Mama und Papa abgesehen) ersten richtigen Worte sagen und vielleicht bald auf Dinge zeigen und sie benennen. Es versteht: „Gib mir den Ball", „Gib Mami einen Gutenachtkuss", „Fass das nicht an!"

★ **15–18 Monate**
Es kann vielleicht an die 20 Worte aussprechen und an die 100 verstehen. Es quasselt viel, schaut gern Bilderbücher an und benennt, was es sieht. Es wiederholt das letzte Wort von dem, was Sie sagen: „Willst du in den Garten?" – „Garten!"

★ **1½–2 Jahre**
Es spricht mit sich in langen Sätzen, die niemand außer ihm versteht. (Ähnlich wie ein

Computer-Verkäufer …) Unterhalten Eltern und Geschwister sich viel mit ihm, macht es wesentlich schnellere Fortschritte. Es kann selbstständig Worte kombinieren: „Papi weg", „Mehr Kakao!" Es liebt Lieder und Kinderreime.

★ **2–2¹/₂ Jahre**

Es spricht beim Spielen laufend mit sich selbst und bildet Sätze schon fast wie ein Erwachsener. Es kann seine Stimme verstellen, um seine Kuscheltiere – Teddy, Hase & Co. – zum Sprechen zu bringen. Ohne Unterlass stellt es Fragen – „Warum?", „Wer?", „Was?" –, die Sie mit Engelsgeduld zu beantworten versuchen. Es lässt sich gern aus einem Buch vorlesen und sieht die gedruckten Worte. Es erfährt, dass Lesen Spaß macht, vor allem auf einem kuscheligen Schoß.

★ **2¹/₂–3 Jahre**

Es kennt hunderte von Worten und spricht sehr gut: „Das Dreirad ist nass." Es kann zählen, begreift die Zahlen aber nicht wirklich, sondern merkt sie sich auswendig wie einen Reim.

★ **3–4 Jahre**

Es versteht zu diskutieren und sich mit Fremden zu unterhalten. Es macht „Fehler", die zeigen, dass es ein eigenes Grammatiksystem entwickelt: „Ich habe die Puppe gewascht", „Dein Bauch ist mehr dick als meiner" usw. Sie brauchen auf den Fehler nicht hinzuweisen. Es wird von allein darauf kommen und Ihr Sprechvorbild genauer imitieren. Sie müssen bloß bestätigen, dass Sie verstanden haben, indem Sie das Gesagte korrekt wiederholen. Wortspiele findet es urkomisch: „Beim Müller hat's gebrannt-brannt-brannt, da bin ich schnell gerannt-rannt-rannt, da kam ein Polizist-zist-zist …"

★ **4–5 Jahre**

Es beherrscht jetzt die wichtigsten Grammatikregeln, bleibt aber kreativ: „Wo sind die Apfeln?", „Wo bist du gegangen, Mami?", „Ich geh dahause (nach Hause)." Am besten helfen Sie Ihrem Kind weiter, indem Sie alltägliche Situationen dazu nutzen, mit ihm zu plaudern.

Für den Inhalt dieser beiden Seiten gilt unser Dank Peter Downes, Sprachtherapeut in Cambridgeshire, England.

Zunehmende Kompetenz

Naht ihr erster Geburtstag, vertragen die meisten Kinder feste Nahrung und trinken aus Flaschen oder Bechern. Drehte sich bisher das Familienleben um sie, fügen sie sich nun langsam in den Alltag ein. So kosten sie bereits kleine Mengen von dem, was auf den Familientisch kommt.

Die feste Nahrung bringt mit sich, dass das Kind helfen will, das Essen mit dem Löffel in seinen Mund (oder auf Haare und Kleidung …) zu befördern. Es lernt, seine Flaschen und Becher sicherer zu handhaben, weiche Nahrung in Happen zu zerteilen und sich selbst in den Mund zu führen. Von diesen Fähigkeiten profitieren seine Zufriedenheit und Selbstsicherheit – und auch die Eltern!

Mehr noch bringt es fertig: aufrecht sitzen, kriechen, krabbeln, Gehschritte unternehmen und (bis zu 15 Sekunden …) selbstgenügsam allein spielen.

In dieser Phase krabbelt Ihr Kind Ihnen vielleicht wie ein Wiesel von Zimmer zu Zimmer hinterher, um empört zu brüllen, wenn Sie ihm zu schnell sind!

Gewohnheit schafft Vertrauen

Mit der Zeit wird Ihr Baby sich auf Alltagsgewohnheiten „einen Reim machen" und wissen, was ihm wann bevorsteht. Tamara zum Beispiel hasste den Autokindersitz, als sie sechs Monate alt war. Lautstark protestierte sie gegen das Festschnallen.

Jetzt ist Tamara ein Jahr alt – und mit dem Theater ist Schluss, sobald sie die Kombination der Wörter „Schule", „Auto" und „Bruder" hört: Denn den Bruder mit dem Auto von der Schule abholen macht ihr Spaß. Rituale und regelmäßige Alltagsabläufe helfen Ihrem Kind seinen Platz finden und Vertrauen fassen. Seine Beziehungen zu anderen Menschen vertiefen sich, und es liebt vertraute Gesichter und Orte.

Geburtstagsbriefe

Eine Frau hat uns folgende rührende Geschichte über ihren Vater erzählt: Sie hatte ein sehr gespanntes Verhältnis zu ihm, als Kind, aber auch als erwachsene Frau, selbst nach seinem Tod war vieles ungeklärt.

Doch dann, als 40-Jährige, entdeckte sie einen Teddybären nebst einem Brief, den der Vater ihr geschrieben hatte, als sie ein Jahr alt war. Nun hütet sie Bären und Brief wie einen Schatz, denn erst durch diesen Fund hat sie erfahren, dass ihr Vater sie zärtlich geliebt hatte. Diese Erzählung hat uns bewogen, unseren Kindern zu jedem Geburtstag Briefe zu schreiben (und an einem sicheren Ort aufzubewahren), die ihr Leben zum Zeitpunkt des Geburtstags schildern: ihre Fähigkeiten, Vorlieben, Abneigungen und besondere Ereignisse.

Hier ein Beispiel:

Alles Liebe zum ersten Geburtstag!

Du bist jetzt ein hübscher Junge mit schwarzem Haar und braunen Augen. Du hast ein drolliges Kichern und raues Lachen, vor allem wenn man dich kitzelt oder durch den Flur scheucht.

Du verbringst viel Zeit im Garten, wo du Möhren aus dem Beet ziehst und im Schubkarren wäschst. Du spielst gern mit deinen Bauklötzen und liebst mehrstöckige Bauten in allen Größen und Formen; neulich hast du zu unserer Überraschung einen Backstein ins Haus geschleppt.

Weniger unkompliziert bist du beim Wickeln: Dann schreist du, windest und drehst dich.

Heute hast du Nasen entdeckt und auf meine, deine und sogar die Nase des Mannes im Fernsehen gezeigt.

Auf den eigenen zwei Beinen

Bald kommt der Tag, an dem Ihr Kind ohne Hilfe seine ersten Schritte unternimmt. Dann wird aus dem Baby ein Kleinkind auf zwei Beinen. Wenn Sie zurückdenken, wird Ihnen erstaunt und stolz bewusst werden, wie viel es in seinen ersten Lebensmonaten gelernt hat.

Mit Fürsorge, physischer Ausdauer und liebevoller Aufmerksamkeit haben Sie Ihr Baby heil durch die abhängigste Phase seines Lebens gebracht. Das ist eine Leistung! Belohnen Sie sich mit einem Geschenk. Sie haben es verdient.

Kapitel 5

Kleinkinder!!

Einstieg in einen neuen Lebensabschnitt

Zwei- bis dreijährige Kinder sind zu Recht stolz auf sich. Sie können sich auf ihren Beinen überallhin bewegen, wohin es sie zieht. Sie können Gegenstände erreichen, Leute nachmachen und (fast) ohne Hilfe essen. Sie können sagen, wo sie Schmerzen haben. Sie können (einige) Kleider an- und ausziehen. Sie wissen, wo es Leckereien gibt und wie man an sie herankommt.

Noch etwas Bedeutendes erobern sie sich: die Welt der Worte. In diesem Alter können Kinder Ihnen gewöhnlich begreiflich machen, was sie wollen. Sie können ein paar höchst wirkungsvolle Wörter sagen, darunter „Hunger", „trinken", „danke", „bitte", „haben" und natürlich „ja" und „nein" – ein Wortschatz, mit dem Sie in fremden Landen sicherlich irgendwie über die Runden kämen.

Eltern hören diese Wörter gern, speziell „danke", „bitte" und „ja" … Es ist gut zu wissen, dass das Kind „Hunger" hat oder „trinken" will, ohne sich Weinen oder Geschrei anhören zu müssen. Sie sind begeistert, wenn es „Pipi" sagt. Sie setzen Himmel und Hölle in Bewegung, sobald solche Wörter fallen.

„Nein" dagegen ist schwerer zu verkraften, und zwar für Eltern wie Kind. Sein Gebrauch macht selbst uns Erwachsenen Probleme; viele von uns können nicht ohne Skrupel „nein" sagen. Lieber suchen wir nach angenehmeren Formulierungen wie: „Vielen Dank, aber leider kann ich nicht …", „Ich würde sehr gern …, aber ich weiß noch nicht, ob …" Und wenn wir ehrlich sind, dann haben wir es gar nicht gern, wenn ein „Nein" uns gilt.

NEIN! NO!
NON! NAö!
OX!! HE!!
NICHTS DRIN!

„Könntest du wohl mein Auto reparieren?" – „Nein."
„Ist dir meine Mutter sympathisch?" – „Nein."
„Magst du zu mir zum Kaffee kommen?" – „Nein."
„Sorgst du dich um mich?" – „Nein."

Spüren Sie, wie sich Ihr Magen verkrampft, Ihr Herz einen Hopser macht, Ihre Kehle sich zuschnürt? Jeder reagiert anders auf ein „Nein", bestenfalls mit einem schalen Gefühl, abgewiesen worden zu sein.

Die Welt des Kleinkinds ist gespickt mit „nein". Babys erfahren meist ein „Ja", denn sie verlangen einfache Dinge: Essen, Trost, Streicheleinheiten. Kleinkinder aber wollen die ganze Welt! Sie wollen, dass man auf ihren Befehl die Eisdiele aufsperrt. Sie wollen zwischen Autos spielen. Sie wollen ihr Butterbrot in das Videogerät schieben. Sie standen im Zentrum des Universums, und jetzt schlägt man ihnen ihre Wünsche ab. Das ist hart.

Frühe Erziehung zur Disziplin

Die zweifellos größte Schwierigkeit von Eltern eines Kleinkinds besteht darin, die Kooperationsbereitschaft ihres Sprösslings zu wecken. Sie stehen vor der Herausforderung, dem kleinen Wildfang, dessen Lebensdevise „Ich will's jetzt!" lautet, beizubringen, Gefahren und Schwierigkeiten zu meiden und mit anderen Menschen auszukommen – und zwar ohne die Druckmittel Angst und Erniedrigung.

Was tun, wenn Kinder „ungezogen" sind? Wie bewirken wir, dass sie aufhören, Kameraden zu schlagen, Chaos zu stiften, die Kooperation zu verweigern? Kinder brauchen Grenzen, doch wie setzen wir diese? Wir wollen nicht zurück zu alten Erziehungsmethoden Schimpfen, Schreien, Schlagen. Sie müssen dies auch nicht. Disziplin meint ursprünglich „Unterweisung". Es geht darum, Ihrem Kind auf einen besseren Weg zu helfen. Und so können Sie es anstellen …

Es ist unsere liebevolle Beziehung zum Kind, die uns ermöglicht, es zu einem besseren Verhalten zu bewegen.

Aus einem Fundus des Vertrauens schöpfen

Disziplinieren beginnt nicht erst im Alter von zwei Jahren, sondern bei der Geburt. Es ist unsere liebevolle Beziehung zum Kind, die uns ermöglicht, es zu besserem Verhalten zu bewegen. Indem wir vom ersten Augenblick an seine Bedürfnisse ernst nehmen, bauen wir einen Fundus des Vertrauens auf. Erinnern Sie sich, wie viele Male pro Tag Sie Ihrem Kind im Krabbelalter geholfen haben! Sie haben seine Schmerzen gelindert, es mit Küssen getröstet, seinen Hunger gestillt, sein Rufen erhört. Sie haben Geräusche erklärt: „Keine Angst, der Bus macht immer ‚schhh‘, wenn er hält", „Der Hund bellt, weil er uns nicht kennt." Hunderte verschiedenster Bewährungsproben haben Sie bestanden – und damit einen hohen Kredit, wenn die Zeit kommt, Ihrem Kind beizubringen, wie es Schäden und Schwierigkeiten vermeiden kann. Es betrachtet Sie als Vermittler zwischen sich und der großen weiten Welt. Sie sorgen dafür, weiß es, dass alles gut wird. Diese Erfahrung der liebevollen Interaktion erhöht seine Bereitschaft, von Ihnen Anweisungen anzunehmen. (Deshalb müssen Stief- oder Adoptiveltern von Kleinkindern eine Beziehung aufgebaut haben, ehe sie mit dem Disziplinieren beginnen können.)

Ohne es sich klarzumachen, haben Sie in der Krabbelphase Ihr Kind ständig angeleitet: fort von heiklen, hin zu sicheren, erfreulichen Situationen. Sie haben diverse Methoden des Belehrens und Disziplinierens angewendet. Sie können Ihrem Kind jetzt, da es gehen kann und einen noch ausgeprägteren Eigensinn entwickelt, nach dem bewährten

Das Stopp-Spiel

Auf Befehl unverzüglich von etwas abzulassen, dies kann das Leben Ihres Kindes retten. Alle Eltern kommen in die Situation, ihr Kind zurückzurufen, etwa wenn es sich blind auf die Straße stürzen will. Sie können Ihrem Kind spielerisch schon sehr früh beibringen, positiv auf „stopp" oder „halt" zu reagieren.

★ *Beim Kleinstkind* können Sie das Spiel bei Beschäftigungen einführen, die dem Kind gefallen. Ein Beispiel: Während Sie zu zweit in der Badewanne mit den Händen – patsch, patsch – auf das Wasser klatschen, sagen Sie „stopp" und halten die Hände des Kindes fest; wiederholen Sie dieses Spiel.

★ *Sagen Sie „Gut gemacht",* wenn das Kind von selbst innehält. Sie können es im Kreis um sich schwingen, „stopp" sagen, aufhören und erneut kreisen, bis das Kind „stopp" sagt und Sie gehorchen. Später können Sie ihm beibringen, auf Startzeichen loszulaufen und bei „stopp" anzuhalten.

★ *Älteren Kindern* sollten Sie zusätzlich erläutern, weshalb es wichtig ist, auf Stoppzeichen zu hören. Reagieren sie zu langsam, können Sie weiter üben, indem Sie erklären: „Wenn ich ›halt‹ sage, solltest du es sofort tun. Fang noch einmal an und zeig mir, dass du das kannst." – „Gut, so ist's richtig!"

★ *Der Wert dieses Spiels* besteht darin, dass Ihr Kind sich eine automatische Reaktion aneignet, die lebensrettend sein kann. Weil es spielerisch lernt und Bestätigung erfährt, empfindet es „Gehorchen" eher als vergnüglich und etwas, auf das es stolz sein kann.

Prinzip weiterhin den richtigen Weg weisen. Doch um sich das wachsende Potenzial seiner Fähigkeiten zu Nutze zu machen, brauchen Sie auch einige neue Strategien.

Als Erstes müssen Sie Ihre Methode dem Alter und Entwicklungsstand anpassen. So wie es sinnlos ist, einen Zweijährigen über Bazillen aufzuklären, genügt es nicht, einem Sechsjährigen zu sagen: „Pfui! Fass den Hund nicht da an!"

Will man den allmählichen intellektuellen Fortschritten des Kindes Rechnung tragen, so empfiehlt es sich, es in folgenden drei Schritten zur Disziplin zu erziehen:

1 Ablenken

2 Umlenken

3 ernstes Gespräch

Dies sind respektvolle Methoden, die Konflikte auf ein Mindestmaß reduzieren und Ihrem Kind helfen, seine Gefühle, Gedanken und Verhaltensweisen zu kontrollieren.

Die drei Schritte der Erziehung zur Disziplin

1 Ablenken – wirksam bei Babys und Krabbelkindern

Ein Baby lässt sich meist leicht ablenken, wenn es Unerwünschtes tut, und beruhigen, wenn es unzufrieden oder enttäuscht reagiert: Sie geben ihm ein Spielzeug, nehmen es in den Arm, schmusen oder gehen mit ihm an die Luft. Gewöhnlich vergisst es rasch seinen Kummer und strahlt wieder. Geschickte und erfahrene Eltern sorgen stets für Zeitvertreib. Damit das Baby sich im Bus nicht langweilt, lassen sie es mit einem Schlüsselbund klimpern oder weisen es auf Interessantes hin: „Schau mal, da ist ein Hund!"

Doch je älter das Krabbelkind, desto schwerer lässt es sich ablenken. Auf das Objekt seiner Begierde fixiert, gibt es so schnell nicht auf. Unwillen drückt es mit seinem Körper deutlich aus: Es schlägt mit Armen und Beinen um sich, kratzt und kreischt, wirft sich zu Boden und bricht in Trä-

Zur Nach-
ahmung
empfohlen

Der Kleinkind-Test

Die Kleinkindjahre stellen Sie ganz schön auf die Probe. Sie müssen einige Charaktereigenschaften entwickeln, die Sie bislang wenig brauchten, und zu einem gesunden Gleichgewicht von Standfestigkeit und Liebe finden. Dieser Test hilft Ihnen, sich rasch selbst einzuschätzen und zu erfahren, wo Ihre Stärken liegen und woran Sie noch zu arbeiten haben.

Können Sie standfest sein?
(1 = nicht sehr gut, ; 5 = sehr gut)
★ Können Sie zu Ihrem Kind „nein" sagen, ohne Schuldgefühle zu haben oder Angst, es werde Sie deswegen weniger lieben?
❏ 1 ❏ 2 ❏ 3 ❏ 4 ❏ 5
★ Können Sie mit einem zornigen oder jammernden Kind umgehen ohne das Gefühl, sie könnten oder wollten es verletzen?
❏ 1 ❏ 2 ❏ 3 ❏ 4 ❏ 5
★ Können Sie sehr verärgert sein und trotzdem im Griff haben, was Sie sagen und tun?
❏ 1 ❏ 2 ❏ 3 ❏ 4 ❏ 5
Messen Sie den Grad Ihrer Standfestigkeit am Maximum von 15 Punkten.

Können Sie liebevoll sein?
(1 = nicht sehr gut; 5 = sehr gut)
★ Fühlen Sie sich wohl, wenn Sie Ihr Kind umarmen, es küssen und mit ihm schmusen?
❏ 1 ❏ 2 ❏ 3 ❏ 4 ❏ 5
★ Fällt es Ihnen leicht, Ihrem Kind zu sagen, dass Sie es lieben und was Sie an ihm schätzen?
❏ 1 ❏ 2 ❏ 3 ❏ 4 ❏ 5
★ Spielen Sie gern mit Ihrem Kind?
❏ 1 ❏ 2 ❏ 3 ❏ 4 ❏ 5
Messen Sie den Grad Ihrer Fähigkeit, Liebe zu zeigen, am Maximum von 15 Punkten.

Dieser Test soll Ihnen kein schlechtes Gewissen machen! Begreifen Sie ihn vielmehr als Chance zu erkennen, wo Sie ansetzen können, um Ihre Fähigkeiten zu verbessern. Allen Eltern fällt es schwer, Kleinkinder in Zaum zu halten, und Meister sind noch nie vom Himmel gefallen.

Einige von uns müssen lernen, liebevoller und herzlicher zu sein und sich öfter mit und an den Kindern zu erfreuen. Andere müssen sich in Standfestigkeit üben, ohne sich dadurch die Laune verderben zu lassen.

nen aus. Etwas anderes ist nötig, um diese kleine Person zufrieden zu stellen, die noch nicht viel sprechen und vernünftig bedenken kann, aber genau weiß, was sie will …

2 Umlenken – positiver „Führungsstil" bei Kleinkindern

Dies ist die üblichste Erziehungsmethode im frühen Kleinkindalter. Solange Ihr Kind erst wenig sprechen kann, lenken Sie seine Aufmerksamkeit am besten zu etwas um (und nicht durch etwas anderes ab), das seinem Streben entgegenkommt – zum Beispiel: Ihr Kind zappelt und schreit vor dem Küchenschrank, weil es an die Keksdose heran will. Wollen Sie ihm jetzt keinen Keks geben, fällt Ihnen vielleicht etwas ein, was es essen darf – etwas Zwieback, Käse, ein Möhren- oder Apfelschnitz, ein Snack, der den Quälgeist zufrieden stellt, ohne ihm Zucker zuzuführen oder den Appetit für das Mittagessen zu verderben.

Durch dieses Vorgehen sagen Sie: „Ich verstehe, dass du hungrig bist, und kann dir hiermit dienen (nicht aber mit genau dem, was du wolltest)." Lernt Ihr Kind besser sprechen und sich länger zu gedulden, können Sie neben seinen Essteller einen Keks legen, den es zum Nachtisch naschen darf. So erfährt es, dass es zwar nicht unbedingt genau das bekommt, was es möchte, man aber auf seine Bedürfnisse eingeht und etwas Gutes eintreten wird. Damit erteilen Sie ihm eine ziemlich wichtige Lektion fürs Leben.

Solange ein Kind nur ansatzweise sprechen und verstehen kann, richten Sie mit Vorträgen und Schelte wenig aus. Ihm alles bis ins Detail zu erklären, dies mag zwar seine sprachliche Entwicklung fördern, bewirkt jedoch kaum Veränderungen seines Verhaltens. Zwei- und Dreijährige lernen mit ihren Körpern, und daher erreicht man bei ihnen mit Taten mehr als mit bloßen Worten. Reißt Ihr Kind an Ihrem Haar, sollten Sie Ihrem Schmerz laut Luft machen – „Au, das tut weh!" – und den Übeltäter mit gequälter Miene anblicken. Dann aber (und das ist der Trick) nehmen Sie seine Hände in die Ihren. Führen Sie sie streichelnd über Ihr Haar, während Sie wiederholen: „Vorsichtig." Lächeln Sie und sagen Sie: „Ich mag es, wenn du vorsichtig mein Haar tätschelst." Sinnlich, mit Muskeln, Haut und Augen, erfährt so Ihr Kind, wie es ist, mit einem Menschen gut umzugehen. Auf dieselbe Weise können Sie ihm beibringen, wie man behutsam ein Baby streichelt oder einen Hund. Es wird sich über die zustimmende Reaktion freuen.

Beherrscht Ihr Kind die Sprache etwas besser, können Sie die Methode des Umlenkens anwenden, indem Sie zu posi-

tiven Formulierungen greifen. Sagen Sie ihm, was es tun soll – nicht, was es nicht tun soll: „Halt dich an dem Griff fest!" statt: „Fall nicht um!", „Setz den Fuß auf jede Stufe!" statt: „Spring nicht die Treppe hinunter, sonst rutschst du aus!" Diese simple, aber bedeutende Änderung zählt zu den Geheimnissen eines glücklichen Lebens. Nicht bloß Kinder, auch Partner, Freunde, Angestellte, ja alle, mit denen Sie zu tun haben, reagieren entgegenkommender, wenn Sie ihnen sagen, was Sie möchten, und nicht, was Sie nicht möchten. Probieren Sie's aus!

Es ist leicht, ein Kind durch Drohen oder Schreien einzuschüchtern – aber: zu welchem Preis! Wenn Ihr drei- jähriger Racker mit seinen Kumpeln in Schuhen das neue Sofa als Trampolin missbraucht, können Sie die Rassel- bande anschreien und sie wird sich schämen (oder bocken).

Bieten Sie besser als Ersatz eine alte Matratze an. Oder sagen Sie, dass sie die Schuhe ausziehen sollen. Statt sich schlecht oder böse zu fühlen, weil sie sich vergnügt haben, lernen die Kinder so, dass Spaß in Ordnung ist, solange man überlegt, wo man ihn haben darf. Selbst ohne gleichwertigen Ersatz können Sie den Kindern Einhalt gebieten, ohne ihnen ein schlechtes Gewissen zu machen: „Es tut mir Leid, dass ich euer schönes Spiel abbrechen muss. Aber wir müssen das neue Sofa vorsichtig behandeln. Wir wollen mal überlegen, welches Spiel genauso viel Spaß macht." Es dauert eine Weile, bis Sie diese Methode verinnerlicht haben. Auch wenn Sie am liebsten hysterisch schreien würden, wenn Sie Ihr Kind mit dem silbernen Servierlöffel selig in der Toilettenschüssel rühren sehen – ungleich besser ist es, in der Küche oder im Garten einen „Arbeitsplatz" mit Plastikschüssel, sauberem Wasser und ein paar ausgemusterten Utensilien einzurichten.

Unternehmungs- und Entdeckungslust bezeugen die Intelligenz und Gesundheit eines Kleinkinds. Bedenken Sie, dass Ihr Kind tut, was sich für ein Kleinkind gehört – und Ihre Aufgabe darin besteht, diese Energie und Intelligenz in gute Bahnen zu lenken.

Kindern Disziplin beizubringen heißt: ihnen helfen herauszufinden, wie sie sich verhalten sollen.

3 Das ernste Gespräch – Kern aller Disziplin

Natürlich dauert es nicht lang, da kommen Sie auch mit Umlenken nicht mehr weiter. Schon bald weiß Ihr Kind genau, was es will, und weigert sich, davon abzulassen! Da bleibt Ihnen manchmal nichts übrig als ein „Nein". Wir müssen unserem Kind beibringen, Dinge sein zu lassen, die ihm nicht gut tun, und ihm ermöglichen, nachzudenken und sein Verhalten zu korrigieren – kurz: Wir müssen ihm Selbstdisziplin beibringen …

Als es Baby war, eilten wir herbei, sobald es schrie. Schrie es lauter, kamen wir doppelt so schnell. Aber jetzt möchten wir, dass es lernt:

* ⋆ zu warten
* ⋆ ein „Nein" zu akzeptieren
* ⋆ höflich zu bitten
* ⋆ auf die Gefühle anderer Rücksicht zu nehmen
* ⋆ andere nicht zu verletzen
* ⋆ sich an einfache Regeln zu halten.

Das Kind ist jetzt groß, stark und schnell genug, um sich in alle möglichen Schwierigkeiten zu bringen und sich zu verletzen: durch Aufdrehen von Heißwasserhähnen, Spielen mit Strom, auf die Straße rennen … Daher muss es zu seiner eigenen Sicherheit gewisse Regeln kennen lernen.

Es reicht nicht, dem Kind Predigten zu halten. Man muss es in hunderten von konkreten Situationen unterweisen. Das kann niemand besser als Sie, denn Sie lieben es und kennen es genau. Disziplinieren braucht Zeit. Oft können Sie einfach „beiläufig" im ganz normalen Plauderton Ihrem Kind helfen, herauszufinden wie es sich verhalten soll. Reagiert es aber trotzig oder begeht – wie alle Kleinkinder – immer wieder denselben Fehler, dann empfiehlt sich das „ernste Gespräch".

Mit dem ernsten Gespräch helfen Sie einem Kleinkind das Richtige zu tun. Dieses Erziehungsmittel hilft dem Kind, Verhaltensweisen ausfindig zu machen, die seine Bedürfnisse befriedigen und zugleich das Problem ausräumen. Und so funktioniert's: Legt Ihr Kind ein Problemverhalten an den Tag, schreiten Sie ein. Beschwichtigen Sie das Kind (falls nötig) und stellen Sie zunächst festen Augenkontakt her. Vielleicht möchten Sie die Unterredung an einem bestimmten Platz im Wohnzimmer oder in der Küche führen. Dann fordern Sie Ihr Kind auf, Sie dorthin zu begleiten; tragen Sie es – falls nötig – an den Platz. Setzen oder knien Sie sich mit ihm hin und warten Sie, bis es gesprächsbereit ist. Fragen Sie in sachlichem Ton:

1 *„Was war los? Was hast du gemacht?"*
„Ich habe Fußball gespielt und die Lampe umgeworfen."
2 *„Was hast du dabei gedacht und gefühlt?"*
„Ich hab' doch bloß gespielt."
3 *„Was, meinst du, hättest du anders machen sollen?"*
„Draußen mit dem Fußball spielen."
4 *„Wie willst du den Schaden in Ordnung bringen?"*
(Das müssen Sie besprechen. Ob Ihr Kind vorschlägt, beim Aufrichten der Lampe zu helfen, sich zu entschuldigen, zu versprechen, künftig woanders Ball zu spielen – finden Sie eine Einigung, die für Sie annehmbar ist.)
5 *„Willst du das jetzt tun?"*
„Ja."

Dies ist eine verkürzte Darstellung; eventuell müssen Sie eine Menge bereden und klären. Möglicherweise kann sich Ihr Kind nicht so gut ausdrücken und braucht Hilfe. Richten Sie Ihre Erwartungen an seinen Fähigkeiten aus. Das Ziel besteht darin, dass für Sie der Fall geregelt ist und Ihr Kind die Lektion begriffen, aber ein gutes Gefühl hat.

Für das ernste Gespräch brauchen Sie ausreichend Zeit und innere Ruhe. Sind Ihre Nerven bis zum Zerreißen gespannt, entspannen Sie sich – durch Ablenkung, eine Auszeit oder eine andere Technik, die rasch wirkt. Solche Unterredungen lassen sich überall führen. Sie empfehlen sich besonders, wenn Sie einem wiederkehrenden Problem auf den Grund gehen und es aus der Welt schaffen möchten. Sie mögen eine Zeit lang mehrmals täglich und später, wenn das

Kind älter wird, seltener nötig sein. Es geht darum, Ihrem Kind Selbstdisziplin beizubringen, damit Ärgernisse sich nicht wiederholen. Es geht nicht ums Bestrafen, wenngleich größere Kinder die natürlichen Konsequenzen ihres Verhaltens durchaus erfahren dürfen. Auch soll das Kind kein schlechtes Gewissen bekommen. Aber es soll mit Nachdruck angehalten werden, über den Konflikt und seinen Part darin nachzudenken, damit es sich seine Gefühle und Wünsche und die der anderen bewusst macht und die Verantwortung für sein Handeln übernimmt. Es sollte nach dem Gespräch wissen, was jetzt zu tun ist, und eine Erkenntnis mitnehmen, die ihm als Leitfaden für ein besseres Verhalten dient. Nach dem Gespräch sollten sich alle besser fühlen.

Für diese Methode muss das Kind alt genug sein, es muss:

★ gewisse Sprachkenntnisse besitzen

★ Formulierungen wie „Entschuldigung" und „Ich hab' es getan" verstehen und aussprechen

★ Ursachen und Wirkungen verknüpfen können: „Ich bin gegen den Tisch gestoßen und da kippte die Vase um."

Kreatives Vermeiden von Konflikten

Beim Vermeiden von Konfrontationen mit Kleinkindern entpuppen Eltern sich als ungemein einfallsreich:

Jackie bietet Wahlfreiheit: „Weil mein Sohn gern mitbestimmt, wende ich folgenden Trick an: Ich lasse ihn zwischen zwei Möglichkeiten wählen. ‚Welche Schuhe möchtest du heute anziehen, Stiefel oder Turnschuhe?'. So fühlt er sich nicht gegängelt, sondern meint, er hätte das Sagen."

Corinne versteckt Spielsachen: „Obwohl meine Kinder jede Menge Spielzeug besitzen, wird es ihnen langweilig und sie wissen nicht, womit sie spielen sollen. Ich schließe viele Spielsachen weg, biete sie dann als ‚neu' an und schon sind sie interessant. Das tue ich auch auf Busfahrten."

Dave hat stets Getränke und Knabberzeug dabei: „Ich habe festgestellt, dass sich zwei Drittel unserer Konflikte um Essen drehten, meist weil die Kinder im Geschäft um Süßes oder einen Snack bettelten. Inzwischen habe ich immer Leckereien und Getränke dabei – im Auto getrocknete Aprikosen und eine große Flasche Wasser –, die ich den Kindern anbiete, sobald ich bemerke, dass sie hungrig oder launisch werden."

Gefühle, Gesichter und Tiere

Diese sehr wertvolle Beschäftigung braucht keine Vorbereitung – nur ein bisschen Zeit, wenn Sie beisammen sind und sich die Gelegenheit bietet. Es geht darum, durch Mienenspiel dem Kind unterschiedliche Gefühle zu erklären.

★ **„Dies ist ein trauriges Gesicht.** Schau, meine Mundwinkel hängen herab. Ich lasse den Kopf hängen. Meine Augen sehen nach unten, vielleicht schniefe oder weine ich sogar. Kannst du ein trauriges Gesicht machen?"

★ **„Dies ist ein ärgerliches Gesicht.** Ich ziehe die Augenbrauen zusammen und nach unten. Meine Augen gucken streng und starr. Ich beiße die Zähne zusammen. Auch die Lippen presse ich zusammen. Kannst du ein ärgerliches Gesicht aufsetzen?"

★ **„Jetzt fürchte ich mich.** Ich beiße auf die Unterlippe. Meine Stirn ist faltig. Meine Augen sehen unruhig umher. Ich krümme die Schultern. Jetzt mach du mal ein furchtsames Gesicht."

★ **„Dies ist ein glückliches Gesicht.** Mein Mund lächelt, vielleicht lache ich sogar, und meine Haut ist ganz glatt. Zeig mir mal ein glückliches, trauriges, ärgerliches, furchtsames Gesicht. Und nun rate mal, welches ich dir vormache."

★ **Der Wert dieses Spiels** besteht darin, dass Ihr Kind lernt, anhand von Gesichtsausdruck und Verhalten zu erkennen, wie sich jemand fühlt, und wie es sich am besten verhalten kann, wenn Menschen überwältigt sind von Gefühlen. Das Spiel fördert das Mitgefühl und den Umgang des Kindes mit anderen. Und – vielleicht das Wichtigste – es hilft ihm, seine eigenen Gefühle zu verstehen und auszudrücken.

Haustiere und Gefühle

Für Kinder sind Haustiere aus vielen Gründen gut. Dass die Fürsorge für ein Tier das Verantwortungsbewusstsein stärkt, ist ein bekannter (leicht idealisierter) Pluspunkt. Die Kinder müssen aber auch die Körpersprache von Tieren verstehen können, und dafür brauchen sie Hilfe. Besonders wichtig ist, ihnen zu erklären, wie Tiere signalisieren, dass sie etwas nicht mögen (d.h. die Geduld verlieren). Zuckt eine Katze mit dem Schwanz, klappt die Ohren nach unten und miaut, mag sie ärgerlich sein und kratzen oder beißen. Legt ein Hund die Ohren an und knurrt, wenn man sich seinem Fressnapf nähert, dann warnt er: Weg, das ist mein Fressen! Dass er es verteidigt, wird Ihr Kind verstehen.

Solche Erklärungen verhelfen dem Kind zu Sicherheit und Vorsicht im Umgang mit Tieren und beugen schmerzhaften Erfahrungen vor. Sehr kleinen Kindern können Sie beibringen, wie man Tiere richtig anfasst und streichelt. Führen Sie es vor, nehmen Sie dann die Hand des Kindes und streicheln Sie das Tier. Wenn der Hund mit dem Schwanz wedelt oder die Katze schnurrt, sagen Sie: „Schau, darüber freut er/sie sich."

Unterweisen Sie mit Feingefühl

Berücksichtigen Sie stets die Gefühle Ihres Kindes. Es kann sein, dass es einen müden Tag hat und nicht aufnahmefähig ist. Fragen Sie sich: „Sind meine Erwartungen zu hoch für sein Alter?" Es gibt Eltern, die über schlechte Tischmanieren meckern – wenn die Knirpse gerade mal zwei Jahre alt sind!

Es wird einfacher!

Zunächst werden Sie recht oft ernste Gespräche im Plauderton führen. Andere Male müssen Sie vielleicht alle Schritte durchziehen, ehe das Kind „entlassen" ist. Am Ende sollten Sie beide beruhigt und erleichtert sein. Es dürfen keine unguten Gefühle zurückbleiben! Andernfalls haben Sie eventuell einen Punkt vernachlässigt, zum Beispiel die wahren Gefühle Ihres Kindes nicht erfasst oder keinen realistischen Plan für das Ändern seines Verhaltens entwickelt.

Allmählich werden Sie zwei Veränderungen bemerken. Erstens wird Ihr Kind bereitwilliger kooperieren. „Würdest du bitte das Spielzeug aus dem Garten ins Haus bringen?", mehr werden Sie nicht sagen müssen. Zweitens wird es sich klarer und verbaler äußern: „Mama, es ärgert mich, dass du dein Versprechen nicht gehalten hast."

Der Schlüssel: Standfest und liebevoll sein

Sie helfen Ihrem Kind, sich seiner Gefühle, seiner Wünsche und Bedürfnisse bewusst zu werden, und sich zu überlegen, wie es diese auf gute und freundliche Weise stillen kann. Disziplin ist nicht um des lieben Friedens willen da oder damit Eltern ihre Ruhe haben (obwohl Ruhe und Frieden natürlich gut tun). Sie will stets die Eigenverantwortlichkeit und Selbst-Bewusstheit des Kindes fördern: „Ich bin traurig darüber, dass mein Freund heimgeht. Ich weiß, ich hätte seine Mutter nicht treten sollen. Ich werde mich entschuldigen und bitten, dass er mich wieder besucht." Sind die Kleinkindjahre vorüber, haben Sie wahrscheinlich ein Kind mit ausgezeichneten sozialen Kompetenzen: ein Kind, das sich (für Vierjährige) gut benimmt, weiß, was es will, und seine Gefühle klar ausdrücken kann. Sein Lebensgeist wird strahlen wie eine lichte Flamme, denn es hat kaum Angst und Demütigung erfahren und ist dennoch selbstbeherrscht und nachdenklich.

„Schimpfkonzert"

Die Einladung wurde beiläufig ausgesprochen. Auf dem Programm stand ein „Schimpfkonzert". Das klang viel versprechend, nach absurdem Theater aus Kindertagen. Da die Veranstalterin zugleich die Regisseurin und die Hauptdarstellerin war, folgte ich ihr zum Ort der Vorführung, dem Zimmer, das sie mit ihrer jüngeren Schwester teilt. „Sag ein Schimpfwort", kommandierte die Regisseurin. Die Antwort kam aus vollem Halse: „Penner!" „Sag ein anderes Schimpfwort", befahl die Regisseurin. „Arschloch!" Die Show ließ sich gut an, der Aggression wurde eingeheizt. „Sag ein noch schlimmeres Wort!" „Doof!" Ich sah die Regisseurin zögern. „Doof, doof, doof!", tremolierte ihre junge Assistentin.

Im Gesicht der Regisseurin zeichnete sich Verwirrung ab. Sie hatte das Geschütz der Aggression scharf gemacht, auf die erwachsene Welt gerichtet und musste nun zusehen, wie ein harmloses Schnellfeuer von Kugeln am Ziel vorbei schoss. Dessen war ihre junge Assistentin sich allerdings

absolut nicht bewusst. Sie wusste einzig, dass sie buchstäblich die Schau gestohlen hatte. Ihr sommersprossiges Gesichtchen strahlte vor arglistiger Freude: „Doof, doof, doof!", jubilierte sie. Irgendwie hatte das Ganze etwas pervers Unschuldiges.

Während das Zwei-Personen-Publikum im Gänsemarsch den Saal räumte, warf ich noch einen Blick auf die Regisseurin. Sie lehnte an ihrem Bett, verloren in Gedanken: Irgendetwas hatte an dieser Aufführung nicht gestimmt.

Aus der Ruhe kommt die Kraft: Ruhezeiten

Menschen reagieren auf ihre Umgebung. Die aufdringliche, kalte Atmosphäre und grelle Beleuchtung von Supermärkten macht uns hektisch und nervös. In einem ruhigen Restaurant bei sanftem Kerzenlicht dagegen spannen wir ab und erholen uns.

Wenn Sie des Lärms, der Aufregung und Geschäftigkeit überdrüssig sind, dann tun Sie etwas dagegen. Schaffen Sie eine sanfte, friedliche Atmosphäre, in der Sie und Ihr Kind zur Ruhe kommen. Hier einige Anregungen:

★ *Schalten Sie äußere Reize aus.* Stellen Sie Fernseher und Radio ab, legen Sie besänftigende Musik auf, ziehen Sie die Vorhänge zu. Zünden Sie Kerzen an, wenn Sie mögen (aber Achtung vor der Brandgefahr).

★ *Machen Sie sich einen wohltuenden Drink oder Tee.*

★ *Geben Sie Ihrem Kind beruhigende Getränke wie warme Milch oder abgekühlten Kamillentee.*

★ *Nehmen Sie gemeinsam ein Bad.* Machen Sie es sich dann, das Kind in einen Bademantel gehüllt, zusammen gemütlich; plaudern Sie leise, singen Sie oder lesen Sie ihm vor.

Ruhezeit für ältere Kinder

Früher lebten die meisten Menschen in Dörfern und auf Bauernhöfen. Die Atmosphäre war beschaulich, und man hatte Gelegenheit, in sich zu gehen und sich an der Natur zu freuen. Brach die Nacht herein, ging man schlafen. Musik machte man selbst und die Natur ihre Geräusche, sonst aber blieb es still. Als Eltern wissen wir Ruhe zu schätzen, doch auch Kinder haben sie nötig. Führen Sie Ruhepausen von 2 bis 15 Minuten ein, je nach Alter. Erklären Sie Ihrem Kind, dass dies seine Ruhezeit ist, etwas Wichtiges, das es bald genießen wird. Es sollte nicht spielen, reden oder herumgehen, sondern einen Platz beziehen, der ihm gefällt – ein Bett mit Blick ins Grüne, ein Sofa am Fenster, einen Sessel in der Sonne. Helfen Sie ihm, seine Umgebung mit allen Sinnen wahrzunehmen: Fragen Sie, wie sich das Kissen, der Stuhl, die Kleidung anfühlt. Was es riecht? Welchen Geschmack es im Mund hat? Hört es Geräusche, von Vögeln etwa, von Wind, Verkehr oder Atem? Was spürt es im Innern seines Körpers? Lassen Sie es die Umgebung betrachten. Lassen Sie es die Augen schließen und sich vorstellen, es blicke in seinen Körper hinein und könne ihn von innen wie außen hören, schmecken und riechen. Machen Sie die Übung die ersten Male gemeinsam; bald wird Ihr Kind es ohne Hilfe können. Diese Ruhezeiten lassen sich ein- bis zweimal täglich einlegen gut auch zum Abregen nach Hektik. Einmal Routine, werden sie Ihrem Kind sein Leben lang gut tun, speziell beim Verkraften von Stress wie Schuleintritt, Hänseleien oder Zahnarztbesuch.

Kinder und Aufgaben

Die erste „Aufgabe" von Kindern lautet: Spaß haben. In dieser Hinsicht sind die meisten zum Glück hoch qualifiziert! Über den vierjährigen Bob sagte uns seine Mutter: „Spielen ist für ihn das Größte. Er spielt mit allem. Hat er zwei Steine und einen Stock, ist er im siebten Himmel."

Glücksgefühle entwickeln sich auf natürliche Weise. Ein Baby, das geliebt und umsorgt wird, freut sich ganz einfach an seinem Dasein. Wird es älter und körperlich geschickter, findet es unwillkürlich Freude am aktiven Tun.

Kinder lernen, indem sie nachmachen. Ihr sechs Monate altes Baby wird versuchen, Ihnen seinen matschigen Toast in den Mund zu stopfen. (Sie werden erfreut dreinblicken und tun, als würde es schmecken.) Ein Kleinkind bringt Ihnen eine „Tanne Tee" (Plastikeimerchen voll Sand). Es hebt auf, was Sie wegwerfen: „Da, Mami." Bald will es Ihnen zur Hand gehen und selbstständig sein: „Allein machen." Es zieht Gummistiefel verkehrt herum an und humpelt lieber darin herum, als dass es um Hilfe fragt. Es protestiert, wenn Sie beim Zuknöpfen nachhelfen. Es kopiert größere Kinder, denn es will so sein wie sie. Es ist natürlich, dass Kinder durch Nachahmen lernen. Lassen Sie also zu, dass Ihr Kind Sie imitiert und lassen Sie es an Ihrer Seite werkeln

Anfangs können wir Kindern beibringen, etwas für sich zu tun: den Becher halten, essen, sich anziehen, waschen und so weiter. Danach werden sie lernen, etwas für andere zu tun. Bringen Sie Ihnen zunächst einfache Dinge wie rücksichtsvoll spielen, höflich sein, „danke" und „bitte" sagen, begrüßen und verabschieden bei. Später können Sie anspruchsvollere Aufgaben stellen, beispielsweise helfen, ihr Bett und das Pausenbrot für den Kindergarten zu machen.

Wir alle lernen zu arbeiten und beziehen zur Arbeit eine fröhliche oder widerwillige Grundhaltung. Die Weichen werden schon in den Kleinkindjahren gestellt.

Zur Nach-ahmung empfohlen

Das Schildkrötenmutter-Spiel

Dieses liebevolle Spiel symbolisiert, wie ein Kind von Anbeginn gesund und behütet aufwächst. Es schafft – typisch für Spiele, die man mit Kindern auf dem Boden spielt – Nähe und macht Eltern wie Kind viel Spaß.

★ *Das Kind rollt sich* auf dem Boden zu einer Kugel zusammen – dem Schildkrötenei. Nun bedeckt die Schildkrötenmutter (Sie) mit ihrem Körper den des Kindes. Vorsichtig, damit das „Ei" nicht zerbricht, legt sie die Arme um die Stirn des Kindes. Dann erzählt sie ihre Geschichte: dass sie eine große, starke und stolze Schildkrötenmutter ist, die im warmen Sand ihr kostbares Ei abgelegt hat.

★ *Mit den zu flachen Schaufeln* gestreckten Händen tut sie, als scharre sie Sand auf das Ei. Sie sagt: „Niemand darf mein Ei anrühren", und klopft beschützend den Boden um sich herum ab. „Oh, einen Augenblick", ruft sie. „Was ist das? Ruckelt da etwas?" Das Ei ruckelt heftiger. „Mein Junges will wohl schlüpfen. Tatsächlich!" Heraus schlüpft eine wunderhübsche kleine Schildkröte. Sie spielt im Sand und im Meer; nähern sich Haie oder andere große Fische, schwimmt sie flink zurück. Sie schläft in ihrer Erdgrube, um sich dann wieder umzusehen.

★ *Der Wert dieses Spiels* besteht darin, dass es Ihrem Kind das Gefühl von Sicherheit und Geborgenheit vermittelt. Kinder mögen es, aus dem „Ei" zu schlüpfen und von der Mutter begrüßt zu werden. Sie lieben das Spiel, viele besonders ab dem Alter von zweieinhalb bis drei Jahren, wenn sie nicht wissen, ob sie lieber ein großes oder kleines Mädchen, ein großer oder kleiner Junge wären. Manche Kinder wollen es in einem bestimmten Alter sehr oft spielen, um dann vorübergehend oder endgültig das Interesse zu verlieren. Ein Fünfjähriger wuchs buchstäblich aus ihm heraus: Sein Körper war zu groß geworden. Stellen Sie, wenn Sie möchten, andere Tiermütter und ihre Jungen dar, Löwin, Pinguin, Känguruh …

> ❞ *Ich bin in den 40er Jahren aufgewachsen. Es waren schwere Zeiten. Bei sechs Kindern mussten meine Eltern schwer arbeiten und mit wenig Geld auskommen. Wir arbeiteten immer zusammen. So hart es war, hatten wir doch eine Menge Spaß und lachten viel. Heute noch liebe ich es, Dinge gemeinsam zu tun.* ❝ *Doris, 58*

Wie Sie die Bemühungen Ihres Kindes anerkennen

Hier einige Richtlinien:

★ Stellen Sie einfache, lohnende Aufgaben. Zweijährige können vor dem Schlafengehen ihr Spielzeug aufräumen.

Eine Badewannen-Unterhaltung

Diese Unterhaltung hat der Sprachexperte Peter Downes auf Band aufgenommen. Er führte sie dereinst mit seinem zweijährigen Sohn Chris (dessen Beiträge im englischen O-Ton wiedergegeben sind). Inzwischen hat Chris sein Studium moderner Sprachen mit einem Einserexamen abgeschlossen – ein schlagender Beweis für den Wert einer traulichen Plauderei beim Baden oder Wickeln!

P: *Hörst du, wie das Wasser den Abfluss hinab läuft? Es macht gluck, gluck, hörst du's? Jetzt ist alles raus. Die Wanne ist leer.* All the water's gone.

C: All gone.

P: *Ja, alles Wasser ist weg. Schau!*

C: See my boats!

P: *Deine boats (Boote)?*

C: Des.

P: *Sie sind nicht mehr da. Wir können sie jetzt nicht segeln lassen. Die Wanne ist leer.*

C: (heult los) Boats!

P: *Wir spielen ein andermal mit deinen Booten.*

C: (heult erneut) Boats!

P: *Deine Boote sind nicht da, Schatz. Ich kann sie nirgendwo sehen.*

C: Trapes, trapes.

P: *Trapes?*

C: Shtrapes.

P: *Tapes?*

C: Des, boats and shapes, boats and shapes, boats, boats and shapes.

P: *Ich weiß nicht … ich versteh nicht, was du sagen willst. Machst du etwa Jux?*

C: Des.

P: *Hab' ich's mir doch gedacht.*

C: Ah.

P: *Zuerst ziehen wir dir eine Windel an. Wollen wir das machen?*

C: No.

P: *Doch, hier haben wir sie ja, eine schöne saubere Windel – damit du dich heute Nacht wohl fühlst. Eine Klammer an diese Seite. Das war die eine, und nun die andere Klammer an die andere Seite. So richtig, Chris?*

C: Des.

P: *Gut. Und nun noch etwas, … ein Plastikhöschen.*

C: Book.

P: *Ja, das ist ein Buch. Wir lesen das Buch, wenn du angezogen bist, okay?*

★ Zeigen Sie sich anfangs begeistert und loben Sie: „Das hast du gut gemacht", „Das finde ich wirklich gut", „Toll, alle Spielsachen sind heil in der Kiste!"

Am Ende müssen Sie nur noch sagen: „Zeit zum Schlafengehen. Räum bitte auf." Gelassen werden Sie erwarten und zur Kenntnis nehmen, dass Ihrer Aufforderung gefolgt wird.

Anfänglich loben Sie, damit Ihr Kind auf seine Leistung stolz ist. Aber übertreiben Sie nicht. Ihm wird schließlich die Zufriedenheit darüber genügen, dass es kompetent ist und zum Wohl aller beiträgt. Sie wissen es sicher aus eige-

Ein eigenes Reich einrichten

Kinder lieben es, einen Bereich zu haben, der ihnen allein gehört: einen Sitzplatz, Tisch, ein Zimmer oder ein gemütliches Eckchen. Ein eigenes kleines Reich hilft Kindern, sich besser auf eine Sache zu konzentrieren. Und gibt ihnen das Gefühl, mächtig und etwas Besonderes zu sein. Es verlangt keine Umbauten und muss weder groß noch teuer sein.

★ *Kartons:* Kartons aus Supermärkten ergeben herrliche Burgen, Schlösser, Kaufmannsläden, Regale, Autos, Ziele für Kegelspiele, Tore fürs Ballwerfen. In einem großen Karton (z.B. aus dem Elektrohandel) können Sie die kleineren verstauen.

★ *Sofa:* Rücken Sie das Sofa ein Stück vor. Der Raum zwischen Couch und Wand ist ein gutes Versteck zum Spielen. Außerdem kann dahinter das Spielzeug-Tohuwabohu verschwinden.

★ *Ein „Nest":* Dies ist eine tolle Idee, wenn Kinder immer dabei sein und keinen Mittagsschlaf mehr halten wollen, aber doch misslaunig werden und Ruhe brauchen. Nehmen Sie einen großen, offen und flachen Korb oder stutzen Sie einen großen Karton zurecht und polstern Sie das „Nest" gemütlich mit Kissen, Lammfellen, weichen Decken aus. An diesem Plätzchen kann Ihr Kind ausruhen, ein Fläschchen trinken und dabei einer Musik- oder Märchenkassette lauschen. Kleine Kinder lieben es, sich in ihr Nest zu kuscheln, und assoziieren es schnell positiv mit „Ruhezeit".

★ *Klopfen Sie an:* Schlafzimmer bedeuten Kindern viel. Sie werden bemerken, dass Ihr Kind zeitweise mehr Wert auf Privatsphäre legt – vielleicht weil es als Person ernster genommen werden möchte. Oder es erschreckt sich bloß, wenn jemand plötzlich in sein Zimmer tritt. Klopfen Sie an und fragen Sie: „Kann ich hereinkommen?" Es ist erstaunlich, wie Kinder sich durch diese simple höfliche Geste respektiert fühlen.

ner Erfahrung: Es tut gut, gelobt zu werden und etwas zu können, etwa einen Platten reparieren (vor allem auf einer einsamen Landstraße). Ermunternde Bemerkungen wie „In unserer Familie helfen sich alle" und „Wir wohnen alle gern in einem sauberen, aufgeräumten Haus" wirken auf Kinder motivierend.

Es hebt die Stimmung, wenn man – viele Kinder tun's spontan – bei der Arbeit singt. Unsere Kinder liebten, als sie klein waren, Mary Poppins und ihre beschwingten Lieder. In diesem Film nimmt die Hauptfigur sich liebevoll der Kinder eines viel beschäftigten Elternpaars an; singend leitet sie die beiden an, Aufgaben mit Spaß zu erledigen. Fröhliche „Arbeitslieder" enthält auch der Disney-Klassiker Schneewittchen und die sieben Zwerge. Heute schwingen wir Besen und Putzlumpen oft gerne zu fetzigem Rock 'n' Roll. Das macht gute Laune.

Geeignete Aufgaben für kleine Kinder

Kinder ab dem Alter von zwei Jahren können unter anderem:
★ vor dem Schlafengehen ihr Spielzeug aufräumen
★ einen kleinen Papierkorb leeren
★ nach dem Baden ihr Handtuch aufhängen
★ Schmutzwäsche in den Wäschekorb geben
★ Wasser in den Hundenapf füllen
★ mit Handfeger und Kehrblech kehren

Dies sind nur Beispiele. Ihnen fallen vielleicht passendere Aufgaben ein. Sie müssen die Arbeit erklären, sie beim ersten Mal vormachen, Ihrem Kind bei Bedarf helfen, es überwachen, anspornen, erinnern – und die Sache trotzdem locker und vergnüglich gestalten. Sie werden bald feststellen, dass dies Eltern zwar auf kurze Sicht das Leben nicht erleichtert. Aber Kindern etwas beizubringen kostet Energie, hebt jedoch ihre Selbstachtung auf eine Weise, wie Lob und Bewunderung allein es nie vermögen. Selbstachtung speist sich nicht zuletzt aus Kompetenz – dem Wissen, seine Sache gut zu machen.

Im Verlauf dieser Kleinkindjahre werden Sie entdecken, dass Sie nicht mehr ein bedürftiges Baby haben, sondern eine sich herausbildende Persönlichkeit, die oft eine glänzende Gesellschaft ist.

Das Erledigen von Aufgaben hebt die Selbstachtung Ihres Kindes.

SCHUTZ DER KINDLICHEN UNSCHULD

MASSNAHMEN ZUM SCHUTZ VOR SEXUELLEM MISSBRAUCH

Es ist unsere Pflicht, unsere Kinder bestmöglich an Leib und Seele vor sexuellem Missbrauch zu schützen.* Werden Kinder in unangemessener Weise mit Sexualität konfrontiert, kann dies Ängste, Betrübtheit und andere Probleme verursachen, denen Eltern ratlos gegenüberstehen. Was also können wir tun?

Der wichtigste Schutz für ein Kind besteht darin, dass seine Eltern in jeder Hinsicht behutsam mit ihm umgehen: Wir setzen es nicht Gefahren aus, überlegen, wem wir es anvertrauen, beachten stets seine Gefühle und Nöte und bringen ihm bei, sich selbst zu schätzen. Neben dieser allgemeinen Sorgfalt sind einige besondere Regeln zu empfehlen, darunter die folgenden, die erfahrene Eltern uns ans Herz gelegt haben:

*

* Sexueller Missbrauch liegt vor, wenn ein älteres oder geistig überlegenes Kind oder ein Erwachsener ein Kind für sexuelle Zwecke benutzt. Dies kann jedem Kind, selbst einem Säugling, widerfahren. Als Täter kommen Männer wie Frauen, Familienmitglieder und gute Freunde ebenso wie Fremde in Frage.

1 NENNEN SIE DIE DINGE BEIM NAMEN
Bringen Sie Ihrem Kind die korrekten Bezeichnungen für Körperteile bei: Scheide, Penis, Brustwarzen, After und so weiter. So entsteht keine unnötige Geheimniskrämerei und Ihr Kind kann besser über seinen Körper sprechen.

2 SPRECHEN SIE GEFÜHLE AUS
Helfen Sie Ihrem Kind, seine Gefühle zu deuten und auszusprechen, wie es sich fühlt: glücklich, traurig, ängstlich, unglücklich, ärgerlich … Dann wird es bei Problemen eher mit Ihnen über seine Empfindungen reden können.

3 ERZIEHEN SIE RESPEKTVOLL
Arbeiten Sie nicht mit Angst. Wenn Sie weder mit Schlägen strafen noch mit Worten und Taten drohen und sich in Konfliktfällen seine Seite anhören, wird Ihr Kind wissen, dass es stets – selbst wenn es sich schuldig fühlt – zu Ihnen kommen kann. Es lernt, dass Sie ihm zuhören und nicht weh tun werden.

4 BRINGEN SIE IHM DIE „STOPP"-REGEL BEI!
Ob Ihr Kind mit Ihnen oder anderen spielt: Führen Sie ein, dass jeder „stopp" sagen darf und dies beachtet wird. Sorgen Sie dafür, dass alle Spieler sich an diese sehr wichtige (übrigens auch für streitende Erwachsene nützliche) Regel halten. Denn so lernen Kinder, dass sie allem, was ihnen nicht behagt, Einhalt gebieten dürfen. Teil zwei der Regel lautet: Sagt das Kind „stopp" und der andere reagiert nicht, muss es fortgehen und gegebenenfalls eine ältere Person um Hilfe ersuchen.

5 KLÄREN SIE ES ÜBER INTIMITÄT AUF

Bringen Sie Ihrem Kind allmählich nahe, was Intimität bedeutet. Erklären Sie, dass Erwachsene ihre Genitalien vor anderen nicht entblößen und berühren und dass Sie möchten, dass es sich ebenfalls daran hält. Tut jemand dies nicht, wird Ihr Kind wissen, dass etwas nicht stimmt.

6 SEXUALISIEREN SIE IHR KIND NICHT

Kleiden Sie Ihr Kind altersgemäß, nicht wie Miniaturausgaben von Erwachsenen. Sprechen Sie nicht über seine („süßen kleinen") Freudinnen und Freunde, als wären sie Affären.

Auch kann es kleine Kinder verstören, Sexszenen zu beobachten, sei es in Filmen oder in der Wirklichkeit.

7 SCHLUSS MIT GEHEIMNISSEN

Halten Sie Ihr Familienleben frei von Geheimnissen. Ein Kind soll nicht meinen, Dinge für sich behalten zu müssen. Sagt jemand, es solle ein „Geheimnis hüten", wird es wissen, dass dies unrecht ist und es seine Eltern informieren soll. (Sprechen Sie von „Überraschungen", wenn Sie über Geburtstagsgeschenke und -feste reden.)

8 ACHTUNG BEI ÜBERNACHTUNGEN

Kinder sollten nur bei Freunden übernachten, wenn Sie alle Familienmitglieder gut kennen und wissen, dass keine anderen Gäste über Nacht bleiben. Vereinbaren Sie mit Ihrem Kind, dass es Sie jederzeit anrufen und sich abholen lassen kann. Machen Sie einen Code-Satz aus („Ich glaube, ich werde krank" o. Ä.) für den Fall, dass es den Grund seines Auszugs nicht im Beisein der Verantwortlichen nennen will.

9 VERTRAUEN SIE IHRER EINGEBUNG

Hören Sie auf Ihre Intuition. Oft warnt einzig das Gefühl, dass mit einer Person oder Situation etwas „nicht stimmt", vor sexuellem Missbrauch. Selbst wenn keine Fakten Ihre Befürchtung untermauern: Es ist in Ordnung, Einladungen und Situationen abzuwehren, wenn Sie sich nicht hundertprozentig gut dabei fühlen.

10 DRÄNGEN SIE IHR KIND NICHT ZU ZÄRTLICHKEITEN

Ermuntern Sie es, Menschen zu umarmen und zu küssen, die auch Sie gern umarmen und küssen würden. Aber nur, wenn es dies möchte.

11 BEGLEITEN SIE ES AUF ÖFFENTLICHE TOILETTEN

Wir brauchen bessere öffentliche Örtchen mit mehr abschließbaren Kabinen und/oder Eltern-Kind-Toiletten.

12 RESPEKTIEREN SIE DEN KÖRPER IHRES KINDES

Ist das Kind aus den Windeln heraus (ab drei bis vier Jahren), sollte – ärztliche Untersuchungen ausgenommen – niemand außer ihm selbst eingehend seine Genitalien berühren. Es sollte lernen seine Schamgegend selbst zu waschen; ist etwas nicht in Ordnung, sollte es Ihnen die Stelle zeigen und diese am besten selbst berühren.

13 AUFPASSEN BEI AUFPASSERN

Setzen Sie bei Aufsichtspersonen sehr hohe Maßstäbe an. Schauen Sie in Abständen unangemeldet herein, selbst (bzw. erst recht) wenn man Sie daran hindern will.

A

Die besondere
ufgabe des Vaters

Kapitel 6

Was hat ein Mann zu tun?

Es ist ein sonniger Frühlingstag. Er ist mit seiner kleinen Tochter am Strand. Sie erforscht die seichten Teiche zwischen den Klippen, stöbert in den Spalten vergnügt Krebse auf, palavert mit den Tierchen und bringt deren Sozialverbände durcheinander.

Ohne es zu merken, ist sie immer weiter in einen höhlenartigen Vorsprung vorgedrungen. Plötzlich richtet sie sich auf und prallt gegen eine scharfe Felskante. Schmerz durchbohrt ihren Kopf wie glühende Nadeln. Sie heult auf, versucht, nicht zu weinen, und heult erneut, nein schreit fast, als sich der Schmerz verstärkt.

> *Die Geister all seiner Ahnen tauchen mit einem Satz am Strand auf und wispern ihm zu, was er sagen könnte …*

Wie ein Strudel erfassen ihn seine Gefühle. Die Geister all seiner Ahnen tauchen mit einem Satz am Strand auf und wispern ihm zu, was er sagen könnte: „Dummes Mädchen, warum hast du nicht aufgepasst?" „Stell dich nicht so an, das ist doch gar nicht so schlimm!", „Oh je, das ist mein Fehler. Ich hätte dich besser im Auge behalten sollen." Es gelingt ihm, nichts davon zu sagen und die Geister zu verscheuchen. Er nimmt seine Tochter liebevoll in die Arme und streichelt dann ihr Köpfchen, um sie vom Schmerz ein wenig abzulenken. Sie scheint getröstet und beruhigt sich leise schluchzend.

Als sie zusammen heimgehen, schlüpft ihre Hand in seine. Er fühlt sich gut. Er ist froh, ja dankbar, das Richtige getan zu haben. Ihre Hand in der seinen sagt: „Danke." Seine Hand sagt: „Ja, in dieser Welt gibt es Schmerzen, aber ich werde für dich da sein."

Selbstsichere Väter fallen nicht vom Himmel

Wer schon im Augenblick der Geburt seines ersten Kindes ein selbstsicherer Vater ist, mit dem stimmt etwas nicht! Es ist wahr, dass wir Männer oft meinen, wir müssten „alles im Griff haben", „immer eine Antwort wissen" und „zu allem bereit" sein – ein supercooler Supervater mit Superhirn und Super-Equipment. Aber ich will Ihnen reinen Wein einschenken: Die Realität sieht anders aus.

Vatersein ist etwas, auf das ein Mann sich nach und nach versteht. Auf den Dreh kommen Sie langsam, indem Sie Ihre Kinder durch alle Alters- und Entwicklungsphasen begleiten. Sie fangen ahnungslos an, machen alle möglichen Fehler – und entdecken eines Abends, dass Sie einen undramatischen Tag mit den Kindern verbracht haben: Jeder ist satt, warm, sicher und in Besitz all seiner Finger

und Zehen im Bett. Das gibt einem, wie jede neu erworbene Fertigkeit, ein gutes Gefühl. Und begegnen Sie dann eines Tages beim Einkaufen einem jüngeren Vater, der unrasiert und mit geröteten Augen ein Baby und ein Kleinkind zu bändigen versucht, können Sie ihm mit verständnisvollem Grinsen bedeuten: „Junge, du schaffst es!"

Auf dem Weg zu diesem glücklichen Zustand liegen natürlich einige Hindernisse. Das größte besteht wahrscheinlich in Ihren Kindheitserfahrungen. Hat Ihr Vater oft die Beherrschung verloren oder nie mit Ihnen gespielt, müssen Sie vielleicht an sich arbeiten und aufpassen, dass Sie sich nicht genauso verhalten. Womöglich ertappen Sie sich dabei, dass Sie im Eifer des Gefechts Ihr Kind genauso töricht anschreien, wie Ihre Eltern es getan haben, als Sie klein waren.

Bequemlichkeit stellt eine weitere Gefahr dar: Sie haben sich schön daran gewöhnt, dass Ihr Kind vier Jahre alt ist – und stehen auf einmal einem Achtjährigen gegenüber. Dass Ihre väterlichen Fähigkeiten unentwegt gefordert werden, liegt in der Natur der Sache – bleiben Sie also ruhig und lernen Sie freudig weiter dazu.

Sie müssen sich lediglich stets zwei Dinge vor Augen halten:

★ Sie spielen eine äußerst wichtige Rolle im Leben Ihres Kindes.

★ Sie sind bloß ein Mensch und Ihr Kind ebenso; seien Sie daher weder mit ihm noch mit sich selbst zu streng.

> *Eines Abends entdecken Sie, dass Sie einen undramatischen Tag mit den Kindern verbracht haben.*

Was Väter bewirken

Wir leben in traurigen Zeiten. Die Medien vermitteln den Eindruck, als würden Väter nicht zählen. Frauen lassen sich künstlich befruchten, Millionen von Müttern ziehen in allen Teilen der Welt Kinder allein auf. Jedoch: Väter sind wichtig! Eine Fülle wissenschaftlicher Untersuchungen belegt eindeutig: Ein liebevoller, engagierter Vater verbessert in jeder Hinsicht enorm die Zukunftschancen von Kindern. Sie sind bessere Schüler, haben ein positiveres Selbstbild, bessere Arbeitsplätze, werden seltener gewalttätig, straffällig und als Minderjährige schwanger, um einige Beispiele zu nennen.

Freilich macht es nicht jeder Vater richtig und kein Vater gleichbleibend gut. Vater sein ist schwer, denn es ist ein Balanceakt zwischen Extremen. Sie müssen den Lebensunter-

> *Vater sein ... ist ein Balanceakt zwischen Extremen.*

halt (mit-)verdienen, dürfen jedoch nicht so viel arbeiten, dass Sie für Ihre Kinder keine Zeit finden. Sie müssen für Disziplin sorgen, ohne pedantisch oder der Familienpolizist zu sein. („Warte, bis dein Vater nach Hause kommt!"). Sie müssen die Ansichten Ihrer Partnerin beherzigen und zugleich Ihren eigenen Vorstellungen treu bleiben. Ähnlich wie Sie einen Wagen lenken, steuern Sie Ihren Kurs zwischen den Extremen, indem Sie ständig kleine Korrekturen vornehmen. („Warte bitte, muss ich lauter werden." – „Wir alle sind müde und genervt. Wir sollten eine Pause einlegen, um etwas zu essen und zu trinken.")

Ohne den Mut und die Kompetenz, das Engagement und die Liebe, die Väter ohne Zahl seit Menschengedenken beweisen, gäbe es Sie heute nicht. Genetisch dürften Sie also alles besitzen, was Sie brauchen.

Gut für Mädchen, gut für Jungen

In der gesamten Geschichte der Menschheit haben Männer Kinder aufgezogen, unterwiesen und mit ihnen gespielt. Erst im industriellen Zeitalter kamen wir auf die verrückte Idee, dass die Frauen die Kinder erziehen und die Männer arbeiten gehen sollen, um die Rechnungen zu bezahlen.

Das ändert sich. Ja, Väter und Mütter sind sogar auswechselbarer denn je. Wir haben erkannt, dass beide Geschlechter großartige Eltern sein können. Nicht selten können Sie erleben, dass kleine Kinder ihren Papi versehentlich „Mami" nennen und umgekehrt. Das wäre in den 1930er Jahren nie vorgekommen; in jenen konventionellen Familien machte sich im Raum Kälte breit, sobald „Vater" eintrat. Falls Ihr Kind Sie und Ihre Partnerin verwechselt – Glückwunsch: Sie stehen gleichwertig da als zwei Erwachsene, auf die es sich aus Erfahrung verlässt. Es schwimmt in Ihrer Liebe und Verfügbarkeit wie ein Fisch im Wasser.

Was ihr Geschick angeht, sind sie zwar austauschbar, doch erledigen Frauen und Männer familiäre Aufgaben auf jeweils einzigartige Weise. Alles, was ein Mann tut, tut er als Mann. Er lebt keine feminine Seite dabei aus, wenn er ein Kind umsorgt – dies ist eine zutiefst sexistische Interpretation. Er ist maskulin, wenn er ein Baby im Arm hält. Durch alles, was er tut, vermittelt er seinen Kindern eine Vorstel-

lung von Männlichkeit. Ist er gut zu seiner Partnerin und achtet sich selbst, ist er gut zu seinen Kindern und kommt in der großen weiten Welt zurecht, ist er mit seinem Leben zufrieden, dann übermittelt er seinem Sohn und seiner Tochter eine bedeutende Botschaft.

Eine geschlechtsspezifische Identität finden

Ein Junge weiß, dass er ein Mann wird, und deswegen will er wissen, wie ein Mann sich verhält. Schon als Zweijährige ahmen Jungen anscheinend instinktiv ihre Väter nach und fordern sie oft zu einer Reaktion heraus. Verbringt ein Vater ausreichend Zeit mit seinem Sohn, akzeptiert dessen Gefühle und zeigt seine eigenen, wird sich der Junge emotional gesund entwickeln und freuen, ein Mann zu werden.

Vertrauen Mädchen ihrem Vater und fühlen sich in seiner Gesellschaft sicher und wohl, so besitzen sie eine Grundlage für den Umgang mit dem anderen Geschlecht. Dies kann ihnen künftig sehr zugute kommen: Einer Studie zufolge werden Töchter engagierter Väter durchschnittlich 18 Monate später sexuell aktiv. Nach Ansicht von Wissenschaftlern achten Töchter liebevoller Väter mehr auf sich und lassen sich weniger auf Sex ein, bloß um einen Jungen für sich einzunehmen. Die gute Behandlung ihres Vater gewöhnt, erwarten sie von Partnern zumindest ebenso viel Respekt.

Es ist wichtig, dass Väter die Talente und die Intelligenz ihrer Töchter schätzen und den Umgang frei von Sexualität

halten. Dabei schließen Respekt einerseits und Warmherzigkeit und Nähe andererseits sich nicht aus, im Gegenteil: Diese Kombination scheint die Selbstachtung von Mädchen erheblich zu fördern.

Es gibt zwei Geschlechter auf der Welt, und da ist es nur gut, wenn es auch in der Familie zwei davon gibt. (Homosexuelle Paare, allein erziehende Mütter und Väter, mit denen ich gesprochen habe, sind sich dessen bewusst und bemüht, Rollenvorbilder des anderen Geschlechts in den Alltag einzubeziehen. Als Rollenvorbilder dienen dem Kind nicht flüchtige Bekannte, sondern Menschen, die in seinem

Leben so lange präsent sind, dass es sie in vielen verschiedenen Situationen nachahmen kann.)

Kinder unter sechs Jahren beginnen erst, ihre geschlechtsspezifische Identität zu entwickeln. Trotzdem ist es ungleich besser, wenn sie von Geburt an die Liebe zweier Elternteile erfahren können. Das erleichtert ihnen, als Erwachsene sicher und gelassen mit beiden Geschlechtern umzugehen.

Für Kinder ist die Suche nach dieser Identität ein natürlicher Prozess. Mädchen sind süß und hilflos, Jungen gefühllose kleine Machos: Von derlei Unsinn sollten wir uns schleunigst verabschieden. Vielmehr können wir Jungen und Mädchen im Großen und Ganzen gleich behandeln. Sie werden ihre Persönlichkeit auf eigene Weise entwickeln. Ihre Tochter wird vielleicht gern raufen und die Natur lieben, Ihr Sohn in der Küche und beim Kochen helfen. Damit sind sie Kinder des 21. Jahrhunderts, vielseitig und sich doch ihrer geschlechtlichen Identität sicher. Denn durch die Vorbilder ihrer Eltern und Freunde der Eltern haben sie ein rundes Bild von Männlichkeit und Weiblichkeit gewonnen und können ihre individuelle Identität frei bestimmen.

Weshalb Väter Kinder aufputschen

Zu sagen, Väter sollten dieses und Mütter jenes tun, ist zu pauschal. Jede Familie muss die natürlichen Stärken und Begabungen beider Elternteile bestmöglich nutzen. Gleichwohl sind einige Muster in Kulturen überall auf der Welt verankert. Man muss Familien – im Park oder am Strand – nicht lange beobachten, um festzustellen, dass Väter oft wilder und körperbetonter spielen als Mütter. Sie reißen Kinder aus Beschäftigungen und setzen sie unter Strom (was Mütter nerven kann, wenn sie gerade versuchen, den Nachwuchs zur Ruhe und ins Bett zu bringen).

Wie Studien nahe legen, verkraften Kinder engagierter, „verspielter" Väter Stress und Veränderungen besser – vielleicht weil sie auf Grund der Erfahrung spielerischen Kämpfens (ringen, boxen, sich auf dem Boden wälzen und wie wilde Tiere gebärden) kleine Adrenalinstöße als angenehm

Wie Kinder unsere Herzen erweichen ...
„Die Geschichte von Livvy, der Maus"

Unser Haus steht in einem Wald. Im Wald wimmelt es von Leben, und vieles davon hat sich fest vorgenommen, sich in unsere Küche und unser Schlafzimmer einzuschleichen. Ab und zu nagen sich sogar Ratten ihren Weg in unsere Speisekammer, und wir müssen Gift auslegen, um sie wieder loszuwerden.

Eines Morgens poltern meine fünf-jährige Tochter und ich in aller Frühe hinunter zur Küche, die Kleine mir voran, sodass ich das Malheur nicht „vertuschen" kann: Vor uns liegt, auf dem blütenweißen Linoleum unüber-sehbar, die winzigste aller Mäuse. Sie sieht sehr krank aus. Meine Tochter, seit je naturlieb, legt gebieterisch den Finger auf die Lippen, inspiziert die Maus und nimmt sie, ehe ich protestieren kann, behutsam mit beiden Händen auf. Ich kann sie gerade noch von einer Mund-zu-Maus-Beatmung abhalten ...

„Äh, ich glaube, sie ist vergiftet. Sie ist bestimmt bald tot", fasele ich – in der Hoffnung, ihr durch Offenheit Kummer ersparen zu können. Aber sie ist sich sicher, dass sich die Maus erholt. Meine Gefühle sind äußerst gemischt, als wir eine Pappschachtel, Gras zum Auspolstern, etwas Wasser und Fressen herrichten. Ich rede ihr zu, den zitternden flaumigen Ball in das Nest zu legen.

Sie gibt der Maus ohne zu überlegen einen Namen: „Livvy" – weil er mit „leben" (live) zu tun hat, vermute ich.

Ich merke, dass ich leicht sauer auf sie bin, vielleicht weil ich mich hilflos fühle angesichts des unvermeidlichen Kum-mers, der sie erwartet. Auch schießt mir durch den Kopf, dass ihr scharfer fünf-jähriger Verstand rasch erfassen wird, wer das Gift ausgelegt hat.

Ich versuche mich zu beruhigen und zu akzeptieren, wie sie sich fühlt. Ich lege einen Arm um sie, als wir in die Schachtel spähen. Ich sage: „Liebling, ich glaube, sie wird sterben. Sie hat Rattengift geschluckt, das kann sie nicht überstehen." Sie beginnt zu weinen. Sie flüchtet sich in meine Arme, und wir lassen ihrer Trauer Lauf. Sie weint zunächst wegen der Maus, aber im Nu tritt eine sehr interessante Verän-derung ein: Das Rinnsal ihres Leids schwillt zu einem mächtigen Strom an.

„Es nicht gerecht", schluchzt sie. „Alles stirbt. Die Delfine und die Bäume." Ihr Weinen ist fast ein Wehklagen. „Sie kümmern sich nicht um die Natur. Alles stirbt." Sie ist überwältigt von dieser ältesten aller Sorgen. Jetzt verfluche ich die „Rettet-den-Regenwald"-Cartoons und all den Kram, der in der Schule gelehrt wird. Wir belasten Kinder, statt zu handeln. Aber immerhin ist es ehrlicher als vorzugaukeln, alles sei in Butter.

Nach einer Weile hört sie auf zu schluchzen. Sie scheint nicht bloß über den Schmerz hinweg zu sein, sondern irgendwie tief innen ruhiger. Wie ein Blitz trifft mich die Erkenntnis, dass die Maus an einen unausgesprochenen Kummer gerührt und ihr kleines Herz erleichtert hat von einem Schmerz, der ihr an Leib und Seele hätte Schaden zufügen können.

Mit einem Mal bin ich der Maus

dankbar und froh, dass ich in diesem kostbaren Augenblick mit meiner Tochter zusammen sein durfte. Jetzt ist sie sich sicher: „Die Maus wird gesund", sagt sie. „Livvy wird gesund."

P.S.: Als wir am selben Tag vom Einkaufen heimkehrten, sahen wir an einer Ecke der Schachtel ein mausgroßes Loch: Livvy war auf und davon. Sie hatte sich wohl berappelt und den Weg in die Freiheit genagt. Das Leben geht weiter. Ich wünsche Livvy und ihrer Familie alles Gute.

„Es nicht gerecht", schluchzt sie.
„Alles stirbt.
Die Delfine und die Bäume."
Ihr Weinen ist fast ein Wehklagen.
„Sie kümmern sich nicht um die Natur.
Alles stirbt."

empfinden. Raufen ist nicht nur lustig, sondern auch lehrreich: Jungen lernen die wichtige Lektion, trotz Erregung weder sich noch andere zu verletzen. Gute Väter achten intuitiv auf Sicherheit und gebieten rechtzeitig Einhalt: „Warte, wir brauchen ein paar Regeln", „Du darfst ringen, aber nicht schlagen", „Pass auf die Möbel auf!" Balgereien, an denen Erwachsene teilnehmen, bringen Kindern eine gewisse Vernunft und Vorsicht bei. Jungen können so lernen, überschäumende Energie zu bändigen und zu kanalisieren, sich verantwortungsvoll zu benehmen und trotzdem Spaß zu haben.

Oftmals (wenngleich nicht immer) sind die Väter die Frischluftfans und toben sich für ihr Leben gern mit ihren Sprösslingen im Freien aus. Und oft feuern sie die Kids zu mehr Krafteinsatz und Mut an. (Allerdings passieren beim Spielen mit Vätern häufiger Unfälle; passen Sie also auf und gehen Sie keine zu hohen Risiken ein.) Ist das Kind noch ein Baby, tragen Väter es gern auf den Schultern spazieren und verschaffen so den Müttern wohlverdiente Verschnaufpausen. Mit dem Vater erleben Kinder in allen Teilen der Welt Abenteuer: Durch ihn lernen sie die Welt als aufregend zu begreifen, sich aktiv und koordiniert zu bewegen ... um am Abend besser einzuschlafen.

Der große Wandel: Schwangerschaft und Geburt

Vielleicht meinen Sie, die Veränderungen während der Schwangerschaft beträfen allein die Frau. Das ist weit gefehlt: Auch die Männer machen eine Menge durch. Viele dieser Veränderungen sind sehr positiv. Sie werden für Ihre Partnerin wahrscheinlich viel Zärtlichkeit empfinden, verbunden mit Fürsorglichkeit, Aufregung und sogar Ehrfurcht: Die Fähigkeit einer Frau, ein Baby hervorzubringen, hat etwas Wundersames, ja Heiliges.

Doch auch negative Gefühle kommen auf. Viele Männer flippen während der Schwangerschaft ein bisschen aus, was angesichts eines solch tief greifenden Wandels nur natürlich ist. Möglicherweise setzt Unsicherheit Ihnen zu und der Zweifel: „Bin ich ausreichend vorbereitet?" Das wird niemand jemals sein! Die Frage „Werde ich der Verantwortung gerecht?" ist äußerst normal, doch vergessen Sie nicht: Vater sein ist etwas, was man einen Tag nach dem anderen tut. Wenn Sie jetzt überlegen, was Ihr Kind einmal studieren soll, dann sackt Ihnen erst recht das Herz in die Hose.

Halten Ihre Bedenken sich länger als ein bis zwei Tage, ist es am besten, sie auszusprechen. Fressen Sie Ihre Gefühle nicht in sich hinein. Reden Sie mit Ihrer Partnerin. Fragen Sie Freunde, die bereits Vater sind, nach ihren Erfahrungen und sagen Sie ihnen, was Sie bewegt; erfahrene Väter sehen die Dinge in ihrer zeitlichen Relation und können Ihnen (hoffentlich) helfen, sie in Griff zu bekommen.

Sex und Schwangerschaft

Das Interesse Ihrer Partnerin am Sex kann während der Schwangerschaft krass umschlagen – zum Nullpunkt oder zu ungeahnter Lust. Ist Sex für Sie bisher etwas, an dem man sich nach Laune bedient wie am Bier im Kühlschrank, könnten Sie Probleme bekommen. Diese Zeit ist dafür da, erwachsen zu werden. Einem wirklichen, einem reifen Mann ist (auch) beim Sex am Spaß seiner Partnerin gelegen, an Zärtlichkeit, Aufmerksamkeit und Respekt. Nehmen Sie also Rücksicht, wenn Ihre Partnerin sich körperlich unwohl fühlt oder ihre Hormone verrückt spielen. Doch geben Sie nicht gleich auf: Geduldiges, einfühlsames Werben wirkt erotisierend. Reden Sie über das Timing.

Fragen Sie, wie Sie ihr helfen können, zu ent-spannen – durch Massage oder Zubereiten des Abendessens, damit sie mehr Zeit und Energie für sich und Sie hat. Manche Män-ner reagieren eingeschnappt, übellaunig oder ungeduldig – was die wenigsten Frauen liebenswert, geschweige denn verführerisch finden. Außerdem gibt es andere Wege, einander zu befriedigen, als den üblichen Beischlaf: Nutzen Sie die Gelegenheit …

Auch wenn die körperlichen Herausfor-derungen ihres Zustands sie in Anspruch nehmen, will eine Schwangere daran erin-nert werden, dass sie Frau, Geliebte und Partnerin ist. Viele Männer finden Frauen in

Ich habe das Gefühl, dass irgend-was zwischen uns getreten ist

diesen Monaten wunderschön, und viele Frauen sind erstaunt und entzückt, dies zu hören, weil sie selbst sich plump „wie ein gestrandeter Wal" vorkommen.

Eine andere Herausforderung besteht in dem (Männer wie Frauen ereilenden) Bedürfnis, mehr für sich zu sein, während man sich auf seine neue Rolle vorbereitet. Geraten Sie deswegen nicht in Panik: Ihre Beziehung geht gestärkt daraus hervor. Diese Zeit dient dazu, sich emotional auf die eigenen Beine zu stellen. Gehen Sie viel spazieren, lesen Sie Bücher, die Sie schon lange interessieren. Entwickeln Sie das Gefühl emotionaler Unabhängigkeit, so nahe Sie sich als Paar auch sind.

Sie haben sieben bis acht Monate Vorbereitungszeit – vergeuden Sie sie nicht. Sie können massieren, kochen, putzen, wickeln … lernen. Sie können üben, zu sparen und gesund zu essen, sich Glimmstängel und Drogen abgewöhnen.

Stürzen Sie sich, wenn irgend möglich, nicht in Renovierungsarbeiten. Sie müssen sich allein versorgen und ausspannen können, statt sich auf Ihre Partnerin als einzigen Quell Ihres Wohlbefindens zu fixieren. Die Elternschaft – und die Reife, die sie von Ihnen verlangt – hilft Ihnen, ein ganzer Mann zu werden. Auf den eigenen Beinen stehen, dies macht Sie erwachsener und fähiger, Nähe zu zeigen (ohne zu klammern!), zu geben und bei Bedarf zu nehmen.

Wenn die Geburt naht

Es ist natürlich, dass wir um unsere Partnerin Angst haben, wenn die Geburt heranrückt. Dies liegt zum Teil daran, dass wir sie beschützen wollen, aber nicht sehr viel tun können. Sollten Sie sich im Geburtsvorbereitungskurs und bei der Entbindung bestenfalls als gutwilliger Helfer vorkommen: Einfach da sein ist genau das, was von Ihnen verlangt wird. Wählen Sie für die Entbindung einen Ort, an dem Väter willkommen sind und in das Geschehen einbezogen werden. Ob Hausgeburt, private Entbindungsklinik, Krankenhauszimmer, Kreißsaal oder gar Kaiserschnitt im OP – Väter sollten unter allen Umständen ihrer Partnerin beistehen dürfen.

Es hilft, in Erfahrung zu bringen, woher unsere Ängste rühren; oft lassen sie sich dann durch Sachinformationen leicht zerstreuen. Meine eigene Erfahrung veranschaulicht vielleicht, wie tief im Fleisch uns Ängste sitzen und worauf sie gründen können. Als wir unser erstes Kind erwarteten, erfasste mich panische Angst, sobald wir über die Geburt sprachen. Das verwirrte mich sehr, doch eines Morgens wachte ich aus einem Traum auf und wusste den Grund. Ich war drei Jahre alt, da wurde meine Mutter schwanger. Weil ernsthafte Komplikationen sie zur Ruhe zwangen, zogen wir in das Haus meiner Großmutter. Als sie dann zur Entbindung ins Krankenhaus ging, durfte ich sie nicht besuchen. Sie gab meinem Vater bei jedem Besuch kleine Spielzeugfiguren für mich mit. Alle waren sehr angespannt und besorgt, doch schließlich kehrte sie gesund mit einem kleinen Baby, meiner Schwester, heim. Nun, da meine Partnerin schwanger war, verwechselte ein Teil meines Unbewussten sie mit meiner Mutter – daher meine irrationale Angst, Shaaron könnte sterben oder fortgehen und nie zurückkehren. Es half mir sehr, dies erkannt zu haben und jetzt zwischen Wirklichkeit und Fantasie differenzieren zu können.

"Einfach da sein ist genau das, was von Ihnen verlangt wird."

Heutzutage sind Geburten, speziell für die Mutter, relativ gefahrlos. Und Väter werden nicht, wie noch vor zwanzig Jahren, davon ausgeschlossen.

Dass Mütter vor und während der Geburt eine Hilfsperson brauchen, finden wir selbstverständlich. Es wäre keine schlechte Idee, wenn auch die Väter (männlichen) Beistand hätten, am besten einen Vertrauten, der bereits Vater ist. Dieser muss nicht im Entbindungsraum zugegen sein, aber in erreichbarer Nähe, um Essen zu bringen, mit dem Vater über den Verlauf der Geburt zu sprechen und ihn mental bei Kräften zu halten.

Das Baby ist da …

… und damit die Zeit, in der es um praktische Dinge geht: Windeln wechseln, Schlaf einschieben, Geschirr stapeln, weil Sie zum Abspülen schlicht zu erschöpft sind. Ihr Körper stellt sich auf kürzere Schlafphasen um. Nach einigen Wochen nehmen Sie das nicht mehr wahr. Passen Sie daher auf, wenn Sie die Straße überqueren! Notieren Sie, wo Sie Ihr Auto geparkt haben. Fuß vom Gaspedal! Jetzt verwandeln Schwiegereltern sich auf wundersame Weise in barmherzige Engel, die Sie dankbar umarmen, wenn sie lecker duftende Töpfe vorbeibringen und anbieten, die Wohnung zu putzen.

Etwas gewöhnungsbedürftig dürfte die merkliche Veränderung Ihrer Beziehung sein. Es ist gut möglich, dass Sie auf Ihr Baby eifersüchtig werden – einen Achtpfünder-Casanova, dem Ihre Partnerin hörig ist. Sprechen Sie oft mit Ihrer Partnerin. Lassen Sie sich versichern, dass Sie ihre Liebe und Anerkennung besitzen, obwohl sie Ihnen nur wenig Zeit schenken kann.

Das erste Jahr ist hart, aber allmählich wendet sie sich Ihnen wieder zu. Manchmal wird Ihnen scheinen, Sie seien Schichtarbeiter, kein Liebespaar. Machen Sie sich stets bewusst, dass eine romantische Liebe Sie mit Ihrer Partnerin verbindet, selbst wenn sie klagt, sich wie eine Milchkuh vorzukommen.

Nennen Sie einander niemals (!) „Mama" und „Papa". Nehmen Sie jede Menge Fotos oder lustige Heimvideos auf. Rufen Sie tagsüber daheim an und bewahren Sie Ruhe, wenn Ihre Partnerin die „Nase gestrichen voll" hat und Sie abkanzelt: „Wie soll ich da noch irgendetwas fühlen?"

Fordern Sie nichts ein. Wir kennen Männer, die ihre Ehe aufgegeben haben, weil ihr Konkurrenzkampf sie überfordert hat! Zugleich vergessen einige Frauen über ihrem überschwänglichen Mutterglück, dass sie einen Mann haben, der ebenfalls zählt. Beide Partner müssen sich weiterhin für ihre Beziehung einsetzen, sie nähren und hegen, damit sie gedeihen kann. Erinnern Sie also Ihre Partnerin freundlich daran, dass es Sie noch gibt – und Sie ihr etwas geben wollen, während das Baby größtenteils nimmt.

Sich das Vatersein erkämpfen

In genau diesem Moment spielt sich irgendwo Folgendes ab: Ein junger Vater nimmt sein neugeborenes Kind erstmals in die Arme. Er hat seit 36 Stunden kaum geschlafen, aber das

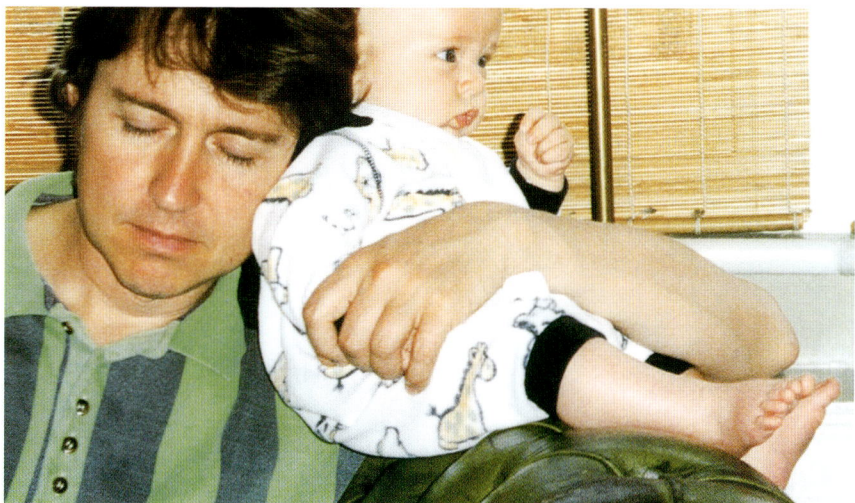

merkt man ihm nicht an: Er ist high vom Adrenalin und dem Traum, bester Vater aller Zeiten zu werden.

Einhellig berichten Männer, die bei der Geburt ihrer Kinder dabei waren: „Es war ein unvergesslicher Augenblick, der schönste meines Lebens!" Bei genauem Beobachten jedoch sieht man Sekunden später einen traurigen Schatten über ihr Gesicht huschen. Für viele Väter, besonders früherer Generationen, ging es ab diesem schönsten Augenblick bergab. In den Krankenhäusern griffen kühle Hände ein, nahmen das Baby und übergaben es „Leuten vom Fach". Damit erhielt der Vater einen Vorgeschmack von dem, an das er sich gewöhnen sollte: als unbedeutend ausgegrenzt zu sein.

Die Mutter, in ihrer Elternrolle sozial ungleich anerkannter, behauptete zumeist ihre Position. Während sie zwischen sich und dem Kind ein starkes Band schmiedete, trat der Vater immer weiter in den Hintergrund. Vater zu sein schien im 20. Jahrhundert vornehmlich zu bedeuten: abgedrängt werden.

Im industriellen Zeitalter galt *der* als guter Vater, der ein guter Versorger war – eine Geldbörse mit zwei Beinen. Er sorgte für die Moneten, sie für die Kinder. Der ideale Mann des 20. Jahrhunderts wurde charakterisiert durch das, was er nicht tat: Wer seine Frau nicht schlug, nicht fremdging,

nicht spielte und nicht zu viel trank, war ein guter Mann. Besuchte er dann noch mit den Kindern die Kirmes, war er geradezu ein Heiliger. Mehr erwartete niemand.

Die Generation unserer Väter drückte durch Arbeit ihre Liebe aus, denn auf dieser Idee baute die Gesellschaft auf. Im 20. Jahrhundert schufteten Millionen von Männern sich frühzeitig ins Grab. Oft taten sie Arbeit, die sie hassten. Die Wärme und Freuden des Familienlebens gingen an ihnen vorbei. Stress und Unausgewogenheit dieses Lebensstils bewirkten, dass Männer am Ende des Jahrhunderts eine sieben Jahre kürzere Lebenserwartung als Frauen besaßen.

Dass das Vatersein nicht immer so aussah, können wir uns schwer vorstellen, weil wir beim historischen Rückblick meist an die strengen Vaterfiguren in unseren Familienalben denken. Forscher wie Adrienne Burgess haben indes ermittelt, dass sich Väter in den vorindustriellen Gesellschaften und Jäger-und-Sammler-Kulturen, aktiv und engagiert an der Erziehung beteiligt haben. In nichtindustriellen Ländern stehen Väter heute noch ihren Kindern sehr nahe und verbringen täglich Stunden damit, sie zu unterweisen und zu umsorgen.

Vor zweihundert Jahren richteten Erziehungsratgeber sich an Väter und einst lastete man es den Männern an, wenn Kinder sich ungut entwickelten. Vor Jahrhunderten wurde ein Drittel der Haushalte von allein stehenden Vätern geführt (weil viele Mütter wegen mangelnder ärztlicher Versorgung starben). Im Amerikanischen Bürgerkrieg, belegt eine Studie der Soldatenkorrespondenz, waren Kinder wichtigstes Thema der Männer. Und als es noch keine Schriftzeugnisse gab, da waren die Männer ganz natürlich die Lehrer der Jungen. Auf diese gesunde Struktur besinnen wir uns nun wieder.

Mehr als fünf Generationen lang schien die Kunst des Vaterseins beinahe ausgestorben. Stellen Sie sich zum Beweis die Frage: „Wie viele meiner männlichen Freunde stehen ihren Vätern wirklich nahe? Möchte ich, dass meine Kinder einst ein solches Verhältnis zu mir haben?" Die Antwort dürfte eindeutig sein.

Eine persönliche Masche

**Sind die Kinder zwei Jahre oder älter, ist es
sehr gut, allen Beteiligten zu beweisen, dass
Sie, der Vater, den 24-Stunden-Dienst versehen
können:** füttern, ins Bett bringen, tagsüber
interessante Dinge anstellen und zugleich die
Bude in irgendeiner Art von Ordnung halten.

Das tut Mann am besten an einem Wochenende, das seine Partnerin für einen hart ver-
dienten Kurzurlaub nutzt und ihm ermöglicht,
sich einmal allein um Kind bzw. Kinder zu
kümmern. (Das gilt nur, wenn er nicht ohnehin den Hausmann spielt; tut er's, sind hier
die Rollen zu vertauschen.)

Ein solches Wochenend-Strohwitwer-Projekt
verlangt ein bisschen Vorbereitung. Sie können
zur Übung klein anfangen mit einem Vormittag im trauten Heim. (Viele Männer tun dies
bereits; daher ist dieser Tipp auf den Vater
gemünzt, der rackert, während seine Partnerin
Kind und Küche versorgt, und somit wenig
Solistenerfahrung besitzt.) Sehr zu empfehlen
ist ein Tag, an dem Ihre Partnerin Sie allein
lässt, aber am Handy Ihre Notrufe erhört!

Betreut bislang Ihre Partnerin die Kinder,
kann sie Ihnen mit detaillierten Auskünften
dienen. Sie werden wissen wollen:

★ *welche Alltagsgewohnheiten die Kinder
   haben* – wann sie schlafen und wo und
   welche Kombination von Teddys,
   Fläschchen und Kissen, welche Rituale
   beim Zähneputzen und Vorlesen nötig sind,
   damit ihnen die Augen zufallen;
★ *was und wann* sie gewöhnlich und gerne
   essen und trinken;

★ *welche Gefahren lauern* – Sind die Kinder
   zur Zeit eher an den Kabeln der Stereoanla-
   ge interessiert oder am losen Straßentorrie-
   gel? Wie steht es insgesamt um die Sicherheit im Haus? Aufgepasst: Kinder können
   Hunde am Ohr ziehen und gebissen werden
   und verschlingen im Garten lauter ekliges
   Zeug, sobald Sie länger als zehn Sekunden
   den Telefonhörer in der Hand halten.

Es wird Ihnen eine Hilfe sein, derlei Dinge
zu wissen – VORHER! Diese Phase Ihrer
allein verantwortlichen Sorge für die Kinder
wird für alle Beteiligten die Bedeutung eines
Initiationsritus haben. Sie werden viel lernen.
(Machen Sie sich auf ein oder zwei größere
Auseinandersetzungen und das unvermeid-
liche „Wär' doch bloß Mami da!" gefasst.)
Ihre Kinder werden Sie danach sehr viel besser kennen. (Vielleicht tun Sie sich mit einigen
Vätern für einen Ausflug in den Park zusammen. Gehen Sie aber nicht zu Ihrer Mutter –
mogeln gilt nicht!)

Nichts geht
über den stil-
len Stolz zu
wissen: Ich
komme mit
meinem Kind
zurecht! Und
überhaupt,
wen kümmern
passende
Socken?

Wiederentdeckung des Vaterseins

> *Wohin ich auch reise, überall begegnen mir Männer, die beschlossen haben, bessere Väter zu sein.*

Heute wollen viele junge Männer bessere Väter sein, aber nachdem Väter zwei Jahrhunderte nur bei der Arbeit oder im Krieg waren, wissen sie oft nicht, wie sie es anfangen sollen. Mir jedenfalls erging es so. Dies ist für einen angeblichen Erziehungsexperten eine sonderliche Erfahrung. Immer wieder habe ich das untrügliche Gefühl, meinen Kindern mit klugen oder nützlichen Worten oder Taten helfen zu müssen, aber ich komme nicht darauf! Es muss da einen Schatz männlicher Weisheit geben, der mir fehlt.

Ich sehe, wie leicht meine Partnerin Shaaron weiß, was zu tun ist, und lerne von ihr. Mal würde ich anders vorgehen, mal genauso. Ich beobachte andere Männer mit ihren Kindern und schnappe manchmal gute Ideen auf, andere Male ratlose Blicke, wie ich sie von mir kenne. Deswegen, glaube ich, ziehen sich so viele von uns in die Welt der Arbeit zurück: Niemand kommt sich gern wie ein Idiot vor. Doch wohin ich auch reise, überall in der Welt begegnen mir Männer, die beschlossen haben, bessere Väter zu sein, und denen dies – trotz Widrigkeiten – auch gelingt.

Mitunter muss man lediglich seinem Instinkt vertrauen. Als ich meinen neugeborenen Sohn im Arm hielt, während Shaaron sich erholte, kam eine Krankenschwester herein, in der Hand ein Plastikrohr, das sie dem Kleinen durch die Speiseröhre einführen wollte, um eine Probe des Mageninhalts zu entnehmen. Ich lehnte höflich, aber unnachgiebig ab, und zu meinem Erstaunen meinte sie nur „Oh, okay" und ging. Ein befreundeter Arzt sagte mir später, dass ich genau richtig reagiert und meinem Sohn eine sinnlose, traumatische Prozedur erspart hatte. Ich selbst hatte lediglich genau gewusst, dass mein Gefühl sich sträubte. Außerdem fühlte ich mich zum ersten Mal an jenem Tag wirklich nützlich, und das tat mir gut.

Das Elterngespann aus Mann und Frau mag ein paar Jahrhunderte lang ausgemustert gewesen sein, aber es ist ein kraftvolles Team der Gefühle, Gedanken und Hormone, das, einmal in Fahrt, kaum aufzuhalten ist.

Besondere Herausforderungen

Es gibt einige Schwierigkeiten, mit denen sich wohl jeder Vater dieser Erde hat auseinander setzen müssen. Schon das zweijährige Töchterchen mag wittern, dass Vater weibliche Anerkennung schätzt – und wickelt Papi flugs „um den kleinen Finger". Ist ein Mann wiederum so sehr darauf bedacht, mit seinem Sohn „gut Freund" zu sein, dass er jedem Ärger ausweicht, endet der Junge als verzogenes Kerlchen.

„Ich hab' dich lieb, Papi – kaufst du mir ein Pony?"

Bestimmtes Auftreten gegenüber einem Kind ist nicht schwierig. Sie müssen es nur wollen. Großzügig und liebevoll sein ist schön, aber wer Kinder aufzieht, muss auch sagen können: „Nein, heute gibt es nichts Süßes", „Es ist Zeit, dass du ins Bett gehst" oder „Räum deine Sachen auf".

Es hilft, den Ursachen des Problems nachzuspüren. Wenn Sie merken, dass Ihnen so sehr an der Gunst Ihrer Tochter liegt, dass Sie ihr stets nachgeben, dann müssen Sie sich vielleicht mehr um Ihre Ehe kümmern. Wollen Sie, dass Ihr Sohn Ihr bester Freund wird, brauchen Sie wahrscheinlich mehr männliche Freunde.

Bei Söhnen lauert eine weitere Gefahr: Manche Männer begreifen ihren Sohn als Konkurrenten und sind zu streng, zu aggressiv, zu laut, unvernünftig oder kleinlich. Oder sie treiben ihn zu hart zu schulischen oder sportlichen Leistungen an: Aus Sohnemann wird der nächste Boris Becker und aus mir sein berühmter Vater! Sprechen Sie mit Ihrer Partnerin oder Freunden, denn dieses Problem kann viel Schaden anrichten. Unsere Kinder müssen sie selbst sein dürfen.

Getrennte Väter

Von Kindern getrennt zu sein ist hart. Lange Zeit war es übliche Praxis der Scheidungsrichter, die Kinder der Mutter zu lassen und dem Vater zeitweisen „Zugang" zu gewähren. Allmählich wird anerkannt, dass beide Elternteile sich auch nach der Trennung bzw. Scheidung gleichermaßen um die Kinder kümmern können.

Zur Nachahmung empfohlen

Durch Spielen Nähe schaffen

Manche Männer sind unbeholfen im Umgang mit Kindern. Sie wissen nicht, wie sie mit ihnen spielen und sprechen sollen.

Vielleicht ist Ihr Vater sehr früh gestorben oder war wenig daheim, sodass Ihnen persönliche Erinnerungen an fröhliche Zeiten und Unterhaltungen von Vater und Kind fehlen. Oder Sie haben wenig mit kleinen Kindern zu tun gehabt und daher keine Erfahrung.

Das Gute ist: Jeder kommt sich zunächst unbeholfen vor. Das legt sich – Sie müssen bloß in die Sache einsteigen. Lernen Sie so früh wie möglich mit Ihrem Kind zu kuscheln, aber auch es zu wickeln und in den Schlaf zu lullen. Wenn Sie sich noch nie auf alle Viere niedergelassen und mit Kindern gespielt haben, dann fangen Sie damit an.

Lesen Sie Gutenachtgeschichten vor. Kommen Sie sich nicht albern vor – *sein* Sie albern! Machen Sie lustige Geräusche. Spielen Sie Elefant und lassen Sie Ihr Kind auf Ihrem Rücken reiten. Wenn es Ihre Nähe nicht scheut, wird sich Ihr Kind in Ihrer Gesellschaft unbefangener fühlen und auf das Beisammensein freuen. Ferner wird es Ihnen mehr Vertrauen und Gesprächsbereitschaft entgegenbringen.

Wenn Sie getrennt sind und Ihre Kinder nur wenig sehen, müssen Sie auf eine ausgewogene Zuneigung achten. Die größte Gefahr besteht darin, ein „Weihnachtsmann-Papi" zu werden. Dies passiert leicht, wenn Sie wenig Zeit haben und unangemessene Geschenke machen, damit Ihre Kinder Sie mögen. Widerstehen Sie der Versuchung, sich ihre Liebe zu erkaufen, sowie dem Hang, schlechtes Verhalten zu dulden aus Angst, ihre Liebe zu verlieren. Ihre Kinder werden sich am ehesten geborgen fühlen und Ihre Fürsorglichkeit spüren, wenn Sie bestimmt auftreten. Dies bedeutet auch an gewissen Verhaltensnormen – wie nicht schlagen und andere weder durch Worte noch Taten verletzen – festzuhalten.

Das Scheitern einer Beziehung kann für einen Mann eine tieftraurige, harte und sehr einsame Sache sein. Was Ihre Kinder betrifft, muss dies nicht so bleiben. Gespräche mit anderen Männern, Kurse und Organisationen für und von geschiedenen und allein stehenden Vätern helfen Ihnen. Kinder wollen wissen, wie es ihrem leiblichen Vater geht, auch wenn die Mutter einen neuen Partner findet. Verschwinden Sie nicht von der Bildfläche, so schwer es Ihnen zuweilen fallen mag. Leben Sie Ihr Leben bestmöglich weiter und pflegen Sie die Beziehung zu Ihren Kindern.

Halten Sie sich durch Engagement in Kindergarten und Grundschule über die Belange Ihrer Kinder auf dem Laufenden. Lernen Sie ihre Freunde kennen und deren Eltern. Laden Sie die Freunde ein, nehmen Sie an Ausflügen teil. Bauen Sie eine eigene Beziehung zu den Lehrern auf, verfolgen und fördern Sie die schulische Entwicklung Ihrer Kinder. Besuchen Sie Schulveranstaltungen, und tragen Sie solche Termine in Ihren Kalender ein.

Und selbstverständlich vermitteln Anteilnahme an der Erziehung, möglichst auf direkte Weise, sowie Anrufe und Briefe die klare Botschaft, dass Sie Ihr Vatersein ernst nehmen. Wenn Sie sich bemühen, mit Ihrer Expartnerin zusammenzuarbeiten, ebenso viel Zeit zu investieren und selbst ein stabiles, erfülltes Leben zu führen, dann werden sich Ihre Kinder bei Ihnen wohl und geborgen fühlen. Dies ist ein großes Vorhaben, das immer mehr Männer verwirklichen.

Allein erziehende Väter

Wir wollen nicht um den heißen Brei herumreden: Ein Kind allein aufzuziehen ist ein schweres Los. Allein erziehenden Vätern fällt es nicht leicht, dem Kind Vater und Mutter zugleich zu sein, ihm Zärtlichkeit zu geben, den Haushalt in Schuss zu halten und den Lebensunterhalt zu verdienen. Kinder geben uns Liebe zurück, aber der Wunsch, dass ein erwachsener Mensch unser Liebesreservoir auffüllt, ist auch ein natürliches Grundbedürfnis. Als allein erziehender Vater sollten Sie unbedingt Freundschaften mit Erwachsenen pflegen und ein eigenes Leben führen. Ihr Kind darf nicht Ihre einzige soziale Stütze sein. Nutzen Sie Ihre Situation nicht zum gesicherten Rückzug von der Welt. Suchen Sie erwachsene Freunde. Besuchen Sie andere Eltern, sodass die Kinder gemeinsam spielen können. Viele allein erziehende Väter fühlen sich auf Spielplätzen und in Kindergärten unter all den Müttern fehl am Platz. Dies dürfte sich ändern, wenn mehr Väter Kinder erziehen; dann wird es mehr Vater-und-Kind-Gruppen und väterfreundliche Angebote geben.

Vaterschaft und Karriere

Noch eine Gefahr ist nicht zu verachten: das Supervater-Syndrom, bei Frauen Supermutter-Syndrom genannt. Wenn Sie eine Superkarriere hinlegen, ein Supersexprotz und dazu ein Superpapi sein wollen, dann riskieren Sie einen Herzinfarkt. Werden Sie lieber weicher und runder und in all Ihren Rollen gemäßigter und gelassener.

So kosten Kinder zwar Geld, doch brauchen sie Ihre Zeit dringender als Ihr Scheckheft. Waren Sie beruflich sehr ehrgeizig und haben nun kleine Kinder, tun Sie gut daran, sich ein wenig zurückzulehnen. Sie werden das Leben mehr genießen, glücklichere und erfolgreichere Kinder sowie ein besseres Liebesleben haben, wenn Sie sich nicht von einer Karrieresprosse zur anderen hangeln oder bis 20 Uhr arbeiten, um Ihrem Chef zu imponieren. Es ist in Ordnung, wenn sich mit dem Vatersein Ihre Prioritäten ändern.

Einige dieser Änderungen schleichen sich hinterrücks ein. Angenommen, Sie fahren drei Tag auf eine Geschäftsreise. Anfangs sind Sie heilfroh, ungestört schlafen oder aufbleiben zu dürfen. Nach zwei Tagen aber ertappen Sie sich in Flughäfen und Einkaufszentren dabei, wie Sie anderer Leute Kinder bewundern und überlegen, ob man Sie verhaftet, wenn Sie kurz ein wildfremdes Kleinkind herzen … Glückwunsch – jetzt sind Sie Mitglied der internationalen Väterliga! Der Liga von Männern, die keinen innerlichen Leistungsdruck mehr verspüren. Von Männern, die kürzer treten, locker lassen und wissen, was langfristig zählt.

Kümmern Männer sich um die Kinder, geraten sie beruflich ins Hintertreffen, dieser verbreitete Vorbehalt ist falsch: Sie profitieren auf zwischenmenschlicher Ebene, der Ebene der emotionalen Intelligenz. Gute Väter sind die besten Chefs, Manager und Teamleiter. Sie bringen mehr Mitgefühl und Interesse für die Belange ihrer Mitarbeiter auf.

Es kann sein, dass Sie lieber einer sozial sinnvollen Beschäftigung nachgehen möchten als schnelle Kohle machen, den Beruf wechseln oder einer befriedigenderen Arbeit zuliebe aus dem Konkurrenzkampf aussteigen. Das Familienleben wird Ihnen mehr Tiefgang und Verständnis für andere eintragen. Dadurch werden Sie mit Menschen gut umgehen können und ein insgesamt tiefgründigerer, besserer Mensch.

Zur Nach-ahmung empfohlen

Vater sein: Das Wichtigste in Kürze

Vater sein ist ein bisschen wie fliegen.
Sie sind der Pilot und versuchen die Reisegeschwindigkeit zu halten, während Sie trimmen, Kurs anpassen und das Flugzeug heil durch ein bis zwei Stürme steuern.

Folgend einige der wichtigsten „Instrumente", die Sie im Auge behalten müssen.

★ *Nehmen Sie sich Zeit.* Das ist das Wichtigste. Wenn Sie 55 oder 60 Stunden pro Woche arbeiten, ist es fast unmöglich, Ihrer Vateraufgabe nachzukommen. Väter müssen rechtzeitig heimkehren, um mit ihren Kindern zu spielen, zu lachen und sie zu unterweisen. So manche Väter nehmen, um mehr Zeit für die Familie zu haben, mit einem niedrigeren Einkommen vorlieb. Vergessen Sie den Fernseher – gehen Sie in den Park, spielen Sie Spiele. Nutzen Sie gemeinsame Mahlzeiten und die Zeit vor dem Schlafengehen, um über das Tagesgeschehen zu sprechen.

★ *Fangen Sie früh an.* Steigen Sie schon in der Säuglingsphase ein – in dieser Zeit wird das Fundament für Ihre Beziehung zum Kind gelegt. Die Sorge für ein Baby kurbelt Ihre Vaterinstinkte an und verändert die Prioritäten Ihres Lebens. Legen Sie Urlaubstage ein, um sich rund um die Uhr um Ihr Kind zu kümmern und die Gewissheit zu erlangen, dass Sie es auch allein schaffen.

★ *Werden Sie warmherziger.* Kuscheln Sie mit Ihrem Kind, ruhen Sie gemeinsam aus beim Vorlesen oder Vorsingen. Sagen Sie ihm, wie großartig es ist. Hat man Ihnen als Kind zu wenig Liebe gezeigt, haben Sie nun die Chance zu lernen, wie man es tut.

★ *Werden Sie lockerer.* Lernen Sie, sich an Ihrem Kind zu erfreuen – nur aus Pflichtbewusstsein mit ihm beisammen zu sein ist zweitklassig. Finden Sie einen Kompromiss – Dinge, die Ihnen beiden Spaß machen. Üben Sie keinen Leistungsdruck aus, aber bestehen Sie auf Mitarbeit im Haushalt. Es sollte höchstens zwei sportlichen oder anderen Beschäftigungen regelmäßig nachgehen, um genug Zeit für die Familie zu haben. Egal was es tut, es muss dabei Spaß haben.

★ *Werden Sie ernsthafter.* Seien Sie kein „Sonntagsvater", der allen Ärger der Partnerin überlässt. Beteiligen Sie sich an Entscheidungen, halten Sie ein Auge auf Schulaufgaben, häusliche Arbeiten und Disziplin. Erziehen Sie ruhig, aber bestimmt zu Disziplin. Verlangen und erweisen Sie Respekt. Schlagen Sie nicht, wenngleich Sie ein kleines Kind bisweilen festhalten und zügeln müssen. Seien Sie nicht selbst ein Kind. Hören Sie Ihrem Kind gut zu und beherzigen Sie seine Gefühle.

★ *Seien Sie kein Einzeltäter.* Sie brauchen Hilfe: Männer und Frauen, die Anteil nehmen wie früher Onkel und Tanten. Schließen Sie sich einer Gruppe von Freunden, einer Kirchengemeinde, Organisation oder einem Sportverein an. Sie lieben und achten Kinder, haben Interesse an der Entwicklung ihres Charakters und daran, dass Eltern und Kinder gemeinsam Spaß haben.

★ *Seien Sie ein stolzer Vater.* Seien Sie stolz auf Ihre Kinder und die Rolle, die Sie in ihrem Leben spielen.

Aus dem Tagebuch eines Vaters

„Nach der Party"

von Martin Flanagan

Es ist 16.45 Uhr an einem Donnerstag in der Vorweihnachtswoche. Meine Frau fährt über den Princes Highway, und wie üblich ist der Verkehr mörderisch. Sie bringt Kinder von einer Geburtstagsparty nach Hause. Jedes Kind ist eine hastig mit Eiskrem, Hamburgern, Fruchtsäften und allerhand Süßigkeiten vollgestopfte Biotonne. Meiner Frau macht der

Junge in der Mitte des Rücksitzes Sorgen. Als er unsere Tochter kennen lernte, hielt er sie für einen Jungen und nannte sie ein halbes Jahr lang Richard. Die Freundschaft der beiden hat etwas traumhaft Zartes. In der letzten halben Stunde der Party hat das Gesicht dieses Jungen eine unnatürliche Blässe angenommen. Als der Verkehr stockt, wendet meine

Frau sich kurz um und erkundigt sich nach seinem Befinden.

Diese arglose Nachfrage hebt den Vorhang zu einer Vorstellung, die ich ähnlich dem Film „Der Exorzist" beschreiben würde. Eine Gischt erbrochener Partykost schießt mit Karacho an ihrer Nase vorbei, um knapp vor dem Armaturenbrett unseres guten alten Subaru zu stoppen. Es ist, als tanze ein unter Hochdruck geplatzter Gartenschlauch wie wild und aufs Geratewohl um sich spritzend im Auto umher. Das totenstille kleine Mädchen zu seiner Linken bricht wie ein explodierender Mezzosopran in hohes Kreischen aus. An dieser Stelle macht das Geburtstagskind auf dem Vordersitz, gebeutelt von der ersten Emission, seinem Mitgefühl Luft und unter Schluchzen den historischen Ausspruch: „Dies ist der schlimmste Tag meines Lebens!"

Nun verpasst Mezzosopran dem Drama sein zweites dynamisches Moment. Mit einer blitzschnellen geraden Rechten stößt sie den Kopf mit dem widerwärtigen Leck so weit wie möglich von sich fort und drückt ihn wie eine Zigarettenkippe in den Schoß des dritten Rücksitzpassagiers, eines anderen kleinen Jungen. Dass der Kranke sich nicht aufrichtet, sondern bleich und bewegungslos liegen bleibt, alarmiert meine Frau, die im Rückspiegel das Geschehen verfolgt. Notfälle verlangen sofortiges Handeln. Sie zieht scharf nach links zur sicheren Bordkante des Princes Highway rüber, faucht die beiden Mädchen an, die im Chor opernhafte Töne höchster Leidenschaft von sich geben, und diagnostiziert, dass der Junge sein Leben nicht ausgehaucht hat, sondern bloß schläft.

Und so habe ich sie vorgefunden: ein Kind schlafend, zwei vibrierend wie Motoren, dies aber ohne Ton, und das Wageninnere verwüstet, als wäre eine Dose rosa Lachs explodiert. Und meine Frau lachte — wie immer, wenn alles im Eimer ist. Ich bewundere sie.

Kapitel 7

Das Vorschuljahr

Der Blick nach draußen

Es ist ein sonniger und windiger Tag. Einundzwanzig Mütter und zwölf Väter sitzen guter Laune beieinander. Sie freuen sich darauf, am Nachmittag über Kindererziehung, Probleme und Lösungen zu sprechen, freuen sich auf das Zusammensein und den Beistand von Erwachsenen.

Sie haben eines gemeinsam: Kinder im Alter von vier bis sechs Jahren. Das ist eine anstrengende Altersphase. Die Kinder sind voller Energie und Wissbegier, schnell gelangweilt und versessen auf soziale Aktivitäten. Es ist auch das Alter des Denkens. Jedes Kind ist ein kleiner Genius mit einer wirbelnden, funkelnden Intelligenz, der durstig im Ozean des Wissens schwimmt.

In diesem Alter brauchen Kinder Dinge, die sie tun, Orte, die sie besuchen, und Menschen, mit denen sie spielen können. Es ist die Zeit für Besuche bei anderen Familien, damit die Kinder zusammen spielen können. Auch die Erwachsenen beginnen sich nach der Gesellschaft und dem Rat anderer Eltern zu sehnen. Daher dieses Seminar.

Alle haben sich eingefunden, und so kommen wir zur Sache und fragen: „Was genau wollen Sie über Kinder im Vorschulalter wissen?" Ohne Zögern ergießt sich ein Schwall von Fragen:

★ „Warum fragen sie ständig ‚warum'? Zum Beispiel ‚Warum ist da Luft? Warum ist die Frau so dick? Warum haben Kühe Beine?'" „Genau", ruft ein anderes Elternpaar. „Immer solche Fragen! Hört das nie auf?" „Nein!", scherzt ein anderes Paar. Die Gruppe stöhnt gutmütig.

★ Ein Vater, er ist ein Spaßvogel, ruft aus: „Wie kann man es anstellen, dass Kinder ein oder zwei Jahre überhaupt nicht sprechen?"

> *„Warum fragen sie ständig ‚warum'? Zum Beispiel ‚Warum ist da Luft? Warum ist die Frau so dick? Warum haben Kühe Beine?'"*

- ★ „Warum diskutieren sie so viel? Selbst über das kleinste Detail wollen sie diskutieren. Ich dachte, ich hätte sie endlich erzogen, und jetzt proben sie den Aufstand."
- ★ „Wie kann ich sie beschäftigen?"
- ★ „Wie lange dürfen sie fernsehen? Sind Computerspiele gut oder schlecht für sie?"
- ★ „Mein Junge entwickelt sich zu einem Tyrannen. Was soll ich tun? Schreien und Schlagen hilft anscheinend nicht."
- ★ „Mein Junge ist ein Waschlappen, alle hacken auf ihm herum. Wie bringe ich ihm mehr Mumm bei?"
- ★ „Ich habe Angst, dass sich jemand an meiner Tochter vergeht. Sie ist zu vertrauensselig. Wie kann ich ihr mehr Vorsicht beibringen?"
- ★ „Soll ich mit den Kindern jetzt schon lesen lernen?"
- ★ „Was können wir auf langen Autofahrten tun?"
- ★ „Ich habe die Schule gehasst. Wie kann ich meine Kinder so vorbereiten, dass sie gern zur Schule gehen?"

Fragen über Fragen. Wir gehen an diese Seminare mit der Einstellung heran, dass Eltern mehr wissen, als sie meinen. Durch die Gelegenheit zum Diskutieren und Nachdenken lernen sie ihre Kinder zu verstehen und wie sie ihnen helfen können. Wir bringen unsere Erfahrungen aus Gesprächen mit tausenden von Eltern ein und geben weiter, was sich bewährt hat. Das Beste an einem solchen Seminar aber ist das Bewusstsein elterlicher Stärke – das gemeinsame Ziel zu haben, Kinder liebevoll und kreativ aufzuziehen.

Dieses Kapitel basiert auf den Highlights jenes Nachmittags und den Einsichten, zu denen die teilnehmenden Eltern gemeinsam gelangt sind.

Über den Umgang mit den Fragen der Kinder

Manchmal gibt es auf Fragen einfache Antworten, und die Kinder geben sich damit zufrieden. Die simple Antwort auf die Frage „Warum haben Kühe Beine?" lautet: „Damit ihr Körper nicht am Boden scheuert." Andere Male lassen Kinder nicht locker und wollen mehr wissen. Dann können Sie den Ball auf spielerische, hilfreiche Weise zurückwerfen:
„Was meinst du, weshalb Kühe Beine haben?"
„Um herumzulaufen. Aber warum?"

„Nun, was schmeckt Kühen gut?"

„Gras!"

„Wofür brauchen sie also Beine?"

„Damit sie mehr Gras fressen können!"

Allerdings können solche Frage-Antwort-Spiele sich auch endlos im Kreis drehen; überlegen Sie also, ob Sie lange reden wollen oder nicht. Sind Sie beschäftigt, so sagen Sie es – reagieren Sie nicht gereizt oder sarkastisch. Bedenken Sie jedoch, dass Ihr Kind in diesem Alter lernwilliger ist als später – und diese Ausbildung spottbillig:

„Wo kommt der Regen her?"

„Woher siehst du ihn denn kommen?"

„Vom Himmel. Aber wie kommt er dorthin?"

„Aus Wolken."

„Wo kommen die Wolken her?"

„Aus dem Meer. Sie ziehen über das Land und lassen den Regen fallen."

(Sie können auch versuchen, es auszutricksen.)

„Was glaubst du, woher das Meer sein Wasser bekommt?"

(Lange Pause) „Vom Regen!"

„Genau!"

„Papi, pinkeln Fische?"

Kinder im Vorschulalter sind emotional und geistig wundervoll aufgeschlossen.

Mitunter (in unserem Fall oft) wissen Sie die Antwort nicht. Dann sollten Sie überlegen, wen Ihr Kind fragen oder wie es die Antwort herausfinden kann. Seien Sie ehrlich, und sehen Sie gemeinsam in einer Bücherei oder im Internet nach. Ihr Kind wird beeindruckt sein. Als unsere Kinder klein waren, lebte in unserem Tal ein sehr geschickter Handwerker namens John Bright. Für unseren Sohn war klar, dass John alles über technische Dinge wusste. Andere Leute fragte er über Natur und Pflanzen Löcher in den Bauch, und Opa kannte sich mit Muscheln, Pferden und Sport aus.

In diesem Alter lernen Kinder am besten, indem sie etwas selbst versuchen. Reden Sie nicht nur, sondern lassen Sie Ihr Kind so oft wie möglich sehen, anfassen, spüren, bewegen und ausprobieren, worüber Sie sprechen. Zeigen Sie ihm die Schnecken im Kohl, setzen Sie gemeinsam Bauteile zusammen und so weiter.

Sie werden sehr viel mehr Freude haben, wenn Sie sich die Zeit nehmen, in die Lernwelten Ihres Kindes einzutauchen. Will es zum Beispiel wissen, weshalb Autoräder rund sind, können Sie ihm einen Ball oder Malstift geben und zeigen, wie er rollt. Nehmen Sie dann zum Vergleichen ein Holzklötzchen, das nicht rollen kann. Die anthroposophische Pädagogik empfiehlt, Kindern dieses Alters keine Erwachsenenerklärungen der Welt aufzudrängen, sondern ihnen zu helfen, eigene Schlüsse zu ziehen. Ihr zufolge kann zu viel Theorie die unmittelbare kindliche Erfahrung stören.

So manche Kinderfragen sind alles andere als trivial. Ihr Kind mag Sie plötzlich nach dem Tod fragen, weil es bemerkt hat, dass die Oma alt ist und alte Menschen sterben. Es lohnt, dies gründlich zu besprechen. Eine scheinbar unbedeutende Frage kann, wenn Sie sich in Ruhe einlassen, zu tiefsinnigen Betrachtungen führen. „Seelengespräch" nennen es die Russen, wenn man sich bei einem Spaziergang in der Natur oder am Ufer eines Flusses sitzend bedächtig unterhält und langsam auf die menschlichen Daseinsfragen zu sprechen kommt. Bei solchen Gesprächen können Sie Themen besprechen, die Ihr Kind ernsthaft beunruhigen.

Auch hier ist ein konkretes und praktisches Vorgehen ratsam. So hilft ein würdevolles Bestattungsritual für den toten Goldfisch Ihrem Kind vielleicht, besser mit der Vorstellung umzugehen, dass ein ihm lieber Mensch stirbt.

Fantasie und Wirklichkeit trennen

In diesem Alter blüht die Vorstellungskraft. Ohne Ende denken sich die Kinder die verschiedensten Abenteuer und Freunde aus. Eines Tages stellen sie uns das „Katzenland" oder die „Schneckenstadt" vor und wir zeigen uns so begeistert wie sie. Wenn sie tags darauf aber erzählen, die Schnecken hätten den Schokoladenkuchen verputzt, dann müssen wir eine Grenze ziehen! Die erst Lüge Ihres Kindes kann Sie wie ein Schock treffen. Diese Phase ist normal. Bleiben Sie also ruhig und helfen Sie ihm, zwischen Realität und Einbildung zu unterscheiden. Eine junge Mutter unserer Seminargruppe hatte folgendes Fallbeispiel zu bieten:

Die Fantasie anregen

Zur Nach-ahmung empfohlen

Spielchen, mit denen Sie sich und Ihrem Kind unterhaltsam die Zeit vertreiben können, gibt es zu Dutzenden, zum Beispiel:

★ *Imaginäre Fingerspiele:* Erheben Sie einen Zeigefinger. Tun Sie, als hielte Ihre andere Hand ein Lasso. Schwingen Sie das „Lasso", fangen Sie den Finger ein, ziehen Sie die Schlinge zu und krümmen Sie dabei den Finger. Holen Sie das Lasso ein, reißen Sie es hoch, hinab, lassen Sie es über Ihrem Kopf, um Ihren Hals, unter dem Tisch kreisen und so weiter. Reichen Sie nun das Seilende Ihrem Kind und lassen Sie es vorsichtig daran ziehen. Oder sagen Sie, Sie müssten das Lasso neu knüpfen.

★ *Geschichten ausdenken:* Sie und Ihr Kind denken sich den Anfang einer Geschichte aus und dann abwechselnd ihren Fortgang.

Kind: „Es war einmal eine Hexe."
Sie: *„Und die hieß …?"*
Kind: „Vera hieß die Hexe."
Sie: *„Und in ihrer Kittelschürze hatte Hexe Vera zwei Taschen."*
Kind: „In der einen Tasche steckte Juckpulver, in der anderen ein Frosch."

Oder Sie nennen zu Anfang der Geschichte den Namen Ihres Kindes und seines besten Freundes, zum Beispiel:

„Eines Tages gingen Ludwig und Robert spazieren und da sahen sie auf dem Weg eine Schachtel …" Dann schließt Ihr Kind einen Satz an, Sie hängen den nächsten an usw.

Oder Sie lassen die Geschichte in vertrauter Umgebung spielen: „An einem Sonntagmorgen ging Vati vor die Tür. Erstaunt sah er, dass unser alter blauer Kinderwagen wackelte und wippelte. Er schlich sich an, schaute hinein und da erblickte er …"

Ob die Geschichten albern sind, gruselig, abstrus oder Probleme zu lösen helfen – Hauptsache, Sie haben zusammen Ihren Spaß.

★ *Gedankenspiele:* Solche „Tun-als-ob"-Spiele regen das Denkvermögen und die Vorstellungskraft Ihres Kindes an.

Sie: *„Lass uns Schenken spielen. Ich habe etwas für dich." (Sie haben sich ein Geschenk ausgedacht.)*
Kind: „Okay, vielen Dank."
Sie: *„Rat' mal, was es ist. Es ist groß."*
Kind: „Ein Pferd?"
Sie: *„Nein. Es ist sehr groß und rund und blau und nass."*
Kind: „Ein Schwimmbecken?"
Sie: *Ja!"*

„Wir machten mit unserer Spielgruppe ein Picknick. Shelley saß in der Nähe einer Sammelbüchse, ohne dass ich mir darüber Gedanken machte. Auf dem Weg nach Hause sah ich sie mit ein paar Münzen spielen. Auf meine Frage ‚Wo hast du die her?' antwortete sie prompt: ‚Aus deiner Geldbörse.' Ich wusste, dass ich kein Bargeld bei mir hatte, und zwang sie, die Wahrheit zu sagen. Ich war sehr bestürzt."

Verlockungen (oder Gelegenheiten!) gibt es nun einmal, und so fällt es dem Kind in einer unbekannten Situation zuweilen schwer, Recht und Unrecht abzuwägen. Es stellt fest, dass seine – dank Ihrer beharrlichen Förderung – frisch erworbenen Erklärungskünste ihm ermöglichen, sich für Taten nachträglich Erklärungen auszudenken. Lassen Sie sich nicht beirren. Helfen Sie ihm, sich an das Geschehen zu erinnern und daran, was es dabei gedacht und empfunden hat.

Nachdem Shelleys Mutter dies getan hatte, sagte sie zu ihrer Tochter: „Ich verstehe, was du meinst – du wolltest das Geld haben. Ich weiß, dass du gern sparst, und es sah aus, als könne sich jeder bedienen. Aber du hast gespürt, dass es falsch ist, das Geld zu nehmen, denn du hast behauptet, es hätte in meiner Geldbörse gesteckt. Stimmt's? (Pause) Weißt du, wem es gehört? (Pause) Okay, wie kannst du die Sache in Ordnung bringen?"

Zusammen mit ihrer Mutter gab Shelley das Geld zurück und entschuldigte sich. Die Chancen stehen gut, dass sie keine „Lügenmärchen" mehr erzählt, denn dieses Erlebnis war ziemlich unangenehm für sie. Zugleich – und das ist sehr wichtig – hatte ihre Mutter darauf geachtet, dass sie ihre Tat zugeben konnte, ohne sich schuldbeladen oder schlecht zu fühlen, aber begriff, dass sie einen Fehler begangen hatte. Shelley wird daraus die Lehre ziehen, dass es möglich ist, zur Wahrheit zurückzukehren und alles wieder in Ordnung zu bringen.

Bei der Wahrheit bleiben

Erinnern Sie Kinder kontinuierlich an die Wahrheit, zum Beispiel:

„Ich bin so alt wie Phillip."
„Phillip ist zehn Jahre alt und du vier!"
„Du hast gesagt, dass ich heute ein Eis bekomme."
„Nein, das habe ich nicht gesagt."

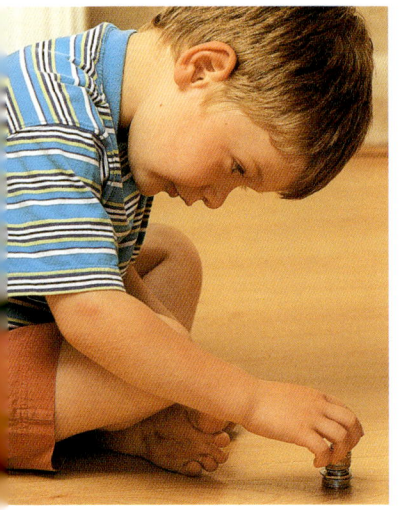

Kindern fällt es in einer unbekannten Situation zuweilen schwer, Recht und Unrecht abzuwägen.

„Papa hat aber gesagt, das ich eins essen darf."
„Okay, das klären wir mit Papa."
(Oder: „Wenn wir jetzt Papa fragen, was wird er dann
wohl sagen?")

Ehrlichkeit beruht auf Gegenseitigkeit. Wir
müssen Aufrichtigkeit vorleben, denn
Kinder übernehmen unehrliches Verhalten
und lassen uns sogar in unsere eigene Falle
laufen. Hier eine amüsante Begebenheit:

Eine müde Mama hatte soeben ihre Kinder
– ein Baby und zwei Kleinkinder – für ein
Mittagsschläfchen in die Betten gebracht, da
sah sie durchs Fenster ihre Nachbarin Frau
Maloney nahen. Jetzt wollte sie wirklich
nicht mit dieser netten, aber langatmigen
alten Dame reden. Daher flüsterte sie ihrem
noch wachen ältesten Kind zu: „Psst, sei still
und tu, als ob du schläfst." Als Frau Maloney am Nachmittag nochmals klingelte,
hüpfte der Bub auf sie zu und verkündete: „Wir haben uns
heute vor dir versteckt!"

Jeder kennt Geschichten wie diese. Wir wissen von einem
Jungen, der seiner neuen Klasse vorgestellt wurde. Auf die
Frage, wo er gewohnt habe, antwortete er: „London." Und
was sein Vater mache? (Eine immer heikle Frage.) „Er ist
rauschgiftabhängig."

Eine Vierjähriger fragte seine Oma beim Sonntagsessen:
„Ist dein Dach sehr kaputt, Omi?" „Wovon redest du?", er-
widerte die alte Dame verwundert, während die Eltern hüs-
telten. „Papa", erklärte der Junge eifrig, „hat heute erzählt,
du hättest eins aufs Dach bekommen ... oder so ähnlich."

Fehler ausbügeln

Fehler sind ein wichtiges Element in unserem Leben. Wenn
Sie Fehler nicht zugeben können, müssen Sie tun, als wären
Sie perfekt, und das strengt sehr an. Oder Sie dürfen nie
Neues ausprobieren, und das schränkt sehr ein.

Eines der größten Geschenke, die Sie Ihrem Kind machen
können, besteht darin, ihm zu vermitteln, dass man getrost
Fehler machen darf – solange man sich bemüht, sie zu

beheben. Dazu gehört unter anderem:

★ sich entschuldigen – die Bereitschaft zu sagen, dass man etwas falsch gemacht hat und dies bereut

★ Offenheit – seine Beweggründe darlegen

★ die Wahrheit sagen – und gestehen, was man getan hat (d.h., wie oben ausgeführt, Wirklichkeit und Wunschdenken voneinander trennen)

★ die Verantwortung übernehmen – den Schaden reparieren und bezahlen.

Es kann sein, dass Sie Ihrem Kind gelegentlich helfen müssen, Fehler zu korrigieren – zum Beispiel ein „gemopstes" Spielzeug zurückzubringen. In diesem Alter sollten Sie ihm dabei beistehen, damit es weder zu hart bestraft noch zu leicht davonkommt. Es sollte sich danach erleichtert fühlen. Sind Sie sich unsicher, wie man Sie und Ihr Kind empfängt, können Sie allein vorfühlen und Ihr Vorhaben erklären. Andere Eltern werden Verständnis zeigen und die meisten die Entschuldigung annehmen.

Stellen Kinder Stehlen und anderes Fehlverhalten nicht ein, so ist dies oft ein Hilferuf, weil Probleme sie bedrücken oder ihre Gefühle vernachlässigt werden. Auch dann sollten wir dafür sorgen, dass sie wie beschrieben den Schaden in Ordnung bringen, aber zugleich nach möglichen Ursachen forschen. Stellen Sie unter anderem die Frage: „Was ist im Leben des Kindes geschehen, als dieses Problem erstmals auftrat?"

Ein letzter Punkt: Kinder lernen nur das richtig, was wir selbst beherrschen. Daher sollten wir dieses Verhalten im Umgang mit ihnen an den Tag legen. Wenn wir uns an eine Abmachung oder ein Versprechen nicht halten, sollten wir uns entschuldigen und die Sache wieder gutmachen, statt faule Ausreden zu gebrauchen.

Kinder lehren uns Aufrichtigkeit. Wir können ihnen zeigen, wie sich Fehler zum Guten wenden lassen. Auf diese Weise erlangen sie wie wir wahre Reife und Selbstsicherheit.

Als Janine nach ihrem fünfjährigen Sohn sah, schob dieser hastig Schokoladenpapier unter die Bettdecke. „Er wirkte seltsam", erzählte sie uns. „Ich wusste, da ist was im Busch." Sie fand schnell heraus, dass er die Schokolade beim Nachmittagseinkauf hatte mitgehen lassen.

„Richard, das betrübt mich wirklich. Die Schokolade hat den Besitzern des Geschäfts gehört. Du hättest sie nicht nehmen dürfen, ohne zu zahlen."

„Hmm …"

„Wie kannst du das in Ordnung bringen?"

„Ich werde nie wieder etwas mitnehmen."

„Das ist gut! Aber was ist mit dieser Tafel Schokolade?"

„Ich kann sie nicht zurückgeben, ich hab' sie fast ganz aufgegessen!"

„Was können wir jetzt deiner Meinung nach tun?"

„Ich weiß nicht."

„Also, du hast die Schokolade genommen, ohne sie zu bezahlen. Sie kostet ungefähr eine Mark. Ich glaube, du musst das Geld aus deiner Spardose nehmen, in den Laden gehen, alles erklären und bezahlen."

Richard wurde sehr blass!

„Kannst du ihnen das Geld geben, Mami?"

„Nein, denn ich habe ja nicht die Schokolade genommen. Das musst du mit dem Besitzer klären. Ich begleite dich."

„Ähhh … okay."

„Wie wär's, wenn wir jetzt gehen?"

„JETZT!?"

„Genau! Du wirst dich viel besser fühlen, wenn du das geregelt hast."

Auf der Fahrt zum Geschäft fragte Janine Richard, ob er denn wisse, was er dem Inhaber sagen wollte.

„Wie wär's, wenn ich sage, ich hätte die Schokolade aus Versehen genommen?"

„Nein. Das ist unehrlich. Was ist die Wahrheit?"

„Ich habe sie genommen, ohne zu bezahlen, und es tut mir Leid, dass ich das getan habe. Ich möchte die Schokolade jetzt bezahlen."

Auch Janine fiel ein Stein vom Herzen, als sie die Sache hinter sich hatten. Zum Glück war der Ladeninhaber amüsiert und sehr kooperativ, nämlich ernst genug, dass Richard die Lektion kapierte.

Aufgaben für Kinder

Zur Nach-ahmung empfohlen

Hier einige Vorschläge für Arbeiten, die drei-
bis vierjährige Kinder erledigen können.

★ **Den Tisch decken:** Tragen Sie Ihrem Kind
  auf, die Personen zu zählen sowie Geschirr
  und Besteck aufzudecken.
★ **Nach dem Abendessen** kann es Essensreste
  in den Müll geben, sein Gedeck abräumen,
  die Tischsets abwischen und einräumen,
  unzerbrechliches Geschirr abtrocknen.
★ **Für neue Toilettenpapierrollen sorgen.**
★ **Fressnapf von Katze oder Hund** mit Futter
  aus einer Schüssel füllen (später kann es lernen, die Dose zu öffnen).
★ **Vor dem Schlafengehen** aufräumen.

Manche Eltern tragen ihrem Kind für bestimmte Tage – meist Samstag oder Sonntag –
regelmäßige Aufgaben auf. Andere geben ihm
täglich einen Auftrag und erwarten, dass es
unter anderem Folgendes selbst erledigt:

★ **den Schlafanzug ausziehen** und ordentlich
  aufbewahren
★ **sich ankleiden,** Knöpfe und Reißverschlüsse
  schließen
★ **sich kämmen** und Zähne putzen.

Dies ist nur eine Richtschnur, die je nach Alter
und Fähigkeit des Kindes abzuwandeln ist.
Kein Kind ist wie das andere und man kann sie
nicht miteinander vergleichen. Sie werden das
richtige Timing im Gefühl haben. Ist Ihr Kind
reif für neue Aufgaben, besteht kein Anlass,
Druck auszuüben: Kinder dürfen nicht zu
schnell groß werden.

Vier- bis fünfjährige Kinder

In diesem Alter sollte Ihr Kind mit Geld umgehen lernen. Manche Eltern geben Taschengeld
zum Lohn für das Erledigen der regelmäßigen
häuslichen Pflichten, andere verlangen dies
ohne Gegenleistung. Vielleicht kommen Sie
und Ihr Kind am besten mit der Kombination
‚Grundgehalt plus Prämien‘ zurecht.

Kleine Kinder müssen und dürfen nicht viel
Geld zum Ausgeben haben. Sie müssen allmählich erst den Wert von Geld begreifen und das
erreicht man zum Teil durch Knapphalten.
Trotzdem ist ein kleines Taschengeld ein guter
Anreiz, rechnen zu lernen, Wünsche zu
gewichten, zu warten, zu sparen – und auch zu
verstehen, weshalb die Eltern arbeiten!

Geschirr abtrocknen

Vierjährige können lernen, das Geschirr abzu-
trocknen. Breiten Sie auf einer niedrigen Ar-
beitsfläche, etwa einem Stuhl, ein Handtuch
aus; so kann weniger zu Bruch gehen. Beginnen
Sie mit Töpfen, Löffeln, Plastikteilen und
Schalen; später kann das Kind an seinem
Arbeitsplatz auch flache Teller abtrocknen: erst
eine Seite, dann umdrehen und die andere Seite.

Was tun bei Verweigern?

Ab und an treten Kinder in Streik. Heute bet-
teln sie: „Lass mich helfen, Mami!“, um morgen zu bocken: „Ich will nicht!“ Ab einem
Alter von ungefähr drei Jahren lernen sie ihre
eigenen schwankenden Gefühle kennen. Auch
fangen sie an zu testen: „Wer hat hier das Sa-

gen?" Jetzt kommt die Zeit, ihnen zu erklären, weshalb wir Dinge so und nicht anders tun.

Sie verstehen einfache Gründe wie: „Wenn du dein Spielzeug hier liegen lässt, tritt vielleicht jemand darauf und macht es kaputt." „Wir sind morgen bei Nana eingeladen, deswegen müssen wir das heute erledigen." „Wenn du deinen Teller auf den Tisch stellst, kann sich der Hund nicht (wieder!) darüber hermachen."

Ein bisschen Humor kann nicht schaden: Wenn Sie ihnen einen schmutzigen Becher zum Trinken anbieten, begreifen sie schnell, weshalb wir abspülen.

In diesem Alter dürfen Arbeiten nicht knochenhart, frustrierend schwierig, zeitlich völlig ungelegen oder entsetzlich unangenehm sein. Will Ihr Kind Ihnen einreden, dass Ihre Aufträge genau dies sind, sollten Sie betonen, dass Sie eigens einfache Aufgaben gewählt haben und möchten, dass diese so und nicht anders erledigt werden. In dieser Zeit muss es lernen, vernünftigen Anweisungen ohne Theater, schlechtes Gewissen, Diskussionen und Meckern zu folgen. Lassen Sie es nicht mit wertvollen und zerbrechlichen Dingen hantieren. Es kann seine Aktionen noch nicht gut genug koordinieren. Bleiben Sie in der Nähe und motivieren Sie es, indem Sie ihm kleine Tipps und Tricks zeigen. Bemühen Sie sich, wenn Sie Kindern Arbeiten erklären, stets um eine frohe, kooperative Stimmung. Nehmen Sie Rücksicht, wenn Ihrem Kind etwas schwer fällt, und seien Sie flexibel in Ihren Erwartungen.

Die Aufgaben erledigen

Ein Kind dazu zu erziehen, dass es seine „Pflichten" erledigt, geht mit dem Schulen wichtiger Fähigkeiten einher, darunter:

★ Verlässlichkeit
★ Verantwortungsbewusstsein
★ Erinnerungsvermögen
★ Pünktlichkeit
★ Fürsorge für andere und sich selbst

Indem Sie sich häufig und intensiv mit Ihrem schlauen Kind auseinandersetzen, wird es bis zu seinem Eintritt in die Schule nach und nach diese Werte begreifen.

„Der Schleier"

von Martin Flanagan

Sie kaufte den Schleier für 75 Pence auf einem Jahrmarkt. Er war mit einem Gummibändchen versehen und über einem Ohr mit Blumen bestickt. Sie bestand darauf, ihn zu tragen, als wir im Pizza Hut zu Abend aßen. Tags darauf, als ich mit den Kindern den Park aufsuchte, setzte sie ihn ihrer Puppe Penny auf, die in ihrem Sportwagen saß. Ein zweijähriger Junge namens Joey, verfolgt von einer schwarz gekleideten, „nein, Joey*, nein" hechelnden Frau, schnappte sich den Wagen und stürmte in Richtung Port Phillip Bay davon. Als Joey eingefangen wurde, hatte sich der Schleier um ein Rad gewickelt, schwere Zerrungen und zwei Löcher davongetragen. Sie ließ sich davon nicht beirren. Am nächsten Morgen, beim Aufbruch zum Kindergarten, tauchte sie aus ihrem Zimmer auf, auf dem Kopf den Schleier. „Was werden die anderen sagen?", fragte ich vorsichtig. „Schön ist der, darf ich ihn mal aufsetzen?, werden Sie sagen", antwortete sie.

Unterwegs holten wir wie jeden Tag ihre beste Freundin ab. Die Freundin hüpfte zu unserem Auto, riss die Tür auf und rief: „Schau, ich hab' ein neues Kleid an!" Auf der anderen Seite der Rückbank wartete, würdevoll wie eine Braut bei ihrer Hochzeit, meine kleine Madonna auf Beachtung. Es trat eine kleine Pause ein, und dann sagte die Freundin in einem Ton tiefster Überzeugung: „Du siehst blöd aus."

Wäre ihr das auf den Stufen zum Altar oder an der Tür zum Standesamt widerfahren, sie hätte mir nicht mehr Leid tun können. Ich sah ihre Illusion zerplatzen, doch als ich abends heimkehrte, trug sie wieder den Schleier. Ich fragte, was sie von der Reaktion ihrer Freundin hielt. „Ach", meinte sie philosophisch, „solche Sachen sagt sie nun mal."

* Joey nennt man in Australien junge Kängurus.

Schlechte Gewohnheiten abgewöhnen

Wir alle lieben unsere Kinder, aber manchmal können wir sie nicht leiden! Schlechte Gewohnheiten wie Meckern, Zanken mit den Geschwistern, Schreien, Unordentlichkeit und Gedankenlosigkeit sind schwer erträglich. Dem Kind zu helfen, sein Betragen zu ändern, ist den Versuch wert – Ihnen, doch auch dem Kind zuliebe, damit seine Gesellschaft geschätzt wird.

Überlegen Sie zunächst, ob sein Verhalten ein Ausdruck der Entwicklung seiner Persönlichkeit und Ihre Verärgerung berechtigt ist. Kreative, gesprächige, musikalische, neugierige und lebhafte Kinder mögen anstrengend sein, aber wir wollen ihre Vitalität nicht unterdrücken, sondern ein wenig zügeln.

Oft allerdings stellt eine Verhaltensweise für alle Beteiligten ein Problem dar und hat weitreichende Konsequenzen, die Sie, aber nicht das Kind absehen können. Dabei dürfen wir nie vergessen, dass wir durchaus ein Benehmen ablehnen mögen, deswegen jedoch das Kind nicht weniger lieben.

Was verbirgt sich hinter dem Verhalten?

Ein Kind erkennt nicht immer, was schief läuft, und braucht Hilfe, um aus eingefahrenen Mustern auszubrechen. Es wird kaum fragen: „Wie bekomme ich Freunde?" Eher wird es klagen: „Niemand will mit mir spielen" oder, wenn es noch unreifer ist, andere Kinder schlagen oder mit ihnen streiten. Wir müssen ihm helfen, den heiklen Punkt zu finden. Statt ihm unsere Lösungen aufzudrängen – „Du musst mehr für die Schule tun", „Du musst sportlicher werden" –, sollten

wir herausfinden, welche Art von Hilfe es wirklich benötigt. Schlägt es andere Kinder, besteht diese Hilfe vielleicht darin, dass Sie ihm vermitteln, wie man Freundschaft mit anderen Kindern schließt. Sie können ihm helfen, sich an Spielen zu beteiligen. Möglicherweise muss es auch lernen, nicht gleich loszuschlagen, sondern laut und deutlich auszusprechen, worüber es sich ärgert. Den richtigen Weg finden Sie nur heraus, wenn Sie mit Ihrem Kind reden: Ob es sich zum Beispiel im Kindergarten wirklich einsam fühlt oder nur unzufrieden ist, weil ein Kind ihm immer das Spielzeug wegnimmt. Sie können Ihr Kind, Kindergärtner, Lehrer fragen oder einfach die Sache selbst beobachten.

Eine Anleitung zum Umlernen

Folgende Anleitung hilft Ihnen, Verhaltensmuster zu definieren und zu überwinden, die der Entwicklung Ihres Kindes hinderlich sind. Im Alter von drei bis sechs Jahren wird Ihr Kind für seinen Umgang mit anderen Menschen häufig Unterweisung und Unterstützung benötigen. Kluge Eltern überlassen dies weder dem Zufall, noch tadeln sie ihr Kind. Vielmehr sagen sie: „Okay, wie bringe ich ihm bei, es richtig zu machen?"

Wir wollen Ihnen eine einfache Methode vorschlagen:

1 **Bestimmen Sie Ihr Ziel.** Sie wissen bereits, was Ihr Kind unterlassen soll. Der erste Schritt besteht in der Umkehrung. Spezifizieren Sie, was es tun soll:

★ statt greinen … in normalem Ton sprechen
★ statt ungehorsam sein … sofort folgen
★ statt schlagen … mit Worten Ärger bekunden
★ statt Einzelgänger sein … sich an Spielen beteiligen

Manchmal sieht Ihr Kind das Problem nicht, das Sie mit ihm haben. Es mag kein Problem darin sehen, Anweisungen nicht zu folgen – wird aber zugeben, dass die anschließenden heftigen Gewitter kein Vergnügen sind. Daraufhin können Sie ihm erklären, wie es ebenfalls von einer Veränderung profitieren wird.

2 **Gehen Sie möglichen Ursachen nach.** Fragen Sie zunächst das Kind nach seinen Gründen. Es mag diese kennen oder auch nicht. Überlegen Sie, ob bestimmte Veränderungen oder Umstände als Auslöser in Frage kommen. Oft können Kinder Betroffenheit nur durch ihr Verhalten ausdrücken – etwa über Papas Krankheit oder das Getue um das kleine Schwesterchen. Vielleicht sind Ihre Erwartungen dem Alter nicht angemessen. Oder es liegen körperliche Gründe vor, Koordinationsschwierigkeiten, Allergien, Sehstörungen oder Hörschäden zum Beispiel. All diese Faktoren sind eine Erwägung wert.

3 **Werden Sie aktiv.** Wenn Sie tiefere Ursachen ausschließen können und sich sicher sind, dass Ihr Kind lediglich eine neue Lektion lernen muss, können Sie beginnen.

Legen Sie ihm Ihren Plan dar, was sich von nun an ändert und das Ziel, das Sie anstreben. Neigt es zum Beispiel dazu, im Streit Kinder zu schlagen, erklären Sie ihm: „Es ist in Ordnung, sich manchmal zu ärgern, aber dabei darf man nicht die Hände einsetzen, sondern nur Worte." Stellen Sie klar, dass es andere Kinder nicht schlagen darf. Dass es in Konfliktfällen seine Meinung zuerst freundlich und, wenn dies nicht hilft, lauter sagen soll. Dass es, falls auch dies nichts nutzt, Ihren Rat (in der Schule den eines Lehrers) einholen soll. Stellen Sie sich darauf ein, dass dies einige Übung verlangt. Sie können ein Spiel daraus machen, damit Ihr Kind an Ihnen das Erheben seiner Stimme proben kann.

Findet Ihr Kind schwer Anschluss, sollten Sie ihm einige gute Tipps geben, zum Beispiel:

★ zu sagen „Hallo, ich heiße _____, und wie heißt du?"
★ bei Spielen, die bereits in Gang sind, fragen: „Darf ich bitte mitspielen?"
★ sich nach einem Kind umsehen, das allein ist, und es bitten, mit ihm zu spielen
★ etwas zum gemeinsamen Spielen mitnehmen.

Sie können der Sache auch auf die Sprünge helfen, indem Sie nette Kinder zu sich einladen. Es bedarf einiger Experimente und Ermunterung, bis Ihr Kind Freundschaften schließen kann. Die meisten Kinder haben dabei Anlaufschwierigkeiten, die sie jedoch schnell überwinden.

Die Methode ist bei jedem Problem dieselbe: Sie überlegen, durch welche Verhaltensänderung sich Ihr Kind aus der Falle befreien kann. Dann fassen Sie machbare Schrittchen ins Auge und erklären die Strategie Ihrem Kind. Dies kostet etwas Nachdenken und Zeit, ist aber ungleich besser, als das Kind zu tadeln oder aufzugeben. Bei den letzten Punkten dieser Anleitung handelt es sich um zusätzliche Tipps, die Sie in Ihrem Vorhaben bestärken wollen:

4 Prüfen Sie das Vorbild, das Sie Ihrem Kind sind. Nicht selten müssen wir unser Verhalten ändern. Wenn wir Probleme lösen, indem wir unser Kind schlagen, dürfen wir kaum erwarten, dass es andere nicht schlägt. Wenn wir nicht aus uns herausgehen und Freundschaften knüpfen, können wir nicht erwarten, dass es locker kontaktet.

5 **Seien Sie positiv.** Beachten Sie jeden kleinen Fortschritt. Bauen Sie Ihr Kind auf, indem Sie es auf Erfolge hinweisen und loben. Stellen Sie sich vor, es hätte das Ziel bereits erreicht. Sparen Sie nicht mit Ermunterungen wie:

★ „Ich weiß, dass du gut mit anderen Kindern spielen kannst. Geh hin und frag, ob du mitspielen darfst."

★ „Du kannst sehr gut Probleme lösen. Geh hin und versuch's noch einmal."

★ „Den ersten Schritt hast du ganz richtig gemacht: Du hast deine Spielsachen eingesammelt und in dein Zimmer gebracht. Jetzt musst du nur noch überlegen, wo du sie am besten aufbewahrst."

Die Eltern unseres Nachmittagskurses hatten etliche Probleme parat. Auf einige davon gehen wir hier näher ein, und vielleicht sind sie Ihnen nur zu gut bekannt.

Umgang mit Weinerlichkeit

Jane, die – ein für unsere Gruppe erstaunliches Phänomen – vier Kinder unter acht Jahren besaß und trotzdem noch lächeln und zusammenhängend sprechen konnte, stöhnte über ihre sechsjährige Tochter:

„Sie redet so weinerlich. Das macht mich ganz fertig."

„Was soll sie stattdessen tun?"
„Nicht das!"
„Was? Nicht reden? Oder nicht jammern?"
(Jane lachte.)
„Sie fänden es gut, wenn sie in normalem Ton spräche?"
„Ja!"
„Weshalb tut sie ihrer Meinung nach so wehleidig?"
„Na ja, ich bin ziemlich mit dem Baby beschäftigt. Dann jammert sie, bis ich nachgebe, um endlich Ruhe zu haben."
„Also funktioniert's!"
„Ja, offensichtlich."
„Ein kluges Kind."
„Aber nervend! Ich halte es in ihrer Gegenwart nicht aus."

Weinerlichkeit hat unserer Erfahrung nach hauptsächlich zwei Gründe. Erstens kann sie die einzige „Wellenlänge" sein, auf der die Eltern empfangen. Dies kommt häufig in großen oder sehr beschäftigten Familien vor. Zweitens mögen die Eltern selbst weinerlich reden und das Kind spricht lediglich die Sprache der Familie!

Die Gruppe staunte, wie gut Jane mit ihrer Kinderschar zurande kam. Unter diesen Voraussetzungen stellte Wehleidigkeit ein eher kleines Problem dar. Was Jane und jedes ihrer Kinder brauchten, war mehr Zweisamkeit und Entspannung. Um jedoch zunächst das vordringliche Problem zu lösen, wollte sich Jane an die folgenden Schritte halten:

Angewöhnen eines angenehmen Tonfalls

1 **Machen Sie vor**, wie eine normale Stimme klingt, und machen Sie dann den Tonfall Ihres Kindes nach.

2 **Proben Sie zusammen** mit denselben Worten den weinerlichen und den normalen Tonfall. Machen Sie daraus ein (wirklich spaßiges!) Spiel: „Mami, ich hab' Hunger!"

3 **Erklären Sie** Ihrem Kind, dass Sie ihm nur zuhören und helfen werden, wenn es in normalem Ton spricht. Das heißt nicht, dass es automatisch bekommt, was es will, wenn es normal redet – aber: Seine Chancen stehen besser! Müssen Sie ihm dennoch etwas abschlagen, können Sie erklären: „Du hast wirklich gut darum gebeten. Aber du bekommst keinen Keks mehr, weil wir gleich zu Abend essen."

4 **Beachten Sie es**, wenn Ihr Kind in einem angenehmen, normalen Ton spricht, und sagen Sie es ihm.

5 **Missachten Sie** Fragen und Wünsche, wenn Ihr Kind nicht normal redet. Wahrscheinlich werden Sie etwas Interessantes feststellen: Mit der Stimme vermag sich die Persönlichkeit zu ändern. Wie man klingt, wirkt sich auf das Befinden aus: Spricht man ruhiger, fühlt man sich besser, und wenn man nicht wie ein „Opfer" klingt, wird man es nicht – eine tief greifende Änderung der Lebenseinstellung setzt ein.

Umgang mit Bettnässen

Margaret saß ungeduldig auf der Kante ihres Stuhls. „Was macht man bei Bettnässen?", fragte sie. „Ja, was?", setzte ihr Mann Harry nach.

Ihr fünfjähriger Sohn Jason machte immer noch ins Bett, während ihre zwei anderen Kinder mit drei Jahren trocken waren. Die Sache ärgerte sie und machte ihnen Sorgen.

„Was also ist Ihr Ziel."

„Dass er nicht mehr ins Bett macht."

„Drücken Sie es positiv aus. Was wollen Sie?"

„Trockene Betten."

„Gut. Was könnte sich hinter Jasons Verhalten verbergen?"

„Ich glaube, er ist ganz einfach nachlässig. Er hat keine Lust, auf die Toilette zu gehen." (Sagte Harry.)

„Kann sein. Stimmen Sie dem bei, Margaret?"

„Ich glaube nicht, dass Jason bloß bequem ist. Es nimmt auch ihn mit. Manchmal weint er deswegen sogar."

Wir versuchten den Hintergrund auszuleuchten. Gewöhnlich stellen wir bei jedem Verhalten die Frage: „Was ist in diesem Alter normal?" Bettnässen kommt bei Fünfjährigen ziemlich häufig vor. Unserer Schätzung nach machen circa 70 Prozent der Vierjährigen oft, 40 Prozent der schulpflichtigen Kinder manchmal ins Bett.

Ein anderes Elternpaar meldete sich zu Wort: „Eines unserer Kinder macht auch noch das Bett nass."

„Bettnässen ist also ziemlich normal, was aber nicht heißt, dass man es ignorieren sollte", fassten wir zusammen. Als Nächstes müssen Sie mögliche Gründe erkunden:

1. Liegt ein gesundheitliches Problem vor, zum Beispiel eine Blasen-, Muskelschwäche, Entzündung der Harnwege oder Diabetes? Klären Sie dies zusammen mit einem Arzt. „Das haben wir bereits getan!", versicherte Harry.

2. Liegt eine psychologische Ursache vor? Leidet das Kind unter einer starken Belastung? Oder einem Problem, vom dem es Ihnen nicht erzählt hat?

3. Kann es sehr wohl seine Blase kontrollieren? Macht es gelegentlich nicht ins Bett? Wo und wann?

4. Kann das Kind mit einer „Belohnung" rechnen? Beispielsweise damit, Sie mitten in der Nacht zu sehen, während es tagsüber wenig von Ihnen hat?

Wie Sie dem Kind helfen können

Wir besprachen all dies mit Margaret und Harry. Harry war erstaunt, dass Bettnässen andere Gründe als pure „Bequemlichkeit" haben kann. Margaret dagegen beschlich das Gefühl, doch härter durchgreifen zu müssen. Nun war es Zeit für den dritten Schritt: aktiv werden. Die Gruppe lieferte Tipps, die sich bei ihren Kindern oder denen ande-

Frühkindliche Sexualität

Viele Eltern bemerken, dass Kinder im Alter von drei bis vier Jahren eine sexuell orientierte Sinnlichkeit an den Tag legen.

Manche Eltern reagieren verwirrt, wenn ihr Sohn oder ihre Tochter sich auf Weisen verhalten, die sogar deutlich verführerisch wirken können. Eltern haben uns häufig berichtet, dass:

★ *kleine Mädchen sich Perlen* oder andere Gegenstände in die Vagina einführen und dieses Gefühl genießen, während sie sich bewegen

★ *Kinder in der Toilette* allein sein wollen, um mit ihrem Kot zu spielen

★ *Kinder ihre Genitalien* beim Spiel gegen den Körper der Eltern reiben

★ *sie Kinder in einem Versteck* beim klassischen Doktorspiel ertappen.

Sandra (32): „Eines Morgens, als wir im Bett kuschelten, kletterte mein vierjähriger Sohn auf mich, tat sehr schmusig und sagte in lockendem Ton: ‚Wir machen ein Kind, nicht wahr, Mami?‘ (Er hat ein Aufklärungsbuch, daher wusste ich, wie er darauf kam.) Innerlich schockiert, hob ich ihn aus dem Bett und antwortete: ‚Nein, das tun wir nicht. Das tun nur Erwachsene.‘ Ich sagte es nachdrücklich, aber nicht allzu hart. Er machte sich ans Spielen und schien zufrieden. Von da an nahmen mein Mann und ich zum morgendlichen Kuscheln den Jungen nicht ins Bett, sondern setzten uns mit ihm aufs Sofa und plauderten oder lasen ihm vor. Nach einer Weile verhielt er sich wieder normal, das Problem war abgehakt."

Diese Phase währt meist kurz, wenn Sie nüchtern reagieren und die Aufmerksamkeit Ihres Kind wieder auf andere Arten des Spielens lenken. Mit Einfühlsamkeit beugen Sie unliebsamen Gewohnheiten vor.

rer Leute bewährt hatten, Margaret und Harry brachten ihre Überlegungen ein und so kamen folgende Möglichkeiten zusammen:

★ Das Kind vor dem Schlafen auf die Toilette schicken.

★ Das Kind nochmals von einem Arzt untersuchen lassen, der die Sache nicht aufbauscht, sondern mit gesundem Menschenverstand angeht. Oder eine Spezialklinik konsultieren, denn dort ist man auf dem aktuellsten wissenschaftlichen Stand.

★ Ein Bettnässer-Weckgerät (aus der Apotheke) benutzen.

★ Nachforschen, ob das Kind „heimliche" Sorgen hat. Dies ist besonders wichtig, wenn das Bettnässen ein neues Problem darstellt. Fragen Sie Ihr Kind liebevoll und ruhig und hören Sie ihm gut zu. Erkundigen Sie sich in Schule bzw. Kindergarten, wie Ihr Kind sich gewöhnlich verhält; Sie müssen nicht erklären, weshalb Sie nachfragen.

★ In Flur und Toilette Licht brennen lassen oder neben das Bett ein Töpfchen und Lämpchen stellen.

★ Eine homöopathische oder osteopathische Behandlung.

★ Das Kind einige Nächte auf einer Matratze neben Ihrem Bett schlafen lassen, damit es um Hilfe bitten kann, wenn es „muss". Wecken Sie Ihr Kind, wenn es unruhig wird, und gehen Sie mit ihm auf die Toilette. Helfen Sie ihm und loben Sie es, wenn es Sie weckt und alles richtig macht.

★ „Trockene Nächte" belohnen, indem Sie Punkte für einen Zoobesuch oder ein anderes Extra vergeben.

★ Ihm sagen, wo sich saubere Bettwäsche und Nachtzeug befinden und dass es seine Aufgabe ist, nachts die nasse Bettwäsche zu wechseln, in einen speziellen Wäschekorb zu geben und sich umzuziehen. (Schulkinder können vor der Schule die Waschmaschine anstellen.)

Damit hatten Harry und Margaret viele Wahlmöglichkeiten. Harry beschloss, mit Jason vor dem Schlafen etwas Zeit zu verbringen und sich außerdem mit ihm gründlich über die Vorschule zu unterhalten. Margaret, darüber sehr erfreut, wollte nicht mehr für Jason die Laken wechseln und ein Prämiensystem (für fünf trockene Nächte eine Belohnung) einführen. Bei Problemen wie diesem besteht das Geheimnis darin, kreativ und experimentierfreudig zu sein. Aus Gesprächen mit anderen Eltern können Sie oft neue Tricks erfahren, die vielleicht auch Ihnen und Ihrem Kind helfen.

Der Abschied

Es wurde dunkel, als die Elterngruppe auseinander ging. Staunend dachten wir darüber nach, wie viel Energie wir aufbringen, um diese kleinen vierjährigen Personen zu dem zu machen, was sie sind, und in welchen Ausmaß die Kinder in diesem zarten Alter lernen und sich entwickeln. Wir als Kursleiter waren froh, dass wir für ein wenig Klarheit hatten sorgen können. Am meisten aber, und das machte uns noch froher, würde diesen Eltern ihre kollektive Weisheit und das warmherzige Interesse füreinander helfen, gut für ihre Familien zu sorgen.

Keine Angst vor Ärzten

Sie können Ihr Kind an Arztbesuche gewöhnen und ihm die Angst nehmen, indem es Ihnen bei Untersuchungen zusehen darf. Ihm selbst hilft die Begleitung eines Erwachsenen bei der eigenen Behandlung.

Nehmen Sie Ihr Kind nicht ausgerechnet mit, wenn man Ihnen ein Weisheitszahn zieht, sondern am besten zu einer normalen Kontrolluntersuchung. Erklären Sie vorher kurz, was geschehen wird. Sie können telefonisch oder bei Ankunft in der Praxis fragen, ob Ihr Kind zusehen darf. Übrigens verhalten sich Erwachsene oft positiver und entspannter, wenn sie sich bemühen, ihr Kind zu beruhigen.

Viele Ärzte und Zahnärzte sind sehr kinderfreundlich und wissen es zu schätzen, wenn Kinder keine Angst haben. Viele Zahnärzte lassen kleine Kinder ihrer Patienten im Behandlungsstuhl Platz nehmen und erklären ihnen ihren „Zauberkasten". So lernt Ihr Kind Namen und Gesichter von Ärzten kennen, sieht und berührt Instrumente und, wichtiger noch, gewöhnt sich an die Geräusche und Gerüche und begreift die Atmosphäre als abenteuerlich und interessant. Besäßen mehr Erwachsene solch positive Kindheitserfahrungen, wären sie ruhigere Patienten.

Bald wird Ihr Kind sagen: „Ich möchte zu Dr. Schmidt, dann habe ich keine Schmerzen mehr" oder: „Ich mag Monika, sie ist die beste Zahnärztin und total nett."

Sue (26): „Auf dem Weg zu einer Brustuntersuchung überlegte ich, wie ich meinen dreijährigen Sohn darauf vorbereiten sollte. Der Kleine will alles genau wissen. Ich sagte: ‚Der Arzt untersucht Teile meines Körpers, um zu sehen, ob sie gut funktionieren.' Ich erklärte, dass er wahrscheinlich Augen, Ohren, Herz und Brüste untersuchen würde. Im Wartezimmer fragte mein Sohn mit lauter Stimme: ‚Mami, wird der Arzt deine Brüste anfassen?' ‚Ja', sagte ich und ‚Wo sind die Malblöcke?', um ihn abzulenken in der Hoffnung, dass andere Patienten nicht richtig zugehört hatten. Aber es kam noch schlimmer: ‚Fasst der Doktor deine Brüste gern an, Mami?' Das bekamen alle mit …"

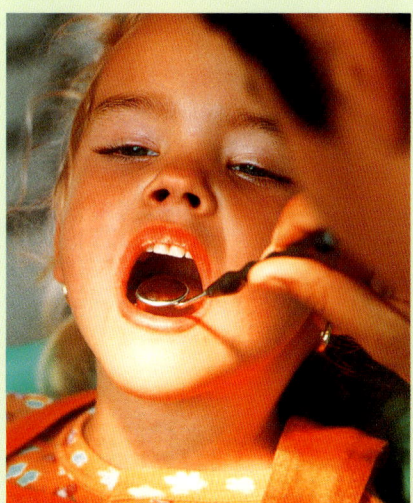

Vorbereitung auf die Schule

Ehe Sie sich versehen, ist Ihr Kind bald fünf Jahre alt und es an der Zeit, sich Gedanken um die Schule zu machen. Alles, was Sie bislang getan haben, trägt zur „Schulreife" Ihres Kindes bei. Es wird für die Schule nützliche Fähigkeiten entwickelt haben oder dabei sein, es zu tun. Zu diesen Fähigkeiten zählen:

★ den eigenen Namen zu erkennen (und zu schreiben)
★ sich hinreichend lange konzentrieren zu können (wichtig für Zuhören und Mitarbeit in der Schule)
★ rechtzeitig zur Toilette zu gehen, ohne Aufforderung Hände zu waschen
★ einem Erwachsenen nicht ins Wort zu fallen, sondern ihn ausreden zu lassen (das braucht viel Übung, Geduld und Ermahnung!)
★ zu erkennen, was es fühlt, und Wünsche mit Worten ausdrücken zu können
★ die Namen der Eltern und seine Adresse zu kennen
★ sich vorsichtig gegenüber Fremden, auf der Straße und im Verkehr verhalten zu können
★ ohne Aufforderung zum Schutz für Kälte oder Sonne Mütze oder Kappe aufzusetzen
★ darauf zu achten, niemanden zu verletzen
★ gewisse „feinmotorische" Fähigkeiten wie schneiden, kleben, zeichnen, auffädeln, mit Bauklötzchen spielen sowie gewisse „grobmotorische" Fähigkeiten wie laufen, springen, hüpfen und klettern zu beherrschen.

Die meisten Kinder beherrschen einige dieser Fähigkeiten gut, andere weniger gut. Sie können Ihrem Kind bei den Fertigkeiten praktisch nachhelfen, die noch etwas Schliff benötigen und die es Ihrer Meinung nach brauchen wird.

Motorische Fähigkeiten fördern

Zur Nach-ahmung empfohlen

Diese Tipps hat Robbie Poynter, Fachlehrerin an unserer örtlichen Schule, zusammengestellt. Probieren Sie sie spielerisch und ohne Druck mit Ihrem Kind aus; es wird an den „Übungen" bestimmt Spaß finden und sie öfter machen wollen.

★ *Mamis Handarbeitskorb aufräumen:* Nähgarnrollen und Wollknäuel ordentlich aufwickeln, (große, kleine, bunte) Pompons für Clownsnasen und Knöpfe basteln, Knöpfe an Stoffstreifen befestigen, auf Pappe Motive malen, die Umrisse löchern und mit Garn abnähen.

★ *Wäscheklammern am Rand* eines Pappkartons befestigen. Wie viele Klammern bringt Ihr Kind an seiner Kleidung unter? Lassen Sie es Wäsche oder Puppenkleider aufhängen.

★ *Einen Luftballon* an eine Schnur binden. Ein Ende der Schnur halten und den Ballon mit einer Hand vor- und zurückstoßen. Dann die Schnur verlängern und den Ballon ohne Bodenkontakt mit einem Partner hin- und zurückspielen.

★ *Einen Tennisball* mit elastischer Schnur an einem Ast, einer Teppichstange aufhängen und mit einem billigen, leichten Schläger üben, ihn zu treffen.

★ *Jo-Jo spielen:* Die Schnur aufwickeln, fallen lassen und das Jo-Jo wieder auffangen.

★ *Handfußball spielen:* Einen Tennisball auf dem Boden zwischen zwei Toren (aus Dosen, Becher u.a.) abwechselnd mit der linken und rechten Hand hin- und herrollen. Den Ball von Hand zu Hand um Bauch und Beine erst in eine, dann in die andere Richtung kreisen.

★ *Flohhüpfen spielen:* Als Ziel eine Untertasse, Schale oder Tasse benutzen.

★ *Mit Murmeln spielen:* Die Kugeln rollen, treffen und in Röhren kicken.

★ *Einen Tennisball* auf den Boden prellen und mit einem kleinen Gefäß auffangen.

★ *Nägel* in ein Brett einschlagen.

★ *Knöpfe* auf einem Faden auffädeln.

★ *Stricken.*

★ *Mit Bauklötzchen,* beweglichem Spielzeug, Schrauben und Muttern spielen.

★ *Kuchen mit Rosinen,* Schokolinsen und Silberperlen verzieren.

★ *Origami spielen:* Papier zu Figuren und Flugzeugen falten.

★ *Alte Geräte auseinander nehmen,* um zu sehen, wie sie funktionieren. (Passen Sie auf Ihre Telefon- und TV-Anlage auf!) Ausgemusterte Telefonapparate, Plattenspieler usw. (aus dem Elektrohandel) durch Aufschrauben, Abwickeln und Abdrehen in Einzelteile zerlegen. Sie werden staunen, aus wie vielen Teilen ein Telefon besteht.

★ *Samen aussäen,* Setzlinge pflanzen und beobachten, wie sie wachsen.

★ *Orangen schälen und Erbsen aushülsen.*

Zahlenspaß

Zahlen lassen sich auf vielerlei Weise in Ihre täglichen gemeinsamen Beschäftigungen einbauen. Beginnen Sie mit den kleinsten Zahlen. Verbinden Sie diese mit Dingen, die Ihrem Kind vertraut sind. Zieht es zum Beispiel die Socken an, zählen Sie: eins-zwei und eins-zwei Schuhe. Ebenso bei der Jacke: ein Ärmel, zwei Ärmel. Zählen Sie, während Sie ihm Obststückchen auf den Teller legen: eins, zwei, drei.

★ *Fragen Sie nach* seinen Körperteilen, sodass es durch Sehen und Betasten auf die Antwort kommen kann: Wie viele Finger hast du an einer Hand? Wie viele Ohren hast du? Tun Sie dies spielerisch, auf Autofahrten oder im Bad.

★ *Auf Autofahrten* macht es Fünfjährigen oft Spaß, knifflig-witzige Fragen zu beantworten. Wie viele Beine haben zwei Hunde? Und drei Kühe? Wenn ich nachmittags zum Kaffee vier Pralinen und zwei Rosenkohl serviere, wie viel würdest du nehmen und wie viel bliebe für mich übrig?

★ *Im Supermarkt* können Sie Ihrem Kind eine Tasche geben und ihm auftragen, vier Orangen oder sechs Äpfel zu holen.

★ *Üben Sie mit „Zählmarken"* aus der Natur addieren und subtrahieren: Füllen Sie eine große Holzschale mit glänzenden Kastanien, Tannenzapfen oder glatten Kieseln. Diese lassen sich zu Mustern und Häufchen in gleich großer Zahl arrangieren und zum Zusammenzählen und Abziehen benutzen.

★ *Fertigen Sie eine Telefonliste* für Ihr Kind an. Bringen Sie neben jeder Telefonnummer ein Foto der Person oder eine Zeichnung an. Prägen Sie Ihrem Kind die Notrufnummer ein (doch schärfen Sie ihm ein, diese nur im Notfall zu wählen!).

Es hilft, wenn Sie der Überzeugung sind, dass Mathematik einfach ist, sofern man die Regeln kennt. Es gibt keine „schweren" Rechenaufgaben – alle sind einfach, wenn man weiß, wie man sie löst. Meiden Sie daher beim Rechnen mit Ihrem Kind den Ausdruck „schwer".

Vor Schuleintritt hat Ihr Kind hoffentlich genügend Gelegenheit gehabt, mit Gleichaltrigen zu spielen und einigermaßen gelernt, sich freundlich zu benehmen, zu teilen und die Gesellschaft anderer zu genießen.

Ferner wird es hoffentlich in der Lage sein, den Anweisungen des Lehrers zu folgen. Erwarten Sie nicht, dass Lehrer zaubern können: Wenn Sie Ihrem Kind keinen Gehorsam beigebracht haben, wird dies Lehrern vermutlich ebenso wenig gelingen.

Im Idealfall hat sich das Kind zudem ab und an eine Zeit lang in Wohnungen oder der Obhut anderer vertrauenswürdiger Erwachsener aufgehalten. Durch diese Erfahrung hat es gelernt, sich ohne Sie in fremde Umgebungen einzufinden in der Gewissheit, dass Sie es nicht verlassen.

Sich an die Schule gewöhnen

Die Schule muss Ihnen und Ihrem Kind gefallen. Daher empfiehlt sich folgender Check:

★ Machen die Schüler einen fröhlichen Eindruck? Spielen sie unbeschwert? Oder eher gehemmt? Gibt es finster wirkende Cliquen?

★ Sind die Lehrer einigermaßen entspannt? Oder überarbeitet und frustriert?

★ Sind Sauberkeit und Sicherheitsvorkehrungen (z.B. Zäune) zufriedenstellend?

★ Was halten andere befreundete Eltern von dieser Schule?

★ Bitten Sie um ein Gespräch mit dem Lehrer Ihres Kindes.

★ Besuchen Sie die Schule mehrmals mit Ihrem Kind, damit es sich an die räumliche Umgebung – Ausmaße, Gerüche und Geräusche – gewöhnt.

★ Inspizieren Sie mit Ihrem Kind bei dieser Gelegenheit auch die Toiletten.

★ Gehen Sie mit Ihrem Kind auf dem Schulgelände herum, damit es die Klassenzimmer aus verschiedenen Blickwinkeln sieht und sich besser orientieren kann.

★ Lassen Sie Ihr Kind auf dem Schulhof spielen.

★ Helfen Sie Ihrem Kind, sich den Namen des Lehrers einzuprägen.

★ Gut ist es, wenn ein Freund bzw. eine Freundin in dieselbe Schule kommt. Sind Sie neu zugezogen, fragen Sie den Direktor, mit welcher Familie Sie Kontakt aufnehmen können, damit Ihr Kind vor Schulbeginn Freundschaft schließt.

★ Wenn Sie dem Schuleintritt zuversichtlich und freudig entgegenblicken, wird es auch Ihr Kind tun.

Lesevorbereitung

Der Wunsch selber lesen lernen zu wollen ist bei Kindern oft besonders stark, wenn Sie ihnen immer viel vorgelesen haben. Schon Babys und kleine Kinder lieben Lesestunden. Treiben Sie Bücher auf, die Ihnen in Text und Bild gefallen, denn Sie werden Sie unzählige Male vorlesen müssen. Stöbern Sie nach neuen Büchern. Besorgen Sie Lesestoff in Leihbibliotheken oder auf Flohmärkten.

An den ersten Schultagen
sollten Sie alles gut organisieren, damit keine Hektik aufkommt. Holen Sie Ihr Kind pünktlich von der Schule ab.

Gedächtnistraining

Zur Nach-ahmung empfohlen

Wenn Kinder ins Schulalter kommen, müssen sie in der Lage sein, sich Anweisungen zu merken und in der richtigen Abfolge auszuführen – zum Beispiel: „Trink aus, stell deinen Becher in die Spüle und kämm dich dann." Übt Ihr Kind dies spielerisch schon sehr früh, wird es auf seine Fähigkeit vertrauen können, sich mehrere Anweisungen zu merken und eigenständig zu befolgen. Steigern Sie nach und nach den Schwierigkeitsgrad. Hier eine ungefähre Richtlinie für dem Alter entsprechende Aufträge:

★ 1½–2½ „Geh bitte in mein Schlafzimmer und bring mir meine roten Pantoffeln."

★ 2½–3½ „Geh bitte zu Papi in die Küche, frag ihn nach der Uhrzeit, komm dann zurück und sag's mir."

★ 3½–4½ : „Geh bitte und schau, wo der große und kleine Zeiger der Wanduhr stehen. Komm dann zurück, erklär's mir und ich sage dir, wie spät es ist."

Sie werden es bemerken: Kinder lieben es, zu helfen und Sachen herbeizuholen, und sind stolz, sich etwas richtig gemerkt zu haben. Sind Sie mit dem Füttern Ihres Babys beschäftigt, kann Ihr Kleinkind Ihnen einen Keks oder eine frische Windel bringen – und Sie werden seine Hilfe zu schätzen wissen.

★ **Lassen Sie sich beim Lesen beobachten.** Ihr Kind wird bemerken, wie Sie sich in das Buch vertiefen, schmunzeln oder mit anderen über das Gelesene sprechen. Sagen Sie ihm, wovon das Buch handelt.

★ **Spielen Sie das „Mein-Wort-Spiel".** Lassen Sie Ihr Kind jeden Tag einen Wohnungsgegenstand wählen. Schreiben Sie den Begriff in Druckbuchstaben auf ein Kärtchen, das Ihr Kind an dem Gegenstand anbringt. Sammeln Sie nach einer Woche die Schilder ein und fordern Sie Ihr Kind auf, diese wieder korrekt zuzuweisen.

★ **Spielen Sie „Passt".** Tragen Sie Namen von Personen zusammen, die Ihr Kind mag. Fertigen Sie doppelte Spielkarten mit diesen Namen (in Druckbuchstaben) an. Mischen Sie die Karten, geben Sie sich und Ihrem Kind dieselbe Anzahl aus. Lassen Sie Ihr Kind eine Karte offen ablegen, legen Sie eine daneben. Wer als Erster ein Pärchen entdeckt, ruft „Passt!" und hat gewonnen. Alternativ können Sie alle Karten offen auslegen und gemeinsam die Paare zuordnen.

★ **Erfinden Sie Reim- und Rhythmus-Spiele.** Lesen hat mit der Freude an Worten zu tun. Geben Sie beim Spazieren den Takt an: „Wir zwei gehen … in die Stadt … Peter schneller … als ich bin … Aber gleich … da hab ich ihn." Denken Sie sich lustige, alberne, sinnige und unsinnige Reime aus: „Unser Kater ist mollig, wollig, drollig, trollig …"

★ **Verteilen Sie Memos.** Morgens entdeckt Ihr Kind auf dem Boden seines Zimmers einen großen Zettel mit einer einfachen Nachricht und einem Symbol oder einer Zeichnung als Hinweis: „Hallo" (ein winkendes Männchen), „Ich hab' dich lieb" (Herz), „Kuckuck" (umgeben von Pünktchen). Je älter das Kind, desto komplizierter die Notiz: „Guten Morgen. Komm um 8 Uhr an unser Bett." (Wecker mit den Zeigern auf 8 Uhr.)

Grund zum Feiern

Am ersten Schultag haben Sie allen Grund zum Feiern! Belohnen Sie sich mit etwas Besonderem. Dieser Tag symbolisiert einen Meilenstein: Tausende von Stunden haben Sie Ihr Kind umsorgt und angeleitet, ihm geholfen, haben nachgedacht und gearbeitet, damit es die Schultüte halten darf. Glückwunsch!!!

Bedeutende Veränderungen

Größer werden und sich entwickeln ist etwas, dem Sie den Anstrich des Besonderen geben können. Jeder Geburtstag steht für ein Jahr des Lernens und dafür, dass Ihr Kind ein älterer, anderer Mensch ist als noch vor einem Jahr. Manche Eltern gehen am Geburtstag oder Tag danach mit dem Kind sein Zimmer durch und sortieren Dinge aus, denen es entwachsen ist: Kleidung, Spielzeug, Bücher, Bilder … (Bewahren Sie Wert- und Bedeutungsvolles auf.)

Dieser Akt des Aussonderns und Umgestaltens macht dem Kind seine Veränderungen bewusst und stolz auf das, was es erreicht hat. Indem seine vertraute Umgebung neu und frisch wirkt, fühlt es selbst sich erneuert und frisch.

Dass es älter wird, können Sie Ihrem Kind unter anderem auf folgende Weisen bedeuten:

★ Mustern Sie zu einem angebrachten Zeitpunkt „Baby-sachen" (z.B. eine bestimmte Decke) aus.

★ Drücken Sie mit einem „neuen" Bett Ihre Erwartung und Ihren Dank dafür aus, dass es nicht mehr einnässt.

★ Legen Sie Babysprache ab und halten Sie Ihr Kind ebenfalls dazu an. Sagen Sie „Möchtest du ein Schälchen Müsli?" statt „Möchtest du ein Schälchen Jamjam?"

★ Eilen Sie Ihrem Kind nicht mehr zu Hilfe, wenn es gelernt hat, Konflikte mit Freunden selbst zu lösen. Erinnern Sie es daran, dass es weiß, was es zu tun hat, und schicken Sie es zurück, um die Sache zu regeln.

★ Kaufen Sie eine Schultasche, selbst wenn es noch den Kindergarten besucht.

★ Geben Sie ihm Taschengeld und helfen Sie ihm, damit richtig umzugehen.

Älter werden ist gut und macht stolz

Haben Sie außer Ihrem Kleinkind ein Baby, empfiehlt es sich, dem älteren Kind Privilegien einzuräumen: etwas länger aufzubleiben und ein paar „erwachsene" Sachen zu tun wie mit Ihnen einkaufen, während jemand das Baby hütet. Dies signalisiert ihm, dass Sie Reife schätzen und Ältersein sich auszahlt. Zudem ziehen Sie so kein Kind heran, das aus Geschwisterneid unbedingt Baby bleiben will. Und die Privilegien erweisen sich langfristig als gerecht, da die jüngeren Kinder später ebenfalls in ihren Genuss kommen. Kurzfristig wiederum entschädigen sie das ältere Kind dafür, dass jüngere Geschwister mehr Zeit rauben, geben ihm das Gefühl, etwas Besonderes zu sein, und steigern in den meisten Fällen seine Hilfsbereitschaft.

,, *Wir hatten für diesen Tag gespart – Ein-Pfund-Münzen, die wir fleißig in einem Glas gesammelt hatten. Am ersten Schultag unserer Tochter gingen Max und ich mittags fein essen: mit Champagner und Blick über die Stadt. Ich hatte mir noch nie etwas so Extravagantes gegönnt. Es war Luxus pur. Wir sprachen über die guten Zeiten und über die scheinbar großen Probleme, die sich nun in Luft aufgelöst hatten. Wir wussten, dass noch viel Erziehungsarbeit vor uns lag, doch wir hatten einen Meilenstein erreicht. Wir hatten es gemeinsam vollbracht. Dies war für uns beide ein bedeutender Gedenktag, der uns in Erinnerung bleiben wird.* ""

Clare, 35

Glück und Harmonie

Wie können Eltern die geistige Entwicklung Ihres Kindes fördern? Hier einige Anregungen, wie Sie Ihrem Kind (und sich selbst!) helfen können, den Reichtum des Lebens zu schätzen.

Mitgefühl

Mitgefühl bedeutet die Gefühle anderer Menschen und Lebewesen zu berücksichtigen. Dieses Einfühlungsvermögen ermöglicht, dass wir gütig handeln. Kleine Kinder sind voll von natürlichem Mitgefühl: Sie „leiden mit", wenn sie ein verletztes Tier sehen oder ein weinendes Kind. Sie können Ihr Kind zu Mitgefühl anhalten, indem Sie ihm beibringen, Gefühle anderer zu beachten und Pflanzen, Insekten und andere Tiere behutsam zu behandeln. Kommentieren Sie seine Gesten der Güte. Selbstverständlich sollten Sie Ihr Kind gütig behandeln, damit es selbst Ihre Fürsorge spürt.

Einklang mit der Natur

Genießen Sie gemeinsam die freie Natur. Beobachten Sie den Sonnenuntergang oder Tiere im Wald, und lauschen Sie mit geschlossenen Augen auf die Geräusche. Zelten Sie, ziehen Sie Pflanzen. Heißen Sie jede Jahreszeit mit speziellen Dekorationen und Speisen, gesammelten Blättern, Blüten und Steinen willkommen.

Optimismus

Sprechen Sie über das Schöne und Beglückende, das uns umgibt. Führen Sie strikte Regeln für Fernsehen und Computerspiele ein. Kinder unter fünf Jahren sollten keine Nachrichten sehen oder hören, den sie können noch nicht richtig einordnen. So erhalten sie ein beängstigendes Bild von der Welt, das Verhaltensstörungen wie Aggressivität bewirken kann, weil sie mit ihren verborgenen Ängsten nicht fertig werden. Das hat nichts mit Vorgaukeln falscher Tatsachen zu tun: Die Welt ist im Großen und Ganzen positiv und die meisten Menschen sind ungefährlich und vertrauenswürdig. Gewiss, es gibt überall ernste Probleme, doch die Sorge darum ist die Aufgabe der Erwachsenen. Wenn Sie über Probleme diskutieren, sprechen Sie darüber, was Sie als Familie tun können. Fördern Sie positives Denken – „Jeder Mensch hat eine gute Seite", „Vieles regelt sich von allein", „Jedes Problem lässt sich lösen". Solche Bemerkungen werden, wenn man sie in Ruhe einfließen lässt, Bestandteil der Lebenseinstellung.

Unterschiede respektieren

Sorgen Sie dafür, dass Ihr Kind ungezwungen Menschen mit Behinderungen, unterschiedlicher Altersgruppen, ethnischer Abstammung, sozialer Herkunft etc. kennen lernt. Sprechen Sie über Ihre eigenen „Unzulänglichkeiten", damit es diese als normal und überwindbar begreifen lernt. Zeigen Sie ihm nach und nach, dass Sie Menschen unterschiedlicher ethnischer, kultureller, religiöser Zugehörigkeit, sexueller Orientierung usw. achten.

Nachsicht und Probleme lösen

Selbstachtung und Zuversicht entstehen nicht aus Perfektionsstreben, sondern der Fähigkeit, einen Fehler oder Rückschlag zu akzeptieren und aus eigener Kraft zu überwinden. Bringen Sie Ihrem Kind bei, die Verantwortung für sein Handeln zu tragen – keine Fehler zu vertuschen und nicht schnell aufzugeben. Sagen Sie: „Okay, das war ein Fehler, aber ich bin sicher, dass du ihn beheben kannst." Helfen Sie ihm bei Problemen, sich Möglichkeiten auszudenken und durch Ausprobieren die beste Lösung zu finden. So wird es die Lebenseinstellung „Ich schaff es" zu einer Charaktereigenschaft entwickeln.

Körperliches Wohlbefinden

Halten Sie Ihr Kind dazu an, sich gut um seinen Körper zu kümmern, weil dieser wertvoll ist. Sagen Sie ihm, dass es kräftig, gesund und voller Energie ist und Kinder in der Regel schnell genesen. Legen Sie hohen Wert auf seine Ernährung, körperliche Betätigung und seine Sicherheit, zum Beispiel das Anschnallen im Auto. All dies besagt: „Du bist kostbar."

Ruhe

Fördern Sie das Konzentrationsvermögen, indem Sie Ihr Kind ungestört spielen und lernen lassen. Sorgen Sie zumindest zeitweise für Ruhe in Ihrem Heim. Zeigen Sie Ihrem Kind Wege zur Entspannung wie Vorlesen, Lesen, beruhigende Kassetten und Berührungen.

Aufgeschlossenheit

Alle Menschen sind wichtig. Machen Sie dies deutlich, indem Sie Kinder stets namentlich begrüßen und einzeln verabschieden. Ebenso sollte Ihr Kind grüßen und den Namen, sofern es ihn weiß, anfügen sowie allen Familienmitgliedern und Gästen „Guten Morgen" und „Gute Nacht" wünschen. Alle Ansichten sind wichtig. Äußern Sie sich im Beisein Ihres Kindes nicht abschätzig über Personen, Personengruppen, Religionen, Ethnien … Heben Sie hervor, dass Ideen und Überzeugungen sich ändern können. Antworten Sie auf Fragen: „Manche Leute meinen …, während andere …" Will es Ihr Urteil hören, rücken Sie nicht immer sofort damit heraus; fragen Sie, was es selbst meint und warum.

Selbstachtung

Selbstachtung basiert auf dem Gefühl, in der Familie vorbehaltlos angenommen zu sein. Wer dies als Kind erfährt, geht hinaus in die Welt in der Erwartung, akzeptiert zu werden – und wird es meist auch, weil er diese Gewissheit ausstrahlt. Bekunden Sie Liebe klar und eindeutig: „Ich bin froh, dass es dich in dieser Familie gibt." Selbstverständlich werden Sie Ihr Kind kritisieren und Verhaltensweisen ändern wollen, doch trennen Sie das stets von seiner Person: „Mir gefällt nicht, wie du dich benimmst." Sie können Kritik sogar mit Komplimenten verknüpfen: „Du bist viel klüger. Ich weiß, dir fällt eine bessere Lösung ein. Du wirst sehen, du kannst es!"

Glück

Helfen Sie Ihrem Kind, sich über das eigene wie auch das Glück anderer zu freuen: „Sieh mal, wie Susi sich über dein Geschenk freut!", "Ich bin gern mit dir zusammen, mit dir hat man viel Spaß!" Wir alle wollen unseren Kindern eine glückliche Kindheit bereiten, die eigentliche Botschaft aber, die wir ihnen mitgeben wollen, lautet: Glücklich sein liegt in unserer Hand. Weisen Sie Ihr Kind darauf hin, dass es weiß, wann es sich gut fühlt: beim Spielen mit dem Lieblingsspielzeug, mit Kindern, die es eingeladen hat, beim ruhigen Schmökern, beim Planschen in der Badewanne … Schon kleine Kinder können wir aufmuntern, indem wir uns Sätze wie "Mach dir eine schöne Zeit" angewöhnen.

Geistige Nahrung

Viele Erwachsene pflegen bestimmte Gewohnheiten, weil sie ihnen eine wichtige Stütze sind. Die einen gehen in die Kirche, meditieren oder machen Yoga, andere kultivieren Familienrituale, fasten, treffen sich zum Gedankenaustausch u.v.m. Unserer Ansicht nach sollten wir Kinder in ihrem Versuch unterstützen, an spirituellen Bräuchen festzuhalten und wenn sie älter werden, deren Vorzüge schätzen zu wissen. Angepasst an altersbedingte Bedürfnisse, können solche Bräuche eine positive Kindheitserinnerung darstellen. Auch schaffen sie im Gemüt des Kindes einen "spirituellen Raum", den es als Teenager und Erwachsener auf seine Weise ausfüllen und erweitern kann. Es wird erfahren, dass es im Leben mehr gibt als materiellen Besitz, Bewunderung und beruflichen Erfolg. Es wird ein gefestigterer, selbstbestimmterer Mensch sein.

Das Thema ist so weit wie der Ozean. Vielleicht besteht unsere größte Herausforderung in der Erkenntnis: Wollen wir das Bedürfnis unserer Kinder nach geistiger Anleitung stillen, müssen wir zunächst uns und unser Leben inspizieren. Was immer wir unseren Kindern sagen, es zählt weniger als das, was wir an Mitgefühl, Aufgeschlossenheit, Heiterkeit und innerer Zufriedenheit vorleben – eine wahrhaft große Herausforderung, aber wert, sich ihr zu stellen!

Gesegnet sei dein Pfad

Bald, geliebtes Kind
Wirst du deine Flügel entfalten
Lerne gut jede Wendung, jeden Dreh
Und deine mystischen Kreise ziehn
Wenn du dann gehst, sollst du verstehn:
Du bist ein Teil von alledem
Dein Herz ist stark, deine Reise lang
So lausch nun dem Lied, das ich dir sing

Geh hin in Frieden, bleib anmutig und gut:
Du hast nichts zu fürchten, weißt du
Trockne deine Augen, mein Kleines
Und lasse keine Tränen fließen
Schick mir einen Traum, von unterwegs
Ich versprech: ich werde dich hören
Du wunderbarer, geliebter Seelengefährte
Hab Dank für die schönen Jahre mit dir

Möge der Himmel deinen Pfad treu behüten
Und jeder deiner Träume in Erfüllung gehn
Vergib alles Falsch, sei allzeit stark
Und tu, was du musst tun
Du stehst vor diesem offnen Tor
Und weißt, jetzt musst du gehn
Mein lieber, liebster Gefährte du
Gesegnet sei der Pfad, der dich führt.

Auszug (freie Übertragung ins Deutsche) aus dem Song Bless the Road
Text: Steve Cooney, Interpretin: Mary Black (enthalten in ihrem Album Speaking
With the Angel, Grapevine Label Ltd.)
Copright © Steve Cooney 1999
Abdruck mit freundlicher Genehmigung

Nützliche Adressen

Infos, Adressen und Chats
im Internet:
http://www.kidnet.de

ABC-Club e.V.
Internationale Drillings-
und Mehrlings-Initiative
Bethlehemstraße 8
30451 Hannover
www.abc-club.de

AFS Arbeitsgemeinschaft freier
Stillgruppen
Bundesverband e.V.
Gertraudgasse 4R
97070 Würzburg
www.afs-stillen.de

Bund freiberuflicher
Hebammen Deutschland e.V.
Geschäftsstelle
Kasseler Straße 1a
60486 Frankfurt
www.bfhd.de

Bundesarbeitsgemeinschaft
Elterninitiativen e.V.
Einsteinstraße 111
81675 München
www.bage.de

Bundesministerium für
Gesundheit
Mohrenstraße 62
10117 Berlin
www.bmg.bund.de

Bundesministerium für Familie,
Senioren, Frauen und Jugend
Alexanderstraße 3
10178 Berlin
www.bmfsfj.de

Bundesverband „Das
frühgeborene Kind"
Kurhessenstraße 5
60431 Frankfurt
www.fruehgeborene.de

Deutsche Liga für das Kind
Charlottenstraße 65
10117 Berlin
www.liga-kind.de

Deutscher Kinderschutzbund
Bundesverband e.V.
Hinüberstraße 8
30175 Hannover
www.dksb.de

Gemeinsame Elterninitiative
plötzlicher Säuglingstod
Deutschland e.V. (GEPS)
Fallingbosteler Straße 20
30625 Hannover
www.sids.de

Giftnotrufzentralen
Tel. 19240

Kindernetzwerk e.V. für kranke
und behinderte Kinder und
Jugendliche in der Gesellschaft
Hanauer Straße 15
63739 Aschaffenburg
www2.kindernetzwerk.de

La Leche Liga Deutschland
Dannenkamp 25
32479 Hille
www.lalecheliga.de

Mutter-Kind-Hilfswerk e.V.
Millberger Weg 1
94152 Neuhaus am Inn
www.mutter-kind-hilfswerk.de

Sprechstunde für Schreibabys
Kinderzentrum München
Heiglhofstraße 63
81377 München

„Tagesmütter"
Bundesverband für
Kinderbetreuung in
Tagespflege e.V.
Moerserstraße 25
47798 Krefeld
www.tagesmuetter-
bundesverband.de

Verband der Windeldienste
in Europa e.V.
Martina Schaub
Breitmatten 13
77933 Lahr-Kuhbach
www.windeldienst.de

Verband allein erziehender
Mütter und Väter e.V.
Hasenheide 70
10967 Berlin
www.vamv.de

Literaturhinweise

Erste Hilfe für Ihr Kind.
Dorling Kindersley Verlag, München, 2007

Biddulph, Steve:
Das Geheimnis glücklicher Kinder.
Beust Verlag, München, 2002

Biddulph, Steve:
Jungen! Wie sie glücklich heranwachsen.
Beust Verlag, München, 2002

Biddulph, Steve:
Weitere Geheimnisse glücklicher Kinder.
Heyne Verlag, München, 2001

Gavin, Mary L., Dowshen, Steven A. und
Izenberg, Neil:
*Kinderleicht. Gesunde Ernährung und
Bewegung für Ihr Kind*
Dorling Kindersley Verlag, 2005

Heath, Alan und Bainbridge, Nicki:
Babymassage.
Dorling Kindersley Verlag, München, 2005

Kitzinger, Sheila:
Schwangerschaft und Geburt.
Dorling Kindersley Verlag, München, 2005

Mc Kay, Rob und Kathy:
So lernen Kinder schwimmen.
Dorling Kindersley Verlag, München, 2005

Stoppard, Dr. Miriam:
*Kreative Spiele für Babys. So fördern Sie die
Entwicklung Ihres Kindes im ersten Lebensjahr*
Dorling Kindersley Verlag, München, 2005

Stoppard, Dr. Miriam:
*Säuglinge, Babys und Kinder. Der Ratgeber für
die ersten fünf Lebensjahre Ihres Kindes*
Dorling Kindersley Verlag, München, 2007

Valman, Bernard:
Kinderkrankheiten.
Dorling Kindersley Verlag, München, 2008

Vann, Lizzie:
Natürliche Küche für Babys und Kleinkinder.
Dorling Kindersley Verlag, München, 2007

Register

A

Ablenken 142 f.
   Babys 143 f.
Abtreibung 53
Abtrocknen 202
Adoption 52 f.
Adrenalin 128, 171
Aggression 129, 227
Allein Erziehende 34, 170
   Rollenvorbilder 34
Altersunterschied 227
Anerkennung geben 156
Angewohnheiten,
   schlechte 205
Ängste in der Schwanger-
   schaft 52 ff.
Arbeiten
   Kleinkinder 155 ff.
   Vorschulkinder 202 f.
Ärger
   mit Kindern 206, 208
   in der Schwangerschaft 54 f.
Ärzte
   Kinder beim Arzt 215
   Vorsorgeuntersuchungen 60
Aufgeschlossenheit 228
Aufräumen 156
Aufsichtsperson 161
Austreibungsreflex 104
Auto fahren 40, 89

B

Baby-Bereitschaftstest 24 f.
Babymassage 72 f.

Babys
   Bilderbuch-Babys 14
   „pflegeleichte" 78 f.
   „schwierige" 78 f.
Babysprache 128
Baden 106
   Neugeborene 86 f.
   Sicherheit 123
Bauchschmerzen 73, 82
Beruhigen von Babys 81 f.
Bettdecken 90 f.
Bettnässen 211 ff.
Beziehungen knüpfen
   48, 68 ff.
Brabbeln 129 f., 132
Briefe, Geburtstags- 135
Bright, John 195
Bücher
   Gutenacht-Geschichten
     130, 184
   Lesen lernen 220 ff.
Burgess, Adrienne 180

C

Computerspiele 226
Cooney, Steve 230

D

Depression
   postnatale 99
   in der Schwangerschaft 53
Disziplin 127, 140
   Babys Sicherheit 127

Kleinkinder 140 ff.
   respektvolle Methoden 160
   Rolle des Vaters 184
Downes, Peter 133, 157
Durchschlafen 120

E

Ehrlichkeit 196 ff.
Eifersucht, des Vaters 178
Eltern-Kind-Beziehung 38
Elternrolle
   Sicherheit gewinnen 28
Emotionen, siehe Gefühle
Empfängnis 45
Entbindung 60 ff.
   Kliniken 60, 176
   Rolle der Väter 176 f.,
     178 f.
Entschuldigen 199 f.
Ernährung, siehe Füttern
Essen, selbstständig 134

F

Familienbild im Wandel 16 f.
Fantasie 196
Fehlgeburt 51
Fingerspiele 197
Flanagan, Martin 80, 153,
   188 f., 204
Fläschchen 102, 105
Fragen im Vorschulalter
   194 ff.
Freundschaften 208

Freundschaften schließen
205 ff.
Füttern, siehe auch Stillen
feste Nahrung 134
Flaschennahrung 102, 105
Nachtmahlzeiten 85

G

Gebärden 106
Geborgenheit 156
Geburt 42 ff., 60 ff.
Geschichte einer Geburt 61
im Krankenhaus 60, 176
Rolle der Väter 60,
176 f., 178 f.
Vorbereitungskurs 54, 176
Geburtstagsbriefe 135
Gefahren 126
Gefühle
zeigen 160
Gesichtsausdruck 151
in der Schwangerschaft
51 ff.
Gehversuche 122
Genitalien 160 f., 213
Geschlechtsidentität
169 ff.
Geschlechtsteile 160 f., 213
Geschwister
Spiele 110
Beaufsichtigen 125
Gesichtsausdruck 151
Gespräche,
ernste 147
Gewohnheiten, sich
verändernde 105 f.

Glücklich sein 155, 228 f.
Grammatik 132 f.
Gutenacht-Geschichten
130, 184
Gymnastik in der Schwangerschaft 53

H

Häusliches Umfeld
beruhigendes Ambiente
154
Sicherheit 122 ff.
Hausarbeit 57, 92 ff., 96 ff.
Haustiere 151
Hilfstätigkeiten 202 f.
Hormone
Adrenalin 128, 171
Oxytocin 128
Prolactin 79
Humor 40 f., 58 f.
Hunde 151
Hunger 145

I

Identität, geschlechtsspezifische 169
Intelligenz, emotionale 186
Internet 31, 195
Intuition 161
elterliche 28 f., 126
Kinder vor sexuellem Missbrauch bewahren 161
väterliche 182

J

Jungen
Beziehung zum Vater 183
Geschlechtsidentität, 169, 171
neues Geschwisterchen 50
wildes Spielen 171 ff.

K

Kaiserschnitt 53, 176 f.
Karriere 161
Kartons, spielen mit 158
Katzen 151
Kinderfragen 194 ff.
Kinderwunsch 18 ff.
Ängste 22
Test 18 f.
Kindheitserfahrungen der
Eltern 36, 167
Kindstod, Plötzlicher 90 f.
Kleidung
Babywäsche 95
altersgemäß 161
Kleinkinder 136 ff.
Kochen 57
Kolostrum 102
Kommunikation
Babysprache 128
Gesichtsausdruck 151
Techniken 128 ff.
Konflikte 150
mit anderen Kindern 206
Kontakt zum Ungeborenen 48
Kontraktion 63 f., 74
Konzentrationsvermögen 228

Körpersprache 131
  Krabbelkinder 131, 143 f.
  Haustiere 151
Körperteile, benennen 160
Krabbelkind 116 ff.
Krabbeln 112, 118, 122
Krankheit
  Risiko des plötzlichen
    Kindstods reduzieren 90 f.
Kurse, Geburtsvorbereitung
  54, 176

L

Lebensrhythmen 118 ff.
Le Boyer, Dr. Frederic 72
Lernen, des Babys 106 ff.
Lesen 220
Libido, in der Schwanger-
  schaft 55
Loben 156
Lügen 196 ff.

M

Mädchen
  Beziehung zum Vater 183
  Geschlechtsidentität
    169 ff.
  neues Geschwisterchen 50
Mallett, Diane 61 ff.
Männlichkeit 169
Massage
  Baby-Massage 72 f.
  in der Schwangerschaft 57

Mastitis 105
Missbrauch, sexueller 53,
  160 f.
Mitgefühl 226
  fördern 151
Motorische Fähigkeiten 217
Mützchen 91

N

Nachahmen 155
Nachsicht 227
Nachwehen 104
Nein sagen 140 ff.

O

Optimismus 226

P

Persönlichkeit
  des Babys 118 ff.
  des Kindes 77 f.
Pflichten 203
Probleme lösen 227

R

Raumbegriff 110
Rechenbegabung 218

Rituale 134
Rollenmuster 16
Rollentausch am
  Wochenende 181
Rollenverhalten der
  Eltern 168
Rücksicht 155
Ruhezeiten 154, 227 f.

S

Säuglingsalter 66 ff.
Schäkern 110
Scheidung 183 f.
Schimpfen 106
Schlafmuster 118
Schlafstellung 90 f.
Schlafzimmer
  Privatsphäre 158
  Temperatur 90
Schlagen 129
  andere Kinder 206, 208
Schmusen
  Verbindung zum Baby
    herstellen 71 f.
  Kinder vor sexuellem
    Missbrauch bewahren
    161
Schule
  Einschulung 222
  erster Schultag 217
  Vorbereitung 216 ff.
Schutz des Kindes 160 f.
Schwangerschaft 42 ff.
  Ängste überwinden 52
  Bedeutung für erstgeborene
    Kinder 50

Ekelgefühle 55
Empfängnis, Termin 45
Fitness 53, 56
Gefühle 44 f., 53 f.
  Rolle des Vaters 57
  Sexualität 44, 55 f.
  Veränderungen in der
    Partnerschaft 44, 56
Schwangerschaftstagebuch 46
Schwule Paare 170
Selbstachtung 170, 227 f.
  des Kindes 159
Selbstbewusstsein 112
Selbstdisziplin 147
Selbstsicherheit des Vaters 166
Selbstständigkeit des Kindes
  155
Selbstvertrauen des Kindes 131
Sexualität
  Doktorspiele 213
  frühkindliche 213
Sicherheit
  Vorkehrungen im Haushalt
    122
Singen 159
Sinneseindrücke 106
Spiele
  für Babys 110 ff.
  Berührungsspiel 121
  Fantasie anregen 197
  Fingerspiele 121
  Geschichten ausdenken 197
  Geschwister 110
  handwerkliche 217
  mit Kartons 158
  Kuckuck-Spiele 110
  Lesespiele 220 f.
  motorische Fähigkeiten
    verbessern 217

Reim- und Rhythmusspiele
  222
Schildkrötenmutter-Spiele
  156
Stopp-Spiel, -Regel 142,
  160
Väter 113
Versteckspiele 110, 111
Zahlenspiele 216, 218
Sprachentwicklung 129 ff.,
  138
Spracherwerb 129
Sprechen lernen 132 f.
Sprechen
  mit dem Baby 108
  weinerlich 209
Standhaftigkeit 152
Stehlen 198 f.
Sterben 172
  Kinderfragen 196
  Plötzlicher Kindstod 90 f.
Stillen 79, 102 ff.
  Babys Geruchssinn 72
  Beratung 105
  Hormone 128
  Rolle des Vaters 105
Stopp-Spiel 142
Strafen 127
Streiten mit anderen Kindern
  205

T

Tagebuch, Schwangerschafts-
  46
Tanzen in der Schwanger-
  schaft 53

Tiere 151, 226
Tierliebe 172

U

Umlenken 144 ff.
Unterhaltung für Babys 121
Unterschiede respektieren
  227

V

Väter 163 ff.
  Allein erziehende 185
  Arbeit 180, 182, 185 f.,
    187
  Arbeitsteilung 96 f.
  Aufgaben, spezielle 79 ff.,
    162 ff., 179 f.
  Babyspiele 113
  Beziehung zum Baby 68 ff.,
    179
  Disziplin 184
  Eifersucht 178
  Geburt 60, 176 f., 178 f.
  Hilfe beim Stillen 105
  Kinderspiele 171 ff., 184
  Kindheitserfahrungen 167
  Neugeborene 177 ff.
  Rollenbild 30 f., 168 f.
  Rollentausch 181
  Schwangerschaft 57,
    174 ff.
  spielen 171, 184
  Supervater-Syndrom 186

Väter
  Trennung und Scheidung
    183 ff.
  Unbeholfenheit 184
  Vaterschaft 182
  Verhältnis zu Söhnen 183
  Verhältnis zu Töchtern 183
  Versorgerrolle 178
  Vertrauen 166 ff.
  Wünsche abschlagen 183
Vater-Kind-Kontakt nach der
  Geburt 74
Vaterrolle im Wandel 168 ff.
Verantwortungsbewusstsein
  151, 227
Vergeben 227
Verhalten
  Gewohnheiten ändern 205 f.
  neue Wege gehen 207 ff.

Verhaltensmuster 207
  Schlagen anderer Kinder 207
Versteckspiele 111
Vertrauen des Kindes 141
Vorbilder 30
  für Eltern 30
  für Kinder 34
Vorschulalter 190
  Diskussionen 194
  Fragen 194 ff.
Vorstellungskraft 196 f.

W

Wahrheit 198 f.
Warmherzigkeit 170
Wehen 60 ff.

Rolle der Väter 60, 176 f.,
  178 f.
Weinen
  Beruhigungsstrategien 81 f.
  Gründe 120, 128 f.
  Umgang mit 110
Wissbegier 192
Wohlbefinden, körperliches
  227
Wolfsrachen 101 f.
Wortschatz 132 f., 138
Wünsche abschlagen 183

Z

Zahnarzt, Kinder beim 215
Zeitbegriff 110

Danksagung

Danksagung der Autoren

Die Entstehung dieses Buches ist dem großartigen Einsatz eines überaus engagierten Teams zu verdanken. Im Dorling Kindersley Verlag haben Daphne Razazan, Lynne Brown und Corinne Roberts geradezu Übermenschliches geleistet, damit unsere Vorstellungen verwirklicht werden konnten – Vorstellungen von einem Buch, das gefühlvoll, klar und lesbar sein sollte und das sich vom glatten Hochglanz-Image der Erziehung, wie man es in manchen Magazinen zu lesen bekommt, abheben sollte.

Trotz des Produktionsdrucks prägten Freundlichkeit, Optimismus und Kreativität die Arbeit von Caroline Green, Dawn Bates, Rajen Shah, Mercedes Morgan, Claire Cross und Richard Czapnik, die sich um Texte, Fotos und Cartoons kümmerten.

In den mehr als 20 Jahren, die wir in Erziehungs-Workshops, Kliniken und in den Medien Erfahrungen gesammelt haben, trafen wir hunderte von Eltern. Ihnen und vielen Freunden verdanken wir unzählige Geschichten, Hinweise auf Forschungsergebnisse ebenso wie Anregungen, die bereits in ein früheres Buchmanuskript *The Mother and Baby Book* einflossen und nun dieses Buch glaubhaft, vielseitig und lesenswert machen.

Kinder vor Zwängen und Verrücktheiten der Gesellschaft zu bewahren – diesem Gedanken einer humanen Kindererziehung haben sich Menschen wie Ben Spock, Penelope Leach und Thakur Balach Bramachiri verschrieben. Ihnen gilt unser Dank und unsere Anerkennung, ebenso Organisationen wie Parent Network und den Verbänden liebevoller Eltern und Erzieher, die überall auf der Welt für den Schutz von Kindern und Familien arbeiten.

Publikationsrechte und andere Beiträge

Für die Genehmigung des auszugsweisen Abdrucks von Texten aus seinem Buch *Family Matters* (Originalausgabe im Verlag Collin Dove, Australien, und hoffentlich bald neu aufgelegt) danken wir Martin Flanagan, Sportreporter und Feuilletonist des *Melbourne Age* und ein wunderbarer Künstler der Worte, aus denen immer sein Herz spricht.

Lustige Geschichten von Eltern bringen alle Welt zum Lachen, doch nur zu schnell sind ihre Urheber vergessen. Wir hoffen auf das Verständnis all derer, die insbesondere bei vielen Internet-Chats mit ihren originellen Berichten zu diesem Buch beigetragen haben und die wir nicht namentlich als Autoren nennen können.

Unser Dank an Fergal Keane, aus dessen *Letter to Daniel* (erschienen bei Penguin Books, UK) wir auf dem Innentitel zitieren.

Einen überaus wertvollen Beitrag leistete Peter Downes durch die köstlichen Tonbandaufnahmen seines Sohnes als Baby und seine ausführlichen Informationen über die Sprachfähigkeiten von kleinen Kindern unterschiedlichen Alters. Peter Downes war früher Direktor einer Gesamtschule und ist heute Berater für neusprachlichen Unterricht und die Erziehung von Jungen in Huntingdon, Cambridge.

Elizabeth Mellor berichtete über die schwierige Gefühlslage einer Frau während der Schwangerschaft. Für die Geschichte der ersten Geburt danken wir Dianne und Ian Mallet sowie Amy, Joel, Julian und Beth.

Die aufschlussreichen Zusammenhänge zwischen anspruchsvollen Babys und anspruchsvollen Müttern verdanken wir den Ausführungen von William Sears und seinem Buch *Keys to Calming The Fussy Baby* (erschienen bei Barron's).

Sehr großzügig gestattete uns der australisch-irische Musiker Steve Cooney den Text seines Liedes *Bless the Road* passend für den Kontext dieses Buches zu modifizieren. *Bless the Road* wird von Mary Black in ihrem Album *Speaking with the Angel* gesungen (Grapevine Label Limited, Copyright Dara Records Ltd., Dublin).

Ein Dank des Verlages Dorling Kindersley an:

Corinne Asghar, Claire Cross, Caroline Green – Redaktion
Ted Kinsey, Bernhard Koppmeyer – Grafik
Valerie Kitchenham – Schlusskorrektur
Hilary Bird – Register
Mike Good, Jenny Matthews, Sally Smallwood, Adrian Weinbrecht – Fotos
Anna Grapes – Bildredaktion
Richard Collins – Illustrationen